佐藤孝之著

近世山村地域史の研究

吉川弘文館

目次

挿表・図　目次

序章　山村史研究の軌跡

山村とは――、筆者はかつて、山地という生態系に対応した生業によって成り立っている山間地域の村落を「山村」と規定し、[1]「そもそも、膨大な蓄積を有する従来の近世村落史研究においても、山村そのものを本格的に追究した研究は少ない。もちろん、山間地域の村落を対象としたものも少なくはないが、農村――特に平場の水田稲作農村――からみて、生産力の低い、貧困な、後進的な村落として位置付けられる傾向にあった。そうしたなかでは、山地そのものに生産・生業の基盤を置く村落としての山村の、それ自体の歴史的展開を明らかにするという視点は希薄にならざるを得ない」と述べ、[2]近世史の立場から〝山村史の自立〟を主張したことがある。一九八八年のことであるが、当時の近世史研究における山村の扱いを踏まえての指摘である。

山村について、「山村振興法」(昭和四十年五月制定)は「第二条　この法律において「山村」とは、林野面積の占める比率が高く、交通条件及び経済的、文化的諸条件に恵まれず、産業の開発の程度が低く、かつ、住民の生活文化水準が劣っている山間地その他の地域で政令で定める要件に該当するものをいう」と定義している。このように山村が定義された背景には、昭和三十年代の高度経済成長期に進んだ過疎化による山村の衰退、すなわち〝木炭から石油へ〟に象徴される山村の生業構造＝山地資源に依拠した生産活動の大きな変革があり、山村が山村として自立的に存在できなくなった状況がある。近年では、過疎化・高齢化により社会的共同生活の維持が困難になった集落に対し

「限界集落」という位置付けがなされているが[3]、その多くは山村が該当する。限界集落から消滅集落へという〝予言〟に対して、集落の「高齢化↓限界↓消滅」という実例はないとの指摘もあるが[4]、山村の置かれた現状が深刻である状況は否定できないであろう。

いずれにせよ、高度経済成長期以降の状況を背景に、山村は貧困、後進的、不便で劣悪な諸条件のなかにあるといったマイナスのイメージで認識されていた。本書では、近世山村を対象とするが、近世史における山村の扱いも、かつては「山村振興法」による「山村」の定義そのものであったといえるのであり、加えて近世社会特有の背景、すなわち石高制にもとづく「水田中心史観」による山村に対する認識が根強かったといえよう。これを仮に「山村貧困史観」と称すれば、戦後の山村史研究は「山村貧困史観」によって語られていたといえる。

もちろん、戦後における封建遺制の克服といった現代的課題への歴史学からの対応という研究史的意義を否定するものではないが、つとに千葉徳爾氏が、歴史学も含めた山村研究のあり方について「(山村の)社会的、経済的側面の後進性に注目し、より古い社会構造や経済組織を抽出する点に主眼をおくものが多かった」とし、「そこにとりあげられた山地の地域社会の時代的特性が、山地に居住した結果としてあらわれたものか、その時代の一般的な村落のもつ共通性としてそうであったのかなど、明確に分析されていないものが多いように思われる」と批判したように[5]、山村を分析の対象としていても山村特有の歴史的展開を意識的に取り上げた研究は乏しかったといえる[6]。むしろ山村研究は、歴史的展開過程に関しても、民俗学や地理学の分野での成果がみられたのである[7]。

そうしたなか、関東近世史研究会が一九八七年十月の第二十回大会で「関東の山間地域と民衆―生業と負担―」をテーマに取り上げ、その問題提起で「そもそも山間地域に関しては、平野部（農村地域）が関東地域のモデルタイプとして多様な研究蓄積を持つのに対し、林業史、林制史の素材として扱われることが多く、地域史、村落史としての関東の近世史研究の中に位置付いているとは言えない。それは山間地域に対する評価が、生産性を尺度とする経済的視角から、特殊な地域と位置付けられてきたことに原因しよう。今後は山間地域をそれ自体独自なものとして歴史的に位置付けるためにも、新たな視角から山間地域を見直す必要がある」と述べ、「生業」という切り口から〝遅れた山村〟という評価の見直しが主張された[8]。この大会で報告した筆者も、冒頭で述べたような観点から、生業の在り方を基軸に据えて近世山村の積極的な位置付けを試みた。この頃より、中近世史における山村の新たなる位置付け＝「山村貧困史観」の克服が試みられることになる[9]。

二〇〇〇年以降において、そうした成果が著書・論文集として纏められ、また新たな成果も発表されている[10]。個々について詳しく論評する余裕はないが、そこではさまざまな視角からの追究がなされており、山地利用を始めとした生業の問題はもちろん、それのみならず山村に対する自己認識・他者認識の問題等についても、山村の独自の在り方が論じられている。こうして、後進的・閉鎖的・低生産的といった近世山村のイメージは払拭され、もはや「山村貧困史観」は克服されたかの研究状況といえる。

一方で近年は、環境問題との関わりのなかで、豊かな自然、牧歌的な生活環境、癒しの場としての山村という位置づけから山への関心、とりわけ「里山」に対する関心が高まっており、環境史という観点から里山の在り方が注目されている。歴史学のみならず、民俗学・社会学・歴史地理学等にも及ぶ多くの環境史に関わる研究蓄積をここで取り上げることは困難であるので[11]、ごく最近の『シリーズ日本列島の三万五千年―人と自然の環境史』（全六巻）のような学際的な取り組みがなされていること[12]、『環境の日本史』（全五巻）の刊行が始まったことを挙げるにとどめておく[13]が、こうしたなかで関心を持たれているのは「生業」「資源」「環境」という視点からのアプローチであろう。近世史に限っても、「生業」論から環境史への展開が指摘されているが[14]、かつて水本邦彦氏は草山を取り上げて人と山野のかかわりから環境問題を論じ[15]、最近では直接「環境（史）」や「資源」を冠する著書等も多くなっている[16]。

以上述べてきたように、大雑把にみれば戦後の山村史研究は「山村貧困史観」によって捉えられ、およそ一九八〇年代以降において「山村貧困史観」の克服を共通認識として展開し、二〇〇〇年以降においては、その成果のうえに環境史という視点を意識した方向性が示されてきている、といった軌跡を辿ってきたといえる。

＊

さて、こうした山村史をとりまく研究状況のなかで、本書においては、上州山中領と呼ばれた山村地域を対象に、近世山村の実像と、その歴史的展開過程を描き出そうとするものである。

第一部「村落支配と年貢収取―「領」と永高制―」

第一章では、近世行政村としての村の成立過程を明らかにするが、近世初期の三つの郷＝村という行政単位が、元禄検地を機に二二の村として捉え直される過程を追い、村の分割という側面とともに、統合という側面があったこと、村の統合によって山中領特有の〔本村―枝郷〕関係が形成されたことを解明し、山村地域における近世行政村の特徴と捉える。

第二章では、山中領もそのひとつであり、関東地方の山間幕領地域に設定されていた「領」という村落結合体と、その支配を担った割元の存在に注目し、支配構造の実態と割元制の変遷を辿り、割元制の存廃をめぐる村々の対立関係にも言及する。

第三章では、検地と年貢を取り上げる。石高制社会・石高制国家といわれる近世において、関東・東海地方の山間幕領地域では永高検地と永高法による年貢収取が施行されていたが、永高制に基づく検地、および年貢収取の変遷とその特徴を山中領に即して明らかにし、山村地域における検地と年貢収取の特質として位置付ける。

第二部「林野支配の変遷と林野利用の展開」

第一章では、山中領に三〇ヶ所余り設置されていた「御巣鷹山」について、その設置状況を確認するとともに、在地にあって御巣鷹山の管理に当たった「御鷹見」の職務と機能、および高役免除をめぐる争論について検討を加える。それとともに、御巣鷹山が御巣鷹の供給源としてのみならず、用材の供給源としても位置付けられる過程と、御巣鷹山からの用材伐出しについて触れる。

第二章では、御巣鷹山とは別に、用材の供給源として正徳四年（一七一四）に設定される「御林」について、設定の経緯を明らかにする。さらに、享保四年（一七一九）に御林・御巣鷹山を始め山内支配を担った山守制が施行されるが、その経緯としくみを解明するとともに、その後の改編についても言及する。

第三章では、主に山稼と「売木」＝材木の販売について扱う。山中領のなかでも特に〃山稼の村〃といわれた村が四ヶ村存在したこと、そのなかから更に二ヶ村に「御免許稼山」という特権が認められたことを明らかにし、「御免許稼山」制の成立としくみ、その変容、周囲の村々との関係を検討する。「御免許稼山」制のもとでは、特権を認められた二ヶ村が「笹板」「槫木」「桶木」「木履木」の四品の生産・販売を独占したが、この二ヶ村以外の村々では、宝暦期以降、材木を生産・販売する「売木」が盛んになる。それに伴って、「御免許稼山」においても「売木」に生産の軸を移していく点を指摘する。そして、「売木」は、江戸等の商人が請け負うことが多く、請負人が幕府に出願して、冥加木を上納する「御願売木」という形態をとって、広く展開する様子が明らかとなる。

以上のように、第一部では、村をめぐる支配機構とその変容、年貢収取体制とその変遷といった支配の在り方を、山村地域の支配上の特質・特徴として捉え解明する。第二部では、御巣鷹山・御鷹見・御林・山守・山稼・売木といった近世山中領の山村としての在り方を規定していた諸要素を取り上げて、それらの相互関係と変遷を解明し、山野の支配・利用の面から山村としての地域的特質を明らかにする。こうして第一部・第二部を合わせて、山中領という山村地域に展開した山村としての多様な側面を、その歴史的展開過程として解明する。そこでは、一山村に止まらず、山中領という一定の歴史的規定性をもった地域を対象に、そのなかでのさまざまな葛藤も含めて地域像として描き出すことが課題である。本書を〝山村地域史〟の研究と称する所以である。

なお、本書で利用させていただいた史料群のうち、群馬県多野郡上野村楢原「黒澤尭雄家文書」については「楢原・黒澤家文書」、同郡神流町万場「黒澤建広家文書」については「万場・黒澤家文書」、高崎市立図書館所蔵「(中里村神原)旧黒澤覚太夫家文書」については「神原・黒澤家文書」との略称を用いたことをお断りしておきたい。

註

(1) 拙稿「近世山村史を考える」(『静岡県地域史研究会報』四二、一九八八年)

(2) 拙稿「山稼の村と「御免許稼山」―上州山中領を事例として―」(『徳川林政史研究所 研究紀要』昭和六二年度、一九八八年)。本稿は、一九八七年十月の関東近世史研究会第二十回大会での報告をまとめたものである(本書第二部第三章第一節参照)。

(3) 大野晃著『山村環境社会学序説―現代山村の限界集落化と流域共同管理―』(農文協、二〇〇五年)

(4) 山下祐介著『限界集落の真実―過疎の村は消えるか?―』(ちくま新書、筑摩書房、二〇一二年)

(5) 千葉徳爾著『民俗と地域形成』(風間書房、一九六六年)。古島敏雄編『山村の構造』(日本評論社、一九四九年)での山村の捉え方などに対する批判として述べられている。

(6) 近世山間村落の研究書としては、木村礎編『封建村落 その成立から解体へ』(文雅堂銀行研究社、一九五三年)や、甲州山村を対象とした村落社会構造史研究叢書(お茶の水書房/大島真理夫著『近世における村と家の社会構造』一九七八年、太田勝也著『近世における駄賃稼ぎと商品流通』一九七八年、北條浩著『近世における林野入会の諸形態』一九七九年)等が刊行され、山村の姿を知る上に有益であるが、これらも特に〝山村〟史研究を意識したものではない。

(7) そのいくつかを挙げれば、宮本常一著『開拓の歴史』(日本民衆史1、未来社、一九六三年)、同著『山に生きる人々』(日本民衆史2、同、一九六四年）、同著『村のなりたち』（日本民衆史4、同、一九六六年）、註（5）千葉徳爾著書、同著『近世の山間村落』（名著出版、一九八六年）、藤田佳久著『日本の山村』（地人書房、一九八一年）、松山利夫著『山村の文化地理学的研究』（古今書院、一九八六年）などがあろう。

（8）同大会の特集「関東の山間地域と民衆―生業と負担―」（『関東近世史研究』二四、一九八八年）参照。

（9）白水智「文献史学と山村研究」（『日本史学集録』一九、一九九六年）、米家泰作「前近代日本の山村をめぐる三つの視角とその再検討」（『人文地理』四九―六、一九九七年）、春田直紀「歴史学的山村論の方法について―民衆史研究会二〇〇四年度大会シンポジウムによせて―」（『民衆史研究』七〇、二〇〇五年）、同「生業論の登場と歴史学―日本中世・近世史の場合―」（国立歴史民俗博物館編『生業から見る日本史―新しい歴史学の射程―』吉川弘文館、二〇〇八年）、横田冬彦「生業論から見た日本近世史」（同上）など参照。

（10）笹本正治著『山村に生きる―山村史の多様性を求めて―』（岩田書院、二〇〇一年）、同編『山をめぐる信州史の研究』（高志書院、二〇〇三年）、米家泰作著『中・近世山村の景観と構造』（校倉書房、二〇〇二年）、溝口常俊著『日本近世・近代の畑作地域史研究』（名古屋大学出版会、二〇〇二年）、大賀郁夫著『近世山村社会構造の研究』（校倉書房、二〇〇五年）、白水智著『知られざる日本　山村の語る歴史世界』（日本放送出版協会、二〇〇五年）、『民衆史研究』七〇・特集「中・近世山村像の再構築」（民衆史研究会、二〇〇五年）、脇野博著『日本林業技術史の研究』（清文堂、二〇〇六年）、武井弘一「近世山村の生業―生業の三重構造という視点―」（『宮崎県地域史研究』二一、二〇〇七年）、加藤衛拡著『近世山村史の研究―江戸地廻り山村の成立と展開―』（吉川弘文館、二〇〇七年）、谷弥兵衛著『近世吉野林業史』（思文閣出版、二〇〇八年）、脇野博著『日本林業技術史の研究』（清文堂、二〇〇八年）、泉雅博著『海と山の近世史』（吉川弘文館、二〇一〇年）、後藤雅知・吉田伸之編『山里の社会史』（山川出版社、二〇一〇年）、松下志朗著『近世の山林と水運―日向諸藩の事例研究―』（明石書店、二〇一一年）、高橋伸拓著『近世飛騨林業の展開―生業・資源・環境の視点から―』（岩田書院、二〇一一年）、佐竹昭著『近世瀬戸内の環境史』（吉川弘文館、二〇一二年）、白水智編『新・秋山紀行』（高志書院、二〇一二年）など。また、一九九〇年に発足した中央大学山村研究会のような、山村史の研究を意識した息の長い地道な史料調査活動も展開されている。同会は、発足以来二〇年に亙って山梨県南巨摩郡早川町での調査・研究を継続し、毎年『山村研究会報告書』を刊行している。さらに生業という観点から、赤坂憲雄他編『いくつもの日本Ⅳ　さまざまな生業』（岩波書店、二〇〇二年）、六本木健志著『江戸時代百姓生業の研究―越後魚沼の村の経済生活―』（刀水書房、二〇〇二年）、平野哲也著『江戸時代村社会の存立構造』御茶の水書房、二〇〇四年）、註（9）『生業から見る日本史』、徳島地方史研究会編『生業から見る地域社会―たくましき人々―』（教育出版センター、二〇一一年）などがある。

(11) 佐野静代「日本における環境史研究の展開とその課題―生業研究と景観研究を中心として―」（『史林』八九―五、二〇〇六年）

(12) 湯本貴和編『シリーズ日本列島の三万五千年―人と自然の環境史』1～6（文一総合出版、二〇一一年）

1　松田裕之・矢原徹一責任編集『環境史とは何か』、2　佐藤宏之・飯沼賢司責任編集『野と原の環境史』、3　大住克博・湯本貴和責任編集『里と林の環境史』、4　田島佳也・安渓遊地責任編集『島と海の環境史』、5　池谷和信・白水智責任編集『山と森の環境史』、6　高原光・村上哲明責任編集『環境史をとらえる技法』

(13)『環境の日本史』全五巻（吉川弘文館）は、第一巻 平川南編『日本史と環境　人と自然』、第二巻 三宅和朗編『古代の暮らしと祈り』、第三巻 井原今朝男編『中世の環境と開発・生業』、第四巻 水本邦彦編『人々の営みと近世の自然』、第五巻 鳥越皓之編『自然利用と破壊　近現代と民俗』という構成で、二〇一二年十月に第一巻が刊行された。

(14) 註（9）横田論文

(15) 水本邦彦著『草山の語る近世』（日本史リブレット52、山川出版社、二〇〇三年）

(16) 白水智「近世山間地域における環境利用と村落―信濃国秋山の生活世界から―」（安室知編『環境利用システムの多様性と生活世界』『国立歴史民俗博物館研究報告』第一二三集、二〇〇五年）、根崎光男編『日本近世環境史料演習』（同成社、二〇〇六年）、佐野静代著『中近世の村落と水辺の環境史』（吉川弘文館、二〇〇八年）、盛本昌広著『中近世の山野河海と資源管理』（岩田書院、二〇〇九年）、根岸茂夫他編『近世の環境と開発』（思文閣出版、二〇一〇年）、菊池勇夫著『東北から考える近世史―環境・災害・食糧、そして東北史像―』（清文堂出版、二〇一二年）、註（10）高橋伸拓著書・佐竹昭著書など。また、佐藤洋一郎監修『焼畑の環境学―いま焼畑とは―』（思文閣出版、二〇一一年）には、近世の焼畑に関する論考も収められている。なお、近世環境史研究の動向については、根岸茂夫「近世環境史研究と景観・開発」（前掲『近世の環境と開発』所収）があるので参照されたい。

第一部　村落支配と年貢収取

——「領」と永高制——

第一章　村の成立とその特質

一　山中領の概況

本書の舞台となるのは、上州甘楽郡にあって「山中領」と呼ばれた地域である。関東地方には、武州を中心に「領」と称する広域的な村落結合体が存在したが、その性格を大雑把にまとめれば、戦国期に中世的な郷・庄・保の再編のなかから生まれた地域社会の単位といわれ、近世前期においては中間支配単位として機能し、中後期には民衆の地域結合の単位として機能したと位置づけられている。(1) 上州においても、図1に示したような「領」がみられ、特に南西部（西上州）に集中していることがわかるが、(2) これら「領」の所在した地域は概して山間地域であり、近世前期においては概ね幕領であった地域である。すなわち、詳しくは次章に譲るが、近世前期における幕領支配の単位（中間支配機構）であったといえる。

山中領は、武州・信州と国境を接する山間地域で、現在の群馬県多野郡上野村・神流町（旧中里村・万場町）に当たり、上山郷・中山郷・下山郷の三「郷」に地域区分されていた。そして、図2に示したように上山郷には七ヶ村、中山郷には六ヶ村、下山郷には九ヶ村、合わせて二二の「村」が支配単位（行政村）として設定されていた。「領」内を神流川が西から東へ流れ、この川に沿って信州と結ぶ十石街道が走り、上山郷楢原村白井には関所が設置されていた。また、下仁田方面や武州小鹿野方面への街道も通っていた。

山中領においては、慶長三年（一五九八）および元禄年間に総検地が実施されたが、慶長三年の検地（以下、慶長検地という）は、代官頭伊奈忠次による「永高検地」であり、上山郷・中山郷・下山郷が行政村と位置付けられた（詳しくは次節および第一部第三章参照）。次いで、元禄七年（一六九四）に下山郷・中山郷を対象に、同十年（一六九七）に上山郷を対象に総検地が実施され、検地帳はいずれも元禄十一年（一六九八）に作成された（以下、元禄検地という）。この元禄検地によって、図2に示した二二ヶ村が成立したのである。

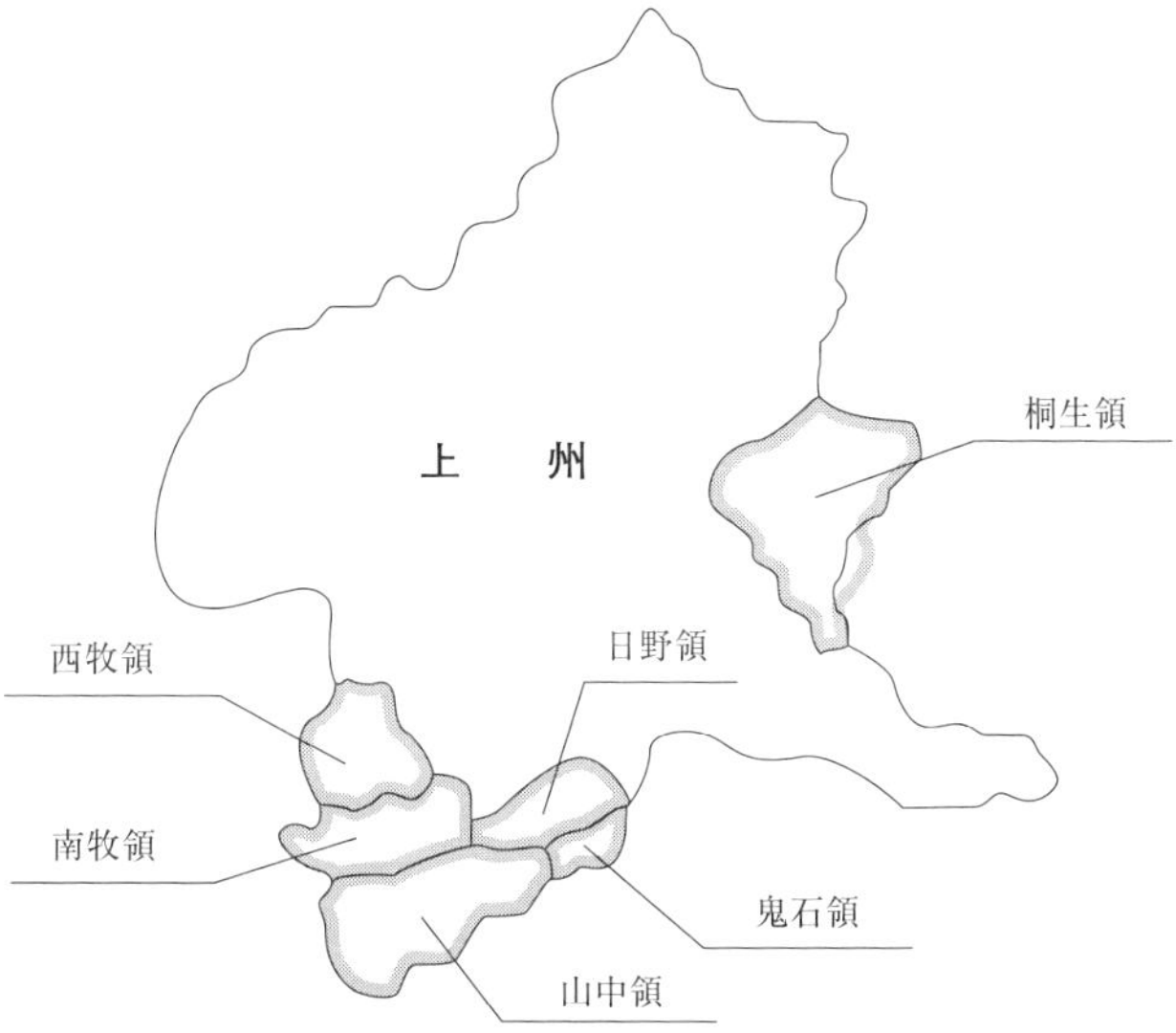

註　桐生領は、一部野州足利郡域を含む。

図1　上州幕領における「領」

山中領は、江戸時代を通じてほぼ幕領であったが、[3] 表1に享保期までの支配代官を掲げたので、以下において適宜参照されたい。この表に関して若干の補足をしておこう。最初の代官とされる伊奈忠次は、慶長十五年（一六一〇）六月に歿するが、同年十一月二十五日付の上山郷年貢割付状を成瀬権左衛門・酒井七之左衛門・杉浦五郎右衛門の連名で発給している（第一部第三章表10参照）。彼らは、伊奈忠次のもとで下代として支配の実務に当たっており、忠次の死去に伴う臨時の措置として三名連署の発給となったものであろう。翌年分を欠くが、同十七年分から十九年分までの年貢割付状は成瀬の単独発給であり、鬼石領譲原村の年貢割付状によれば、慶長十六年分から成瀬の単独発給になる（第一部第三章表13参照）ことから、成瀬が正式に代官になったものといえる。その次の大河内久綱は、父秀綱とともに伊奈忠次の家臣であり家老格代官といわれ、[4] 伊奈忠治は忠次の次男、伊奈忠利は忠次四男忠公の三男である。すなわち、山中領は伊奈忠利まで代々伊奈系代官の支配を受けたのである。[5] また、元禄四年（一六九一）以前は山中領とともに鬼石領・日野領も、表示の代官による一円的な支配を受けたが、同年に譲原村は山川金右衛門、三波川村は平岡次郎右衛門のあと依田五兵衛というように一円的な支配ではなくなる。また、秩父領も松田・間瀬両代官までは山中領等と同一代官支配であったが、それ以降は異なる代官支配を受けるようになる。[6]

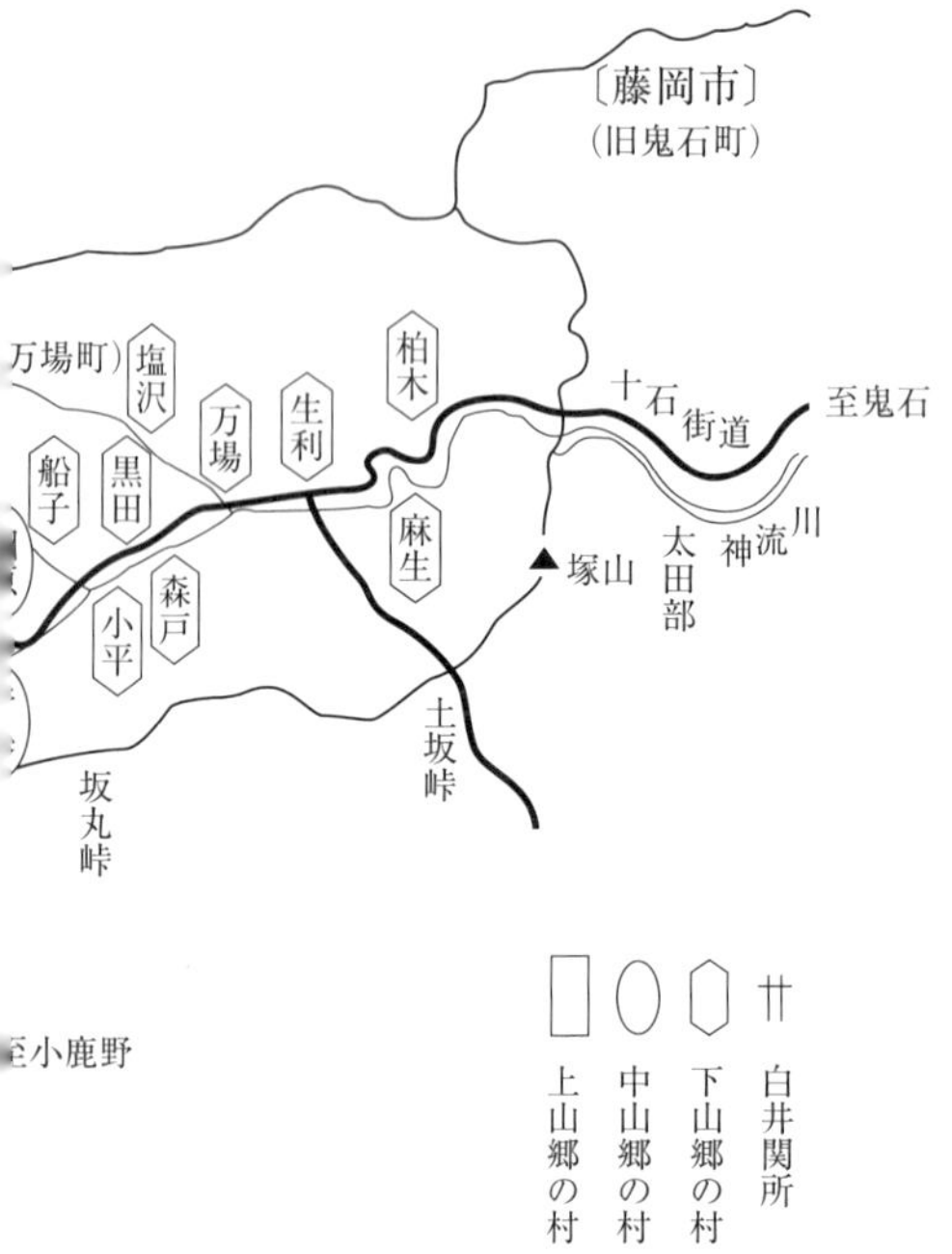

さて、元禄検地によって確定された各村の村高を示したのが表2である。この表によれば、最大でも下山郷生利村の二三三石余、最少では上山郷野栗沢村の一一石余であり、一〇〇石未満の村も少なくなく、概して小高の村々で構成されているといえる。一方、表3・4に、宝暦九年（一七五九）の村明細帳による上山郷・下山郷の村々の耕

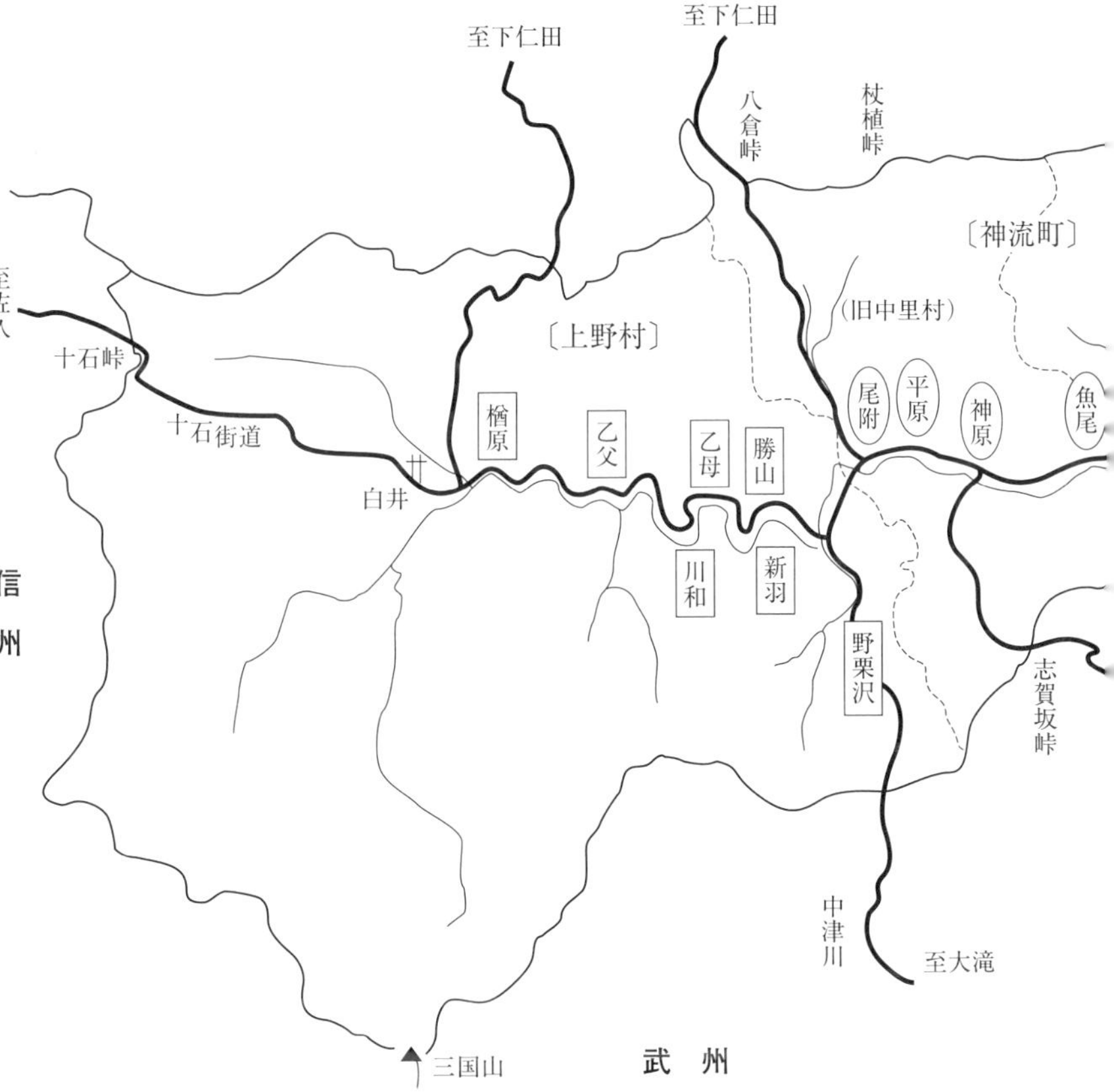

図2　山中領の概要

地の状況を示したが（中山郷についは全体を示す適当な史料がない）、耕地はすべて畑方で田方は皆無である。そして、畑方のなかでは下々畑・山畑など低い等級が多く、特に切代畑（焼畑）が半分近くを占めているのが特徴として指摘できる。村明細帳等によれば、紙漉・養蚕・機織・炭焼などを耕作の傍らに行ない、下仁田市や小鹿野市へ売り出しているという。

次に表5によって、上山・中山・下山三郷の石高・家数・人数を比較してみよう。表の数値は享保元年（一七一六）のものであるが、石高では下山郷が最も高く、次いで中山郷・上山郷

表1　山中領支配の幕府代官

年　　代	代　　官
慶長３～慶長15	伊奈備前守忠次
慶長16～慶長19	成瀬権左衛門重治
元和元～寛永15	大河内金兵衛（孫十郎）久綱
寛永16～寛文２	伊奈半十郎忠治
寛文２～延宝８	伊奈左門忠利
天和元～天和３	松田又兵衛貞直 間瀬吉太夫
貞享元～元禄３	佐原三右衛門影之
元禄４	平岡次郎右衛門信由
元禄５～元禄14	池田新兵衛重富
元禄14～正徳２	野田三郎左衛門秀成
正徳３～享保２	池田喜八郎季隆
享保２～享保５	久保田佐次右衛門隆政
享保５～享保７	朝比奈権左衛門資致
享保７～享保11	河原清兵衛正真
享保11～享保14	鈴木平十郎正誠
享保14～享保18	後藤庄左衛門正備
享保19～寛保２	石原半右衛門政久

表2　山中領村々の村高

郷	村　名	村　高
上山郷	楢原村	192.373石
	乙父村	116.187
	乙母村	47.811
	川和村	37.863
	勝山村	67.349
	新羽村	83.883
	野栗沢村	11.691
中山郷	尾附村	34.612
	平原村	113.240
	神原村	157.513
	魚尾村	183.810
	相原村	59.891
	青梨村	71.368
下山郷	万場村	168.553
	塩沢村	142.347
	森戸村	41.380
	生利村	233.219
	麻生村	75.658
	柏木村	118.778
	黒田村	106.000
	小平村	118.836
	船子村	158.267

の順になる。他方、家数・人数をみると、やはり下山郷が最も多いが、次に上山郷が多く中山郷が最も少なくなっている。上山郷は、石高では下山郷の半分ほどであるが、家数・人数では下山郷に匹敵するのであり、少ない石高で多数の家数・人数を抱えていることになる。同じ山中領のなかでもこのような差異がみられるが、いずれにせよ一軒当たりの持高は中山・下山郷で一石台、上山郷では一石に満たない。一人当たりの持高では三つの「郷」とも一石未満であり、極めて零細な状況が指摘できる。こうした石高の数値から山中領、とりわけ上山郷は、生産力の低い貧困な村・地域と捉えられがちであるが、果たしてそうであろうか。石高に比して多くの人口を養うだけの「生産力」を想定しなければならないのではなかろうか。

表3　上山郷村々の反別

	楢原村	乙父村	乙母村	川和村	勝山村	新羽村	野栗沢村	合　計
反　別	畝　歩 8124.00	畝　歩 4112.18	畝　歩 1463.12	畝　歩 1145.26	畝　歩 1817.03	畝　歩 2678.00	畝　歩 543.04	畝　歩 19884.03
上　畑	65.20	148.29	103.29	28.08	63.13	105.13	—	515.22
中　畑	148.02	334.25	35.01	74.09	213.13	206.23	—	1012.13
下　畑	428.25	414.03	68.14	107.08	152.11	317.03	33.20	1521.24
下々畑	923.22	306.18	131.01	99.25	241.10	378.01	97.03	2177.20
山　畑	877.25	373.21	332.23	303.03	280.12	226.11	118.03	2512.08
桑　畑	143.10	57.19	30.17	3.02	4.27	37.00	19.03	295.18
楮　畑	1582.21	333.24	105.01	131.12	218.09	320.13	40.09	2731.29
切代畑	3801.11	2042.27	621.07	355.28	600.20	1015.16	210.28	8648.17
屋　敷	152.14	100.02	35.09	42.21	42.08	71.10	23.28	468.02

註　宝暦9年4月「山中領上山郷村差出明細帳」(「楢原・黒澤家文書」62)による。
原史料の数値に誤りのある場合には、訂正して示した。

表4　下山郷村々の反別

	万場村	塩沢村	森戸村	生利村	麻生村	柏木村	黒田村	小平村	船子村	合　計
反　別	畝　歩 5417.09	畝　歩 6699.06	畝　歩 2894.21	畝　歩 12266.02	畝　歩 3619.24	畝　歩 5181.11	畝　歩 4538.25	畝　歩 4797.22	畝　歩 10295.08	畝　歩 55710.08
上　畑	227.04	111.23	17.10	141.17	193.04	199.02	150.23	226.23	71.28	1339.14
中　畑	288.11	276.05	31.06	469.25	81.03	185.18	195.11	255.06	219.18	2002.13
下　畑	683.28	633.02	94.02	652.18	132.22	392.06	120.06	451.14	337.28	3498.06
下々畑	601.27	809.05	151.19	748.15	253.07	489.08	252.03	315.03	669.23	4290.20
悪地下々畑	658.29	724.29	176.22	1425.00	247.29	807.23	431.26	195.22	1200.23	5869.23
山　畑	—	—	—	—	—	—	—	583.23	2567.22	3151.15
桑　畑	366.17	316.01	227.11	724.23	260.27	235.20	188.18	285.00	794.06	3399.03
楮　畑	299.21	573.05	233.15	1344.27	350.02	446.01	351.06	353.25	374.18	4327.00
切代畑	2120.03	3122.22	1908.29	6557.10	1988.03	2260.28	2718.14	2014.29	3910.26	26602.14
屋　敷	170.19	132.04	53.27	201.17	112.17	164.25	130.08	115.27	147.26	1229.20

註　宝暦9年4月「村指出明細帳」(「万場・黒澤家文書」82)による。

表5　山中領の高辻・家数・人数(享保元年)

	a高　辻	b家数	c人　数	a/b	a/c	古　高
上山郷	557.227石	600軒余	2,600人程	0.93石	0.21石	469.540石
中山郷	620.434	460	2,250	1.35	0.28	565.290
下山郷	1163.038	660	2,800	1.76	0.42	585.705
合　計	2340.699	1,720	7,650	1.36	0.31	1620.535

註　高辻は元禄検地高、古高は元禄検地以前の高を示す。「万場・黒澤家文書」322による。

二　「郷」と「村」

山中領では、慶長検地によって上山・中山・下山の三「郷」が行政村と位置付けられた。たとえば、年貢割付状に「午歳上山郷御年貢可納割付事」「亥ノ年下山郷御年貢可納割付事」などとあるように、「郷」単位に年貢賦課が行なわれたのであった。一方で、「亥歳上山村御年貢可納割付之事」「午歳下山村御年貢可納割付之事」などとも表記され、「郷」＝「村」と捉えられていたことがわかる（第一部第三章参照）。すなわち、「郷」と「村」とが同義に用いられていたのである。このことから、「郷」がそのまま「村」として支配単位に位置付けられていたこと、およびその支配単位を示す呼称にも「郷」「村」の両様が用いられていたことが指摘できるのである。

このように、支配単位としての呼称に「郷」「村」が同義に用いられている例は、山中領の隣の鬼石領でもみられ、たとえば慶長期の年貢割付状に、同領三波川村では「未年三波川郷可納御年貢割付事」などとあり、同領譲原村でも「辰年譲原郷御年貢可納割付事」などとある。[7]また、北遠江（北遠）地方の場合にも、同じように近世初期には「郷」が支配（行政）単位とされ、「村」とも呼ばれていた事例があり、[8]有光有學氏によれば、畿内においても「郷」と「村」が同義に使用され、「郷」単位の検地が実施された事例がある。[9]山中領で、「郷」＝「村」を単位とした支配形態をとったのは、中世・戦国期以来「領」内に支配力を持つ土豪層を再編して利用したためと考えられ、詳しくは次章で検討するが、中山郷神原村の黒沢氏と下山郷万場村の黒沢氏が「郷」を単位とした支配を担っていた。有光氏の検討した畿内の事例では、生産条件（用水体系）の在り方に規定されたというが、山中領の場合には支配上の要請が大きかったと思われる。

さて、山中領では元禄検地によって、三「郷」＝「村」が分割され二二の「村」が成立する。その二二ヶ村については図2にも示してあるが、さらに詳しくみれば図3(10)のようになる。この図より明らかなように、村々のなかには枝郷を持つ村が多い点が指摘できる。それらの枝郷は、たとえば「上州山中領上山郷楢原村枝郷浜平」「上州山中領上山郷楢原村之内浜平」といったように表記される。すなわち、山中領の村々は〔本村―枝郷〕に編成されていたのであるが、これらの枝郷が「枝郷」として位置づけられたのは元禄検地によってである。山中領において村の名が確認できるのは、元亀二年（一五七一）の北条氏邦印判状に「山中之内」として「あそふ村」（下山郷麻生村）とあるのが初見であるという(11)。戦国期以来谷合に点在したそうした集落が、元禄検地によって支配単位としての「村」になった場合もあるが、ある村の枝郷に編成された場合も多く、後者は特に上山郷・中山郷で著しかったことが、図3から読み取れる。

以下、この枝郷の存在に注目しながら、まず元禄検地以前、すなわち〔本村―枝郷〕成立以前の村の在り方について、上山郷楢原村を例にとって具体的にみることにしたい。同村には一〇の枝郷があったのであるが（図3参照）、次の史料(12)によって元禄検地以前の村の在り方を覗ってみよう。

〔史料1〕

（前欠）

一黒川山江　御鷹見衆被参候而、あんない仕候様ニ与各々御申候間、口三日あんない仕候所実正也、与左衛門あんない可仕と申候を、平衛門おさへ候と申者、大之偽りにて御座候、後日に誰人成り共あんない不被仕候と申者御座候者、何時成り共我等共罷出急度可申分候、為後日之手形如件、

于時　　　黒河村

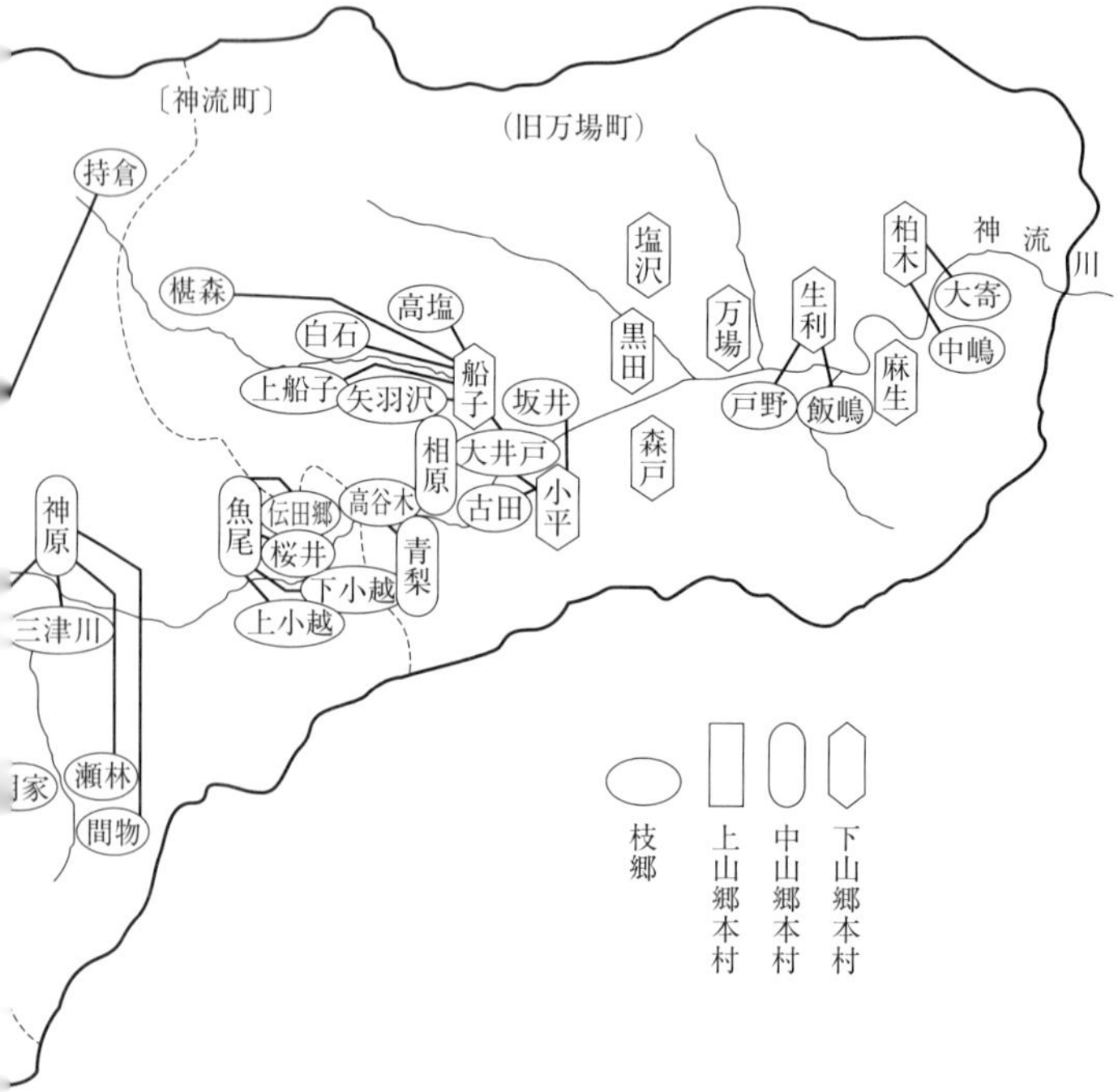

註　中山郷平原村の枝郷土屋村は、現在下仁田町に含まれているが、これは明治22年の町村制実施の際に境界変更が行われ、当時山中領村々が属していた南甘楽郡から北甘楽郡へ編入されたためである。

図３　山中領の村と枝郷

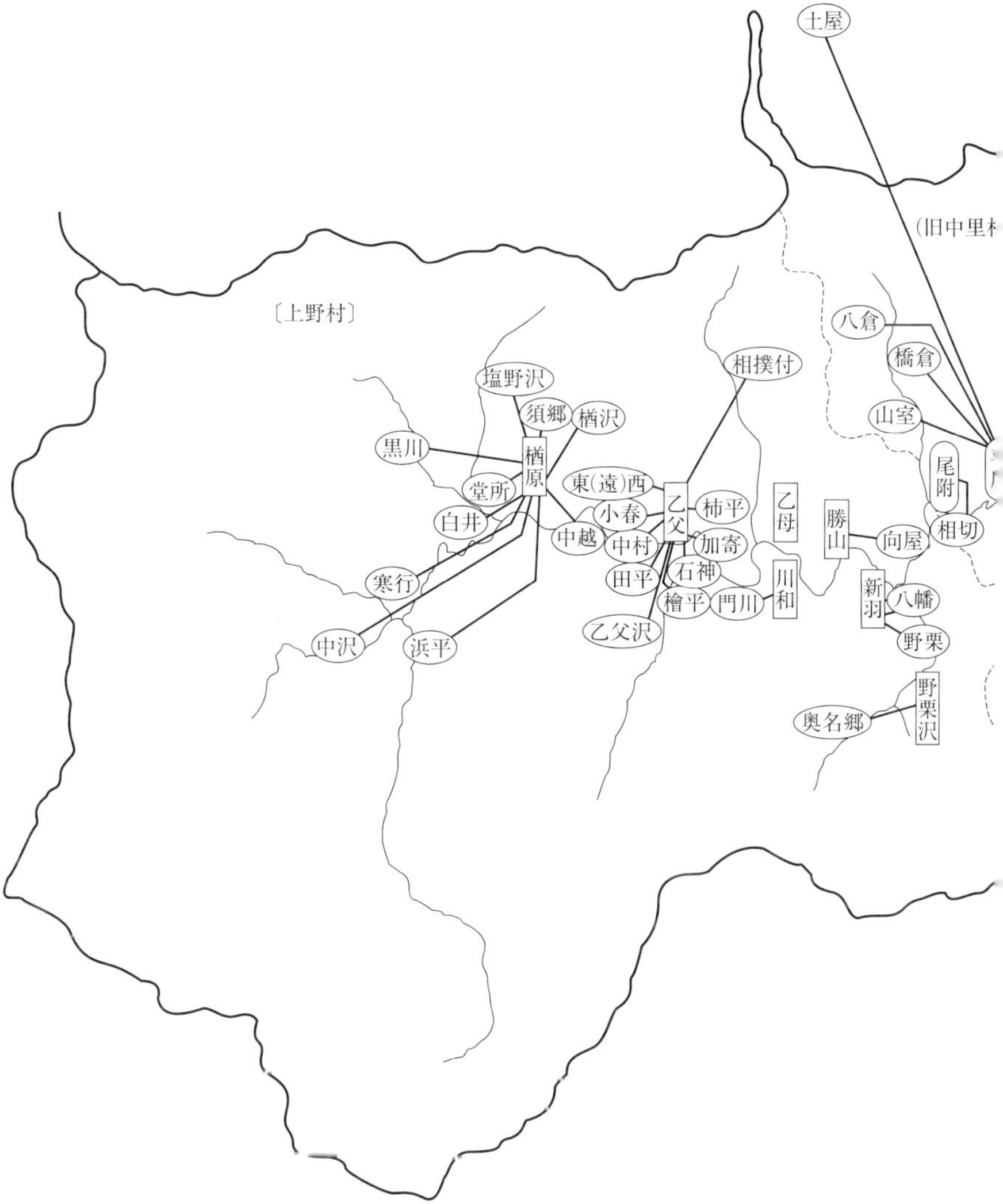
土屋
(旧中里
〔上野村〕
八倉
橋倉
山室
尾附
相切
塩野沢
須郷
楢沢
黒川
楢原
堂所
白井
寒行
中沢
浜平
中越
東(遠)西
小春
乙父
柿平
中村
加寄
田平
石神
檜平
門川
乙父沢
相撲付
乙母
川和
勝山
向屋
新羽
八幡
野栗
野栗沢
奥名郷

明暦元年
未ノ六月廿三日

与左衛門（印）
縫殿衛門（印）
三郎衛門（印）
茂　衛　門（印）

長　衛　門殿
浜平村　二郎左衛門殿
助　兵　衛殿
宮　内　衛　門殿参

〔史料2〕

（前欠）師堂二ヶ所、殊之外及大破に申候故、申ノ八月、弐ヶ所を一ヶ所に仕候而、則、健（ママ）立仕候事実正也、此少も偽り無之候、為其手形如此ニ候、

明暦四年
戊ノ七月十壱日

白井村
右　近（印）
佐　衛　門（印）
上行村
惣左衛門（印）
新右衛門（印）
又左衛門（印）

浜平村
長右衛門殿
十左衛門殿
平右衛門殿まいる

〔史料3〕

指上ヶ申一札之事

鉄炮合八拾九挺
上野国甘楽郡
上　山　郷

（中略）

元禄弐年巳九月

上野国甘楽之郡上山郷
楢原村
鶯筒預り主　杢　太　夫（印）
同　武　兵　衛（印）
同郷之内浜平村
同　作右衛門（印）
同　甚　兵　衛（印）
同郷之内白井村
同　（二名略）
同郷之内塩之沢村
同　（二名略）
同郷之内遠西村
同　（七名略）
同郷之内柿平村
同　（二名略）
同郷之内乙父沢村
同　（以下欠）

右のうち〔史料1〕は黒河（黒川）村から浜平村宛、〔史料2〕は白井村・上行（寒行）村から浜平村宛のものであるが、図3では楢原村の枝郷になっている村々が、ここでは互いに自立した村としてあることが窺えよう。さらに〔史料3〕には、「上山郷楢原村」に並んで、図3では楢原村の枝郷になっている浜平・白井・塩之沢、および乙父村の枝郷になっている遠西・柿平・乙父沢が、「村」として連署している。

元禄検地以前における支配単位＝行政村は飽くまで三つの「郷」であり、そのなかに点在した村々は行政村ではなかったが、右にみたように互いに自立した存在であった。元禄検地後の村数を基にすれば、上山郷で三二ヶ村（本村七、枝郷二五）、中山郷で二一ヶ村（本村六、枝郷一五）、下山郷で二一ヶ村（本村九、枝郷一二）であり、山中領全体では七四ヶ村（本村二二、枝郷五二）となり、この七四ヶ村が神流川沿いの比較的大きな村を中心に、行政的に二二ヶ村に編成されたのである。こうしてみると、元禄検地によって成立した二二ヶ村は、行政的には以前の三「郷」＝「村」が分割された面と、村々を寄せ集めて成立した面の両面性が指摘できる。前者の面はいわゆる「村切」の徹底と位置付けられるであろうが、後者の面はいわば村の〝統合〟と捉えられよう。すなわち、山中領における枝郷の成立は、村の統合の結果といえる。

三　村の統合と枝郷

1　〔本村—枝郷〕の形成

それでは、少なくとも七四あった村々が、元禄検地によって突然二二ヶ村に統合されたのであろうか。実は、元禄検地以前から統合の動きはみられ、統合された村に名主が任命され、行政村としての整備が進むのであるが、表6(a)・(b)・(c)によって各「郷」ごとにその動きを追ってみよう。

まず上山郷に関しては、前掲〔史料1・2〕によれば、明暦年間に黒河村・浜平村・白井村・上行村といった「村」がみられたが、表6(a)によれば、明暦二年（一六五六）段階で五名の名主の存在が知られる（①）。①の典拠史料は、神流川の漁猟をめぐる保美濃山村と上流村々との争論の訴状であるが（次章〔史料4〕）、属する村名は記されずに、「上山」に五名、「中山」に二名、「下山」に二名の名主が差出人として載っている（b-④・c-②参照）。上山郷の場合、その八年後の②では、典拠史料が後欠のため全員ではないと思われるが、五ヶ村とそれぞれの村の名主名が記されている（次章〔史料13〕）。③・④は全貌を示すと思われ、八ヶ村にそれぞれ名主が置かれている。⑤の典拠史料は、差出人にまず「上山村名主　由松」を始め一〇名が連署し、続いて八ヶ村の「老百姓」が連署しているもので、以下「中山郷」「下山」と、同じ形式で記載されている(13)。上山郷の場合、「名主」と肩書きのある六名に続いて肩書のない四名が連署しているが、同年月の別の史料(14)により太兵衛と十兵衛は新羽村の者であることが分かり、④によれば権三郎は野栗沢村名主、甚兵衛は勝山村名主であり、肩書の記されていない四名も名主であったと思われる。また、②〜④に柿平村、④・⑤に遠西村といった元禄検地後には枝郷となる「村」がみられ、さらに③にみえる乙父村の名主が④・⑤にみえず、逆に③にみられない遠西村の名主が④・⑤に登場するなど(15)、若干流動的な面を含みつつ村の統合が進んでいる様子が窺える。

ところで、前掲〔史料3〕には浜平・白井・塩之沢・乙父沢が載っているが、表6(a)には全く登場していない。このうち浜平と黒川に関しては、次のような史料(16)がある。

〔史料4〕

謹而御訴詔

一山中奈良原村名主権助、我等なとニ山之儀信州へ売申候と、証文指上ヶ申候が、去年中ハ浜平山へ御用木之木屋衆被参候刻、我等共よびよセ度々ニ手形をとられ申候が、其時権助手形を書、我等共無筆ニ候へハよミつけを仕、我等共ニ印判いたさセ申候、権助指上ヶ申候手形之儀ハ努々不仕候へ共、印判我等共之印判ニ御座候へ

④　天和3年2月	⑤　貞享元年7月	元禄検地後
野栗沢村　名主　権三郎	野栗沢	野栗沢村
新羽村　名主　兵　庫	新　羽	新羽村
かち山村　名主　甚兵衛	勝　山	勝山村
乙母村　名主　庄左衛門	乙　母	乙母村
(川和村)　名主　市郎兵衛	川(和)	川和村
		乙父村
柿平村　名主　伝兵衛	柿　平	※乙父村枝郷
遠西村　名主　伊兵衛	遠　西	※乙父村枝郷
奈良原村　名主　与四松	なら原	楢原村
	上山村 名主　由　松(楢原) 同　伊兵衛(遠西) 同　伝兵衛(柿平) 同　庄左衛門(乙母) 同　市郎兵衛(川和) 同　兵　庫(新羽) 太兵衛(新羽) 十兵衛(新羽) 権三郎(野栗沢) 甚兵衛(勝山)	

書」24)、③上山郷五人組帳（上野村新羽「茂木市太郎家文書」18)、原・黒澤家文書」558)。（　）内は推定。

<table>
<tr><th>⑥延宝9年5月</th><th>⑦元禄4年閏8月</th><th>元禄検地後</th></tr>
<tr><td rowspan="7">中山郷
名主　平左衛門
同　李兵衛
同　兵太夫
同　才兵衛
同　次郎右衛門
同　左次右衛門
舟子村
名主代　十右衛門
同　光明院</td><td>神原村　名主　角太夫</td><td>神原村</td></tr>
<tr><td>尾付村　名主　平太夫</td><td>尾附村</td></tr>
<tr><td></td><td>平原村</td></tr>
<tr><td>八倉村　名主　兵　部</td><td>※平原村枝郷</td></tr>
<tr><td>山室村</td><td>※平原村枝郷</td></tr>
<tr><td>橋倉村</td><td>※平原村枝郷</td></tr>
<tr><td>高塩村　名主代　九郎右衛門
同　久三郎</td><td></td></tr>
</table>

表6　山中領における村と名主

(a)　上山郷

①　明暦2年5月	②　寛文4年11月	③　寛文7年正月
	野栗沢村（名主）権三郎	野栗沢村　名主　権三郎
	新羽村　名主　兵庫	新羽村　名主　八右衛門 名主　久右衛門 名主　源之丞
	かち山村　名主　八左衛門	勝山村　名主　八左衛門
	乙母村　名主　新右衛門	乙母村　名主　八郎兵衛
	川和村　名主　庄左衛門	川輪村　名主　市郎兵衛
		乙父村　名主　伊右衛門
	柿平村　名主　伝兵衛	柿平村　名主　伝兵衛
		奈良原村　名主　五左衛門
上山 名主　伝兵衛（柿平） 兵右衛門 新右衛門（乙母） 八左衛門（勝山） 兵庫（新羽）	※後欠	

〔典拠〕①漁猟争論訴状（「万場・黒澤家文書」433）、②五人組編制請書（「神原・黒澤家文
④上山郷五人組ノ内組帳」（「神原・黒澤家文書」30）、⑤村々絵図製作ニ付誓約書（「神

(b)　中山郷

①寛永19年	②慶安4年12月	③慶安5年	④明暦2年5月	⑤寛文6年
神原村	中山 角右衛門 兵左衛門 平左衛門 内膳 善右衛門 三左衛門 縫殿助	神原　角右衛門	中山 名主　角右衛門 太郎右衛門	神原村　兵太夫
おつく村		おつく　角兵衛 平左衛門		尾付村　平左衛門
平原村		平原　兵左衛門		平原村　杢兵衛

同　　喜右衛門	持倉村	※平原村枝郷
	魚尾村	魚 尾 村
		相 原 村
		青 梨 村
		※下山郷へ
	槵森村　名主代　五右衛門	※船子村枝郷

書」10)、③神原村諸役入目帳(「神原・黒澤家文書」11)、④漁猟争
⑥中山郷村柄書上(「神原・黒澤家文書」232)、⑦御巣鷹山手形(「神

⑥延宝元年11月	⑦貞享元年７月	元禄検地後
青梨村　名主　二郎兵衛	青梨村	※中山郷へ
小平村　名主　忠右衛門	小平村	小 平 村
黒田村　名主　所左衛門	黒田村	黒 田 村
	万場村	万 場 村
	塩沢村	塩 沢 村
	森戸村	森 戸 村
生利村　名主　伊 兵 衛	生利村	生 利 村
麻生村　名主　又左衛門	麻生村	麻 生 村
柏　木　名主　七 兵 衛		柏 木 村
	大寄村	※柏木村枝郷
	中嶋村	※柏木村枝郷
		船子村 ※中山郷より
	下山 名主代　喜左衛門 名主　太郎兵衛 同　三郎兵衛 同　忠 兵 衛 同　又左衛門 同　庄 太 夫	

黒澤家文書」433)、③下山郷年貢勘定書(「万場・黒澤家文書」99)、
(「万場・黒澤家文書」92)、⑥下山郷年貢割付状拝見裏書(「万場・黒

魚 尾 村		魚　尾　内　　膳		魚尾村　二郎右衛門
上・下相原村		相　原　三左衛門		相原村　左次右衛門
青 梨 村		青　梨　善右衛門		青梨村　善 右 衛 門
舟 子 村		舟　子　ぬいの助		舟子村　茂 左 衛 門

〔典拠〕①代官法度請書（『群馬県史』資料編９、№１）、②代官申渡請書（「神原・黒澤家文
論訴状（「万場・黒澤家文書」433）、⑤中山郷年貢勘定書ヵ（「神原・黒澤家文書」224）、
原・黒澤家文書」34）

(c)　下山郷

①寛永13年	②明暦２年５月	③寛文２年12月	④寛文４年６月	⑤寛文11年11月
青　梨		青梨村　二郎兵衛	青梨村	
小　平		小平村　忠右衛門	小平村	小平村　名主　太郎兵衛
黒　田		黒田村　所左衛門	黒田村	
満　場		(万場村　八右衛門)	万場村	
塩　沢			塩　沢	
			森　戸	森　戸
生　利		生利村　長右衛門	生利村	生利村　名主　忠 兵 衛
麻　生		麻生村　八郎兵衛	麻　生	麻生村　名主　三郎太夫
柏　木		柏木村　治　　部	柏木村	柏木村　名主　内　　記
	下山 名主　八右衛門 七郎兵衛	※冒頭一部欠損		

〔典拠〕①下山郷年貢割付状拝見裏書（「万場・黒澤家文書」46）、②漁猟争論訴状（「万場・
④入会地ニ付下山郷惣村定書（「万場・黒澤家文書」308）、⑤下山郷年貢割付状拝見裏書
澤家文書」144）、⑦村々絵図製作ニ付誓約書（「神原・黒澤家文書」558）。（　）内は推定。

ハ、其申わけも不罷成候間、御情ニ我等共之内ニ而弐人籠舎ニ成共被仰付、残弐人之者と権助と御嶽山へ参、右之手形我等共合点ニて不仕候と文言ニて、御かね権助ニつかせ、其上ニ而我等共御法度ニ被仰付候共、御恨と存間敷候、右之條々御下知奉仰候、仍如件、

萬治仁年亥ノ八月十九日

山中浜平村
長右衛門(印)
平右衛門(印)
拾左衛門(印)
助十郎(印)

御奉行様

〔史料5〕

手形之事

一此度、御鷹山之近所江、当村之清十郎火を落候処ニ、名主・御鷹見・横目衆殊外御断被成候処、何共めいわくいたし、各々頼入御訴詔仕候得者、重而之次而迄御済シ被下候、以来ニおゐて御鷹山へ御無沙汰申候ハヽ、此証文以　御公儀様江御披露被成、所を御御《(ママ)》払被成候共、少も御恨ニ存間敷候、為後日如此手形進候、仍如件、

寛文八年申ノ十二月十五日

黒川村
清十郎(印)
証人組之者
勘左衛門(印)
善七郎(印)
与四右衛門(印)

名主
五左衛門殿
御鷹見衆
横目衆

与　三　郎㊞

〔史料4〕は、万治二年（一六五九）の浜平村と奈良原（栖原）村名主権助との争論の訴状であるが、これによれば、差出が「山中浜平村」となっており、内容的にも一方では幕府の裁許に従うとともに、他方では「御嶽山」の鐘を撞くという、両者間での独自な解決法を主張するなど、浜平村の自立性の強さを窺うことができよう。[17]しかし、この段階で栖原村に名主が置かれており、浜平村の証文の作成に名主権助が関与するなど、正式に枝郷となっているわけではないが、行政的には栖原村のもとに編成されている状況をも読み取れる。

〔史料5〕は、寛文八年（一六六八）に黒川村の清十郎が御鷹山（御巣鷹山）の近辺で、煙草の火であろうか、火を落としたことに対する詫証文であるが、宛所の「名主五左衛門」は栖原村の名主であり、ここでも黒川村が栖原村のもとに編成されている様子が窺える。寛文五年に黒川村が御鷹山荒しを詫びた証文の宛所も「名主権助」となっており、また同八年の御鷹山荒しに対する黒川村の詫証文の宛所も「名主五左衛門」となっている。[18]さらに、同八年に浜平が材木の伐採出願を神原村兵太夫に頼んだ証文（第一部第三章〔史料20〕）に、「名主五左衛門」が連署しているのが知られ、万治〜寛文年間には、栖原村に名主が存在し、同村を中心とした統合がなされていたと思われる。[19]白井哲哉氏によれば、寛文八年の勝山村の小作証文には、同村と向屋村の証人が併記されているが、宛所は勝山村名主（八左衛門）であり、元禄検地後に枝郷になる向屋が、勝山村と併記される程度には自立性を保っているものの、支配の上では勝山村の名主に統括されていたという。[20][21]

中山郷・下山郷の場合も簡単にみておこう。表6(b)によれば、中山郷では①の時点で、元禄検地によって固定化する七ヶ村が登場している。また、③の典拠史料の一部を第一部第三章に〔史料15〕として掲げたが、諸役入目の割付対象の「神原角右衛門分」のなかに、元禄検地以後は神原村の枝郷となる三津河（三津川）・満物（間物）・ミやうけ

（明家）が含まれており、既に神原村への統合が進んでいる様子が窺える。「名主」の肩書が確認される初見は④であり、そこでは二名のみであるが[22]、それ以前の万治三年（一六六〇）二月に神原村の善右衛門が魚尾村の長右衛門を相手取った繭盗難一件の訴状（第一部第三章〔史料19〕）の裏書に「双方名主同道仕罷出」とみえ、神原村と魚尾村に「名主」が存在したことを示している。さらに、②の典拠史料は代官からの申渡しの請書であり、七名の連署者に肩書はないが、請書本文に「右之通、半十《（伊奈半十郎）》様御判形之御書出し委拝見仕候、則、写置申候間、郷中不残見セ、尤、口上にても申きかセ、合点致さセ手形を取、名主手前ニ持可申候」とあって、郷中から取った手形を「名主」が保管するとあり、連署している七名は「名主」とみられ、③と見比べれば属する村も推定できる。とすれば、③・⑤では「名主」の肩書はないが、記さなかっただけかも知れない。また、寛文九年（一六六九）の証文（次章〔史料12〕）には「中山名主衆」とある。⑥では六名の「名主」がみられ、三名の「名主代」である舟子村以外の六ヶ村に、それぞれ名主が存在したものと思われる。ただし、⑦をみると八倉や椹森といった元禄検地後に枝郷となる村にも「名主（代）」が記されており、ここにも流動的な面のあったことが窺える。

表6(c)は下山郷であるが、①の段階で元禄検地後に本村となる村々が一ヶ村を除き登場しており、④には九ヶ村の名が揃っている。塩沢村・森戸村には不安定な面がみられるが、他の七ヶ村は寛永年間から安定している。②で「名主」の肩書を持つ者が確認でき、⑤では四名、⑥・⑦では六名の名主（代）が存在している。⑦でみると全村に名主が任命されていたのではなかったようであるが、村名は元禄検地後と同じになっている。

表6全体を通して、記載の脱漏や記載しない場合もあったこと、また史料の性格も考慮しなければならないが、大雑把にまとめれば、寛永末頃までには村の統合が進められており、寛文頃までの間には「名主」の任命がなされたものといえる。統合関係の変動や、それに伴う「名主」の存廃といった流動的な面をみせながらも、元禄検地実施の頃

には実質的に統合がなされていたのである。[23]

こうした状況のなかで元禄検地が実施されたのであり、たとえば楢原村の元禄検地帳[24]によれば、案内人として本村楢原村の三名とともに、中越（一名）・楢沢（二名）・須郷（二名）・塩ノ沢（二名）・黒川（二名）・堂所（二名）・白井（三名）・中沢（二名）・浜平（二名）・神行（一名）の合わせて一九名が連署しており、中越を始め一〇ヶ村は「楢原村御検地水帳」に載せられ、枝郷として位置付けられたのである。こうして、元禄検地によって最終的に二二の村が確定し、正式に〔本村—枝郷〕が成立したのである。[25]

2　枝郷の性格と小名

以上、山中領における近世行政村の成立過程を、村の統合による〔本村—枝郷〕の形成に注目しながら辿ってきた。すなわち、山中領における枝郷の成立は、村の統合の結果といえるのであるが、そのため本村の従属下におかれた枝郷のなかには、これに反発する動きもみられた。次の史料[26]をみてみよう。

〔史料6〕

乍恐書付を以奉願候

一山中領村々江御廻シ被遊候御廻状、楢原村ニ而写被遣候故、萬事御法度・急之御触状等、少々宛遅り承知仕候、白井之儀者余人之小村とハ各（格）別違、御関所御座候而、其上先規ゟ御年貢取立候義茂、臼井理右衛門方ニ而取立来り申候、殊ニ山中大通ニ而枝村と申ニ而者無御座候、市日ニ者信州・武刕・山中領入込穀商売仕ニ付、他領之者共入込申場所ニ御座候得者、万事御法度・御触状、片時茂早ク承知仕度奉願候間、楢原村ゟ白井迄御触状相廻り候様ニ奉願候、左様ニ被仰付候而茂、楢原村惣百性衆御廻状相届ヶ候手間かき申わけニ而者無御座候、子細者楢原村ゟ写時々ニ被遣候ニ茂、百姓衆ゟ相被届候御廻状届被申候ニ茂、人手間入候義同前之義ニ御座候間、願之通り被仰付候様ニ奉願候、以上、

正徳六年申三月

白井御関所番頭
理右衛門(印)

長百姓
庄左衛門(印)

(八名略)

御割元様

(傍線筆者、下同ジ)

この史料は、楢原村の枝郷白井が、廻状の伝達方式の変更を願い出たものである。枝郷である白井へは、一旦本村楢原村で写が作られて伝達されていたのを、直接廻すように願っている。その理由として、白井には関所・市場が存在するため、遅々なく法度・触状の内容を知る必要があるとしている。そして、傍線部分にみられるように、白井は「枝村」ではないと主張している。すなわち、白井は関所・市場の存在を理由に、独立村としての扱いを要求しているといえる。「枝村と申ニ而者無御座候」という主張には、枝郷としての位置付け＝統合への反発を読み取ることができよう(27)。次に掲げる史料も(28)、枝郷の自立性を示すものとなろう。

〔史料7〕

証文之事

一白井村・浜平山論之出入、又ハ浜平ゟ出候荷物之出入御座候而、双方神原迄罷出候所ニ、御詮義之上被仰渡候様ハ、只今御年貢勘定之節、殊年内余日も無御座候ニ付、来春山論之場所御見分之上、内証ニ而埒明不申候ハヽ、御　公儀様へ御出し可被成由可被仰渡候、浜平ゟ出候荷物さゝ板計、他領へ出候さゝ板御見分迄出し不

中候様ニ浜平へ被仰渡候、御見分迄ハ白井村ゟ右山論之場所へ一切入不申候様ニ被仰渡候、双方御見物（分）迄ハ我かまゝ仕間敷候、為後日仍如件、

宝永六（七）年寅極月六日

浜平
庄兵衛（印）

（四名略）

白井村
勘左衛門（印）

（三名略）

神行
小左衛門（印）

御割元

〔史料8〕

惣村相定申連判之事

一せんさいなつうち山畑者不及申ニ、用事無之者ハ一円出入申間敷候、若用事無之候而通路仕、其上何成共うせそんし候ハヽ、其時通路致候者、前之通り之金銭急度郷中江出シ可申候、出かね候ハヽ、当村を罷立、一家・五人組江御やつかいニ掛申間敷候、為後日惣村連判、仍而如件、

正徳五年
未ノ八月五日

山中浜平村
源右衛門（印）

庄兵衛（印）

（以下略）

〔史料7〕は、宝永七年（一七一〇）の白井と浜平との山論および山稼荷物差止出入の際の割元の指示に対する請

書であるが、両村間でこうした争論が惹起していることは、入会・山地利用の主体が枝郷の村々にあり、従って山論やその他の争論も、枝郷間で争われたことを意味している。一方、〔史料8〕は正徳五年（一七一五）に取り決められた浜平の「惣村」連判状であるが、この時期には公的には楢原村の枝郷になっている浜平が、独自に「惣村」連判状を作成している。浜平の惣村連判状は、享保二年（一七一七）・同四年にもみられる。(29)こうした事例は、行政的には本村に統合されつつも、枝郷が生産・生活の単位として自立性を有していたことを反映している。このような枝郷の自立性は、当然元禄検地以前から引き継いだものであり、元禄検地後も枝郷の一定度の自立性は保持されていたということができる。(30)

ところで、近世行政村の成立過程における村の統合の側面は、従来ほとんど注意されていなかったと思われるが、三河山間部の設楽郡奈根村における近世村落の成立過程を検討した小高昭一氏によれば、(31)奈根村の内部は五つの村（組）によって構成されており、それらの村（組）は山間部での小地域結合単位であり再生産単位であるという。小高氏は、これを検地・「村切」との関連において、中世以来の郷・庄レベルの地域結合体の分離と同時に、小地域結合単位の集合・結合という二側面を指摘している。この点は（奈根村の場合、枝郷とは呼ばれていないようであるが）、山中領の場合とも相通ずる指摘であろう。また、関口博巨氏は関東および甲州の事例から、「「村」は「領主の村」（村）設定以前にさかのぼる自立的伝統をもつ、社会的なまとまりであった。領主はこうした「村」々を、時には強制力も行使しながら支配・行政単位としての村に統合した」と述べている。(32)このように、村の統合の側面は、枝郷に限らず、村を構成する小地域単位（組・小名等）の性格を考える上にも看過できない点ではないか。

そこで、次に枝郷と小名について触れておきたい。近世の村は、一般にその内部にいくつかの小名を持っており、それは生産・生活全般にわたる最小の地域単位であった。小名は、いわば村のなかの村であり（実際、「村」という呼称で呼ばれた場合も多い)、そうした小名がいくつか集まって村が形成され、行政村として把握されたというのが近世の村である。(33)

近世の行政村としての村と小名および枝郷の関係については、紀州日高川流域の紀州藩領地域を中心とした近藤忠氏の分析があるが、(34)近藤氏は、村の集落構成の内容から、村を構成する小名が同格である「集合村」と、一つの小名が本村となり他の小名がそれに従属する「連合村」の二類型を設定し、前者は近隣する小名によって構成され、後者は遠く離れて散在する小名によって構成されているとした。さらに、この外に村の外の集落であるが行政的には一村として扱われる小名があり、これが年貢納入上の単位集落とされたものを枝郷といっていたとしている。そして、枝郷は独立性が強く、「準村」とでも呼ぶべきものとしている。「連合村」の場合の従属小名と枝郷とが、日常生活の場における独立性にどれほど大きな相違があったのか疑問ではあるが、ここでは枝郷は本来独立村落であったが、行政的に編成されて成立したという点に注意しておきたい。山中領の場合、統合によって成立した枝郷が、本村に対して行政的には従属関係にありながら、一定の自立性を有していたことは前述のとおりである。

木村礎氏は、相州津久井領の村々を対象に、村と小名の関係を検討しているが、(35)同領では村数二九に対し、小名一七八を数え、最も多い村で二〇、平均して六の小名が存在するという。そこでの小名のなかには、本書でいう統合によって編成された場合も多いのではないか。また、前述の三州奈根村にみられる村のなかの村としての「組」は、小名に相当するとみてよかろう。

白井哲哉氏は、かつて近世の村を捉える方法の一つとして、行政村と「小名」との関連を考慮する必要性を提起し、「小名」を「行政村の内部にあって、家並・集落を核にして独自の名称を持ち、一つの社会的なまとまりとして村人に認識されている存在」と規定している。(36)この規定に従えば、枝郷も「小名」に含めて捉えることができよう。さらに白井氏は、武州の村々にみられる「小名」の分析から、「小名包含村」と「無小名村」の存在を明らかにし、「小名包含村」こそ近世の村の標準型であるとしている。山中領の行政村も、その多くは白井氏のいう「小名包含村」ということができるが、問題はその形成の理由であろう。山中領の場合には、それを村の統合に求めたのである。

おわりに

以上、山中領における近世行政村の成立過程と、そこでの村と村との関係に検討を加えてきた。すなわち、行政村の成立過程における村の分割と統合の両側面を明らかにし、特に枝郷の創出と村の統合との関係に注目した。

山中領では、慶長検地で「郷」が支配単位とされ、「村」とも称したが、その内部には生産・生活単位としての村（集落）が多数存在した。その後、寛永末頃から寛文頃までの間に、郷内の村の統合が進められ、「名主」の任命がなされていった。統合関係の変動や、「名主」の存廃といった流動性を伴いながらも、元禄検地実施の頃にはほぼ統合がなされていたといえる。こうした状況を背景に、元禄検地において二二の村が行政村として確定された。これは、郷＝村の分割であるとともに、村の統合の結果でもあり、統合の結果が〔本村―枝郷〕となったのである。

このような村の二重構造は、近世成立期の村に「領主の村」と「農民の村」とを措定した水本邦彦氏の所説[37]を想起させるが、同氏が対象とした畿内村落では、「領主の村」と「農民の村」との矛盾・対抗のなかから寛文・延宝期に「農民の村」の自立が達成され、支配も「農民の村」に依拠する方式へと転換したという。枝郷の成立に関して有光友學氏が、やはり畿内の事例に即して、十七世紀前半を通じて進行した自然性的・自発的な発展過程としての分村化によるとしている[38]。これらを山中領の場合と比較すれば、その相違は明らかであり地域的な差異を指摘できる。この点は、一村一集落型の多い畿内と一村多集落型の多い関東とその周辺との「領主の村」の設定のされ方の相違、との関口博巨氏の指摘の通りであろう。(39)

山中領では、統合された村を枝郷と称したのであるが、いうまでもなく、一般的にみて統合された村がすべて枝郷といわれたわけではない。逆に、枝郷はすべて統合によって成立したのでもない。生活面では村と認識され、行政的には枝郷と呼ばれ、また「組」とも称することもあったのであり、山中領の枝郷の場合も、例えば「新羽村枝郷野栗組」「遠西組・柿平組」などのように「組」と記されることもあった。地域や時代による相違が存在したといえる。(40)そして、枝郷であれ小名であれ、村の統合による行政村の設定は山間地域により顕著にみられるのであり、近世山村の行政面における成立、性格を特徴づけるものといえるのである。

註

（1）斎藤司「領」（『日本地名資料集成』角川日本地名大辞典別巻1、一九九〇年）、白井哲哉「「領」編成と地域―近世前期を中心に―」（関東近世史研究会編『近世の地域編成と国家―関東と畿内の比較から―』岩田書院、一九九七年）参照。

（2）近世初期の史料には、図示のほか「藤岡領」「小幡領」「吉井領」といった「領」名がみられるが、これらの地域は比較的早い時期に大名領・旗本領等に分解され、支配単位としての地域的一体性が解消したものと思われる。

（3）文政八年（一八二五）から天保七年（一八三六）まで、下山郷のうち柏木・麻生・万場・森戸・黒田・小平村、中山郷のうち青梨村・平原村枝郷八倉が館林藩主松平左近将監領分に、天保十二年（一八四一）から同十三年まで下山郷万場村が御側御用取次松平筑後守知行所になり、また天保十四年十二月以降、下山郷のうち森戸・黒田・小平村が土岐下野守（豊前守）知行所になったという（『上野村誌Ⅸ　上野村の古文書』史料一）。

（4）和泉清司編著『江戸幕府代官頭文書集成』（文献出版、一九九九年）一〇七四～一〇八一頁

（5）延宝九年（一六八一）二月に、松田・間瀬両名が発給した支配郷村宛の申渡書（群馬県藤岡市三波川「飯塚馨家文書」〈群馬県立文書館寄託〉九五五一）があり、その包紙に後筆で「慶長年中、伊奈備前守様御代々御支配百年余、延宝年中、初而御代官様御

引渡、間瀬吉太夫様・松田又兵衛様、外弐人御支配御書付写入」と、それまでの伊奈系代官から非伊奈系代官へ切り替わったという認識が示されている（拙稿「村の歴史を編むということ―上州緑野郡三波川村の「年代記」をめぐって―」佐藤孝之編『古文書の語る地方史』天野出版工房発行、吉川弘文館発売、二〇一〇年）。

(6)『大滝村誌』等による。なお、元禄上武国境争論の際に、秩父領川原沢村等が差し出した同十三年（一七〇〇）二月の口書（「神原・黒澤家文書」二五二）に、「先年秩父領・山中領共ニ伊奈半十郎様・伊奈左門様、其後松田又兵衛様 間瀬吉太夫様相御代官、其後間瀬吉太夫様御代被成、松田又兵衛様御壱人ニ而秩父領之御支配被成、其節山中領ハ外へ相渡り、其以後段々秩父領・山中領別々之御代官所罷成候」とある。

(7) 拙稿「上州における伊奈忠次の年貢割付状」（『近世史藁』三、近世村落史研究会、二〇〇七年）参照。

(8) 拙著『近世前期の幕領支配と村落』（巖南堂書店、一九九三年）第二編第二章参照。

(9) 有光有學「近世畿内村落の成立をめぐって―とくに「村切」と分村の問題―」（静岡大学人文学部『人文論集』二〇、一九六九年）。これによれば、隣接地域でも「郷」単位に検地された場合と、「郷」を分割して「村」単位に実施された場合とがあるが、これは共同体の在り方の違いによるとされている。

(10) 図3の枝郷名は、元禄国絵図の記載をもとに記入した（斎藤明子「元禄上野国絵図の記載内容について」『双文』六、群馬県立文書館、一九八九年、参照）。

(11) 小松修「割元役と組合村の成立―上州山中領の場合―」（『関東近世史研究』一八、一九八五年）による。

(12)〔史料1・2〕は群馬県多野郡上野村楢原字浜平「高橋真一家文書」（ともに番外）、〔史料3〕は『群馬県史』資料編9〈近世1〉二四九号

(13) 中山郷については、表6(b)には表示しなかったが、名主として平左衛門・杢兵衛・才兵衛・庄右衛門・左次右衛門、名主代として仁左衛門・十三郎の合わせて七名が記され、村名としては神原・尾付・平原村・魚尾・相原・青梨・舟子村がみられる。

(14)「神原・黒澤家文書」二三四　この史料は天和三年（一六八三）二月十二日付で代官に宛てた、入牢中病気になった科人の預り証文で、差出人のなかに「新羽村兵庫、同所太兵衛、同所重兵衛」とある。

(15) 近世後期の乙父村の名主役は、「名主」一人と「年番名主」二人の隔番となっているが、これを白井哲哉氏は、乙父村と遠西村や柿平村との合併による遺制だろうと指摘している（白井哲哉「枝郷と小名（コーチ）をめぐる問題点―山中領上山郷・中山郷の

事例から―」『群馬歴史民俗』一三、一九九二年）。

(16)〔史料4〕は浜平「高橋真一家文書」一四四、〔史料5〕は同一一七

(17)誓約の場において撞かれた鐘のことで、信州・甲州では甲府の御岳金桜神社の鐘を起請の場で撞き、これを「御岳の鐘」と称した（笹本正治著『中世の音・近世の音』名著出版、一九九〇年、講談社学術文庫、二〇〇八年、同著『中世的世界から近世的世界へ』岩田書院、一九九三年）。そうした慣行が山中領でも行なわれていたことが知られる（拙稿「御嶽山の鐘」『武尊通信』四二、群馬歴史民俗研究会、一九九〇年、参照）。

(18)浜平「高橋真一家文書」二一〇

(19)浜平「高橋真一家文書」九

(20)「寛文郷帳」には上山郷で一〇ヶ村、中山郷で一三ヶ村、下山郷で八ヶ村の合わせて三一ヶ村が記載されている。このことからも、寛文期までの村の統合の進展を跡付けることができよう（丑木幸男編『上野国郷帳集成』群馬県文化事業振興会、一九九二年、所収「寛文八年　上野国郷帳」参照）。この段階では、元禄検地後に枝郷となる村々のうち、上山郷で浜平・白井・小春・東西（遠西）・柿平（柿平）・向屋、中山郷で山室・八蔵（八倉）・橋蔵（橋倉）・持蔵（持倉）・搦森（椙森）・白石・上舟子、下山郷で尾井戸（大井戸）・坂井の各村がみられる。一方、上山郷で野栗沢・新羽・川和、中山郷で青梨、下山郷で小平・森戸・麻生の村々がみえないなど、「寛文郷帳」の記載の正確さに疑問なしとしないところがある。

(21)註(15)白井論文。さらに同論文で白井氏は、幕末になるが文久二年（一八六二）に中山郷魚尾村におけるコーチ（小名）の自立化闘争について、「親村が体現する行政村の編成原理と「農民の村」との衝突」と、興味深い指摘をしている。また白井氏には、検地帳の所持と名主制度の変化等から村と枝郷の関係に言及した「山中領上山郷の村役人」（『武尊通信』三五、一九八八年）がある。

(22)中山郷の④と下山郷の②の典拠は同じ史料であり、ともに「名主」として二名しか記されておらず、全員ではないのかも知れない。同じ典拠の上山郷①も含め、漁猟争論に関係した村の「名主」のみの署名である可能性があろう。

(23)小山友孝氏は、元禄検地によって三「郷」内の自然発生的な集落が行政的村落へと変化し、元禄十三年からそれらの村に名主が設置されてくるとし、その根拠として同年に下山郷内の四ヶ村に名主が任命された史料を提示している（同「上野国甘楽郡山中領に於ける近世村落の成立について」『群馬県立歴史博物館紀要』三、一九八二年、のち同著『歴史民俗研究　上州の風土と歴史』

二〇〇九年、所収）。しかし、この史料は何らかの理由で名主が存在しなかった（「名主代」であった）四ヶ村に対して、同年に名主が任命されたことを示すのであって、同史料によってこの時期山中領村々に名主が任命されたというのは無理があるように思われる。実際、これ以前から名主の任命が進んでいたことは、本文中で明らかにしたとおりである。

(24)「楢原・黒澤家文書」二五四

(25)冨善一敏氏は、信州諏訪郡木之間村とその枝村を対象に、近世中期において新田村々を政治的従属関係に編成して成立した関係を「親村―枝村関係」とし、木之間村の親村としての性格と枝村の自立運動等について解明している（同「近世中後期における「親村―枝村関係」について」『史学雑誌』一〇〇―一〇、一九九一年）。

(26)「神原・黒澤家文書」二七三

(27)関所が置かれ、米穀市が開かれていた白井は村高四八石六斗四升三合で、他の枝郷が六石から一七石余であるのに対し、本村楢原村（四八石七斗一升九合）とほぼ同じ村高であった。

(28)〔史料7〕は「神原・黒澤家文書」四五、〔史料8〕は浜平「高橋真一家文書」番外

(29)享保二年（一七一七）の連判状は「世柄悪敷御座候故、何角共惣村談合之上、誰ニ而も相背申間敷候、若相定之通り背者御座候ハヽ、野かせき万事御はつし被成候共、少茂違背申間敷候」、同四年の連判状は「白井村理右衛門方江、前々之通り両村ニ而壱人成共、来春ゟ堅年礼仕間敷□（候カ）、親・兄弟・近キ縁者ハ不及是非ニ、其外ハ諸事惣村江一円無用ニ可仕候、右之趣少も背申間敷候」という文面である（ともに浜平「高橋真一家文書」番外）。

(30)曽部珠世「近世山村における村と組―秩父郡古大滝村を事例として―」（西村圭子先生追悼論集編集委員会編『日本近世国家の諸相』Ⅱ、東京堂出版、二〇〇二年）は、行政上の単位としての「村」とそれを構成する「組」との関係性、とりわけ「組」の独立性と「村」としてのまとまりの両側面から、近世山村の在り方を検討している。

(31)小高昭一「近世村落と組―三州設楽郡奈根村を事例として―」（『史学論集』一四、駒澤大学大学院史学会、一九八四年）

(32)関口博巨「近世関東の「村」と村運営」（『地方史研究』二四一、一九九三年）

(33)①木村礎「江戸時代の村と小名―相模国を例として―」（木村礎著『日本村落史』弘文堂、一九七八年）、②同著『近世の村』（教育社、一九八〇年）一一一～一一三頁

(34)近藤忠「紀州における藩政の村の集落構成と内わけ村―主として日高川流域について―」（『史林』四一―一、一九五八年）

(35) 註(33)木村①論文

(36) 白井哲哉「小名に関する一考察」(『明治大学刑事博物館年報』二〇、一九八九年)。なお、白井氏には山中領上山郷を事例とした分析もある(註(15)白井論文)。

(37) 水本邦彦著『近世の村社会と国家』(東京大学出版会、一九八七年)第二章「村社会と幕藩体制」

(38) 註(9)有光論文

(39) 註(32)関口論文

(40) 白井哲哉氏の分析によれば、武州において一〇以上の「小名」を持つ村は、江戸近郊の町場とともに、秩父郡・入間郡などの山間地域に多いという(註(36)白井論文)。

第二章　「領」支配と割元制

一　「領」域の変化と割元

1　山中領の「領」域

山中領の地域秩序の変容に関しては、小山友孝氏・小松修氏による検討がなされているが、[1]小山氏は主に年貢割付状の様式変化から、元禄検地を機にした山中領における近世村落の成立を述べ、小松氏は山中領を事例に近世初期から中期に至るまでの、「領」と地域秩序の変容過程を論じている。そこで、まず主に小松氏の成果によりながら、山中領における地域秩序の変容を概観しておきたい。

山中領は、戦国期に「山中衆」[2]と呼ばれた土豪層がその勢力範囲とした地域で、近世初期にはそうした土豪の系譜を引く「小領主」に依拠した支配が行なわれた（郷組制の段階）。そうしたなかで、天和三年（一六八三）に山中領に二名の割元が任命され、「領」内を二分割支配した（割元制の段階）。その後、元禄検地による行政村の成立などを経て、村々が結合して組合村を形成し、宝暦九年（一七五九）の廃止令によって割元制は廃止となった（これ以降は、組合村制の段階）。このように、小松氏によって示された〈郷組制→割元制→組合村制〉という地域秩序の変遷を念頭に、

「領」支配の内実を、さらに詳しく具体的に跡付けることにしよう。

まず、山中領といわれた「領」域について、従来の理解を再検討することから始めたい。前章でみたように、山中領の「領」域は、現在の群馬県多野郡上野村・神流町に相当する地域と理解されている（前掲図2参照）。それは誤りではないが、次に提示する史料[3]には、別の「領」域が記されている。

〔史料1〕

（前略）

一同領組合ニ候間、高割ニ可致と上山郷申候へとも、先規ゟ渡瀬村・鬼石村ゟ上山郷迄神流川筋、三波川筋、日野筋を山中領と申来候而、割元も鬼石村ニ相立組合申候へ共、下山郷之義内所入用何れ之村へも割合不申候ニ付、間瀬吉太夫様・松田又兵衛様御支配之節、上山郷・中山郷・下山郷・太田部村割元、八右衛門父八右衛門・覚右衛門祖父兵太夫ニ被仰付候得共、内所入用下山郷者割合以今不仕候、曾又、先規者下山郷御割付一通ニ而、万場村八右衛門先祖八左衛門大名主致、御年貢・其外入用九ヶ村ニ而割合御賄も致来候、依之、新御検地ニ九ヶ村ハ御水帳・御割付被下置候得共、下山郷何村と御書記御座候、慶長年中之御水帳ニも、八右衛門居屋敷之内御蔵屋敷ニ付申候而、一郷切りニ仕来、上山郷・中山郷と者違申候御事、

（中略）

享保元年申ノ十一月

柏木村
名主 利右衛門（印）

（八八名略）

御代官様

（傍線筆者、下同ジ）

この史料は、享保元年（一七一六）に、御林奉行の見分賄入用の割合をめぐって惹起した争論の、下山郷村々の願書のなかの一ヶ条であるが、ここで注意したいのは傍線部分である。それによれば、鬼石村と神流川を挟んだ武州渡瀬村から上山郷までの神流川筋、および三波川筋・日野筋をも含む地域が「山中領」であったという。すなわち、従来いわれている上山・中山・下山の三「郷」からなる山中領に加えて鬼石領・日野領、さらには武州の一部にも広がる地域が「山中領」とされているのである。ただし、同じ訴訟の過程で作成された享保二年（一七一七）の訴状(4)には、「鬼石領」「日野領」などとともに「山中領」と記されており、これは従来の理解と異なるものではない。〔史料1〕では、かつての「領」域として述べられているのである。

それでは、〔史料1〕傍線部分の記述を手掛かりに、山中領の「領」域の再検討を試みることにしたい（以下、〔史料1〕にいう山中領を《山中領》と表記する）。寛文九年（一六六九）の代官申渡に対する三波川村の請書(5)のなかに、「諸売買物、山中領所作之者之外、疑敷物又者隠物に致吟味、売買仕間敷候」（傍点筆者、下同ジ）とあって、ここに「山中領」と記されているのは、鬼石領に属する三波川村が、この当時は「山中領」に属していたことを示唆するのではないか。この点は、三波川村が年貢増徴による困窮を訴えた天和年間と推定される訴状（次章〔史料7〕）に、「上州之内山中領三波川村、永五拾八貫百八拾三文ノ高辻ニ御座候」とあり、傍点を付したように三波川村が「山中領」に属していることが明白に示されている。

また、日野領高山村の慶長三年（一五九八）の検地帳(6)の表紙には「上州山中高山下（之カ）郷御検地水帳」とあり、また寛永十七年（一六四〇）の名寄帳(7)には「上州之内山中高山之村寄帳」とあって、高山村に「山中」と冠されている。さらに、天和三年（一六八三）の年貢割付状(8)には「山中筋高山村亥御年貢割付之事」と、ここでは「山中筋」と表記されているなど、これらは高山村が「山中（筋）」に属していたことを示している。

以上の点から、三波川村および高山村について、ともに「山中（領・筋）」を構成する村であったことが指摘できる。三波川村が「山中領」に属していたとすれば、他の鬼石領の村々も同じように考えてよかろう。そして、高山村が「山中（筋）」を構成していたとすれば、他の日野領の村々についても同様といえよう。このように、鬼石領や日野領を含む地域がかつては「山中（領・筋）」であったことは、《山中領》の存在を裏付けるものといえる。こうした《山中領》の存在を前提にすると、次の史料[9]は大変興味深い。

〔史料2〕

高之覚

高七拾六貫六百八拾文	鬼石
九拾壱貫六百五十四文	渡瀬
五拾壱貫九百五拾六文	新宿
三拾六貫文	高山
三拾九貫五百九拾文	金井
六拾四貫七百廿八文	下日の
五拾四貫三百四拾六文	上日の
五拾八貫百八拾三文	三波川
七拾七貫三百卅三文	下阿久原
六拾九貫八百四拾四文	上阿久原

五拾四貫四百弐拾八文　譲原
六拾壱貫八拾三文　保美山
三拾九貫三百四拾九文　坂原
百拾七貫百廿六文　下山
百拾三貫五十八文　中山
九拾三貫九百八文　上山
惣高合千九拾九貫弐百六拾六文
　内七拾六貫六百八拾文　鬼石町
残千弐拾弐貫五百八拾六文□□□内夫番ニ引
右之高を以、万　役高・当り物わりまわし可被申候、以上、
亥二月　霜二郎兵へ
　　　　青　作　兵へ
　三波川□□門殿まいる

これは、各村の村高を三波川村宛に通達したものと思われるが、発給者の二人は代官伊奈半十郎の下代であることから、年代は正保四年（一六四七）または万治二年（一六五九）が該当する。ここに載っている村々のうち、鬼石・三波川・譲原・保美濃山・坂原の五ヶ村は鬼石領、高山・金井・下日野・上日野の四ヶ村は日野領、下山・中山・上山の三ヶ村は山中領に属することになる。加えて、渡瀬・新宿・下阿久原・上阿久原の四ヶ村は神流川を挟んだ武州児玉郡（秩父領）の村々であり、〔史料1〕に「先規ゟ渡瀬村・鬼石村ゟ上山郷迄神流川筋」とあったところの渡瀬

村・鬼石村より上流という記述に符合するものといえる。すなわち、武州側も含めた〔史料2〕に記された村々が一つの集合体を構成していたのであり、これこそ《山中領》の「領」域を示すものといえるのではないか。

2　「領」――「組」と割元

右にみたように、山中領・鬼石領・日野領に武州側の四ヶ村を加えた範囲が、かつては《山中領》であったと推測されるが、この《山中領》のなかには「組」が設置されていたことが知られる。次の史料は、寛文十一年（一六七一）の年貢漆の請取手形である（10）。

〔史料3〕

請取漆手形之事

漆合三拾五桶弐〆（貫）目也、

右是者、戌（寛文十年）之年山中領御年貢漆御蔵へ納、木部（漆奉行）藤左衛門・太田（同上）六左衛門手形之書替也、

寛文拾壱年亥極月十九日　蓑　忠　左（印）

鬼石組

村々名主・百姓中

この請取手形の発給者は、代官伊奈左門の下代蓑輪忠左衛門である。「山中領御年貢漆」の請取であるが、宛所（11）が「鬼石組」となっているのは、《山中領》のうちの「鬼石組」の分ということではないか。そして、次の二点の史料も「鬼石組」の存在を示している。

〔史料4〕

乍恐書付を以御訴詔申上事

一鬼石組之内ほミ(保美濃)の山ニたき御座候処、名主七郎左衛門・百性六左衛門のほりとう(筊)をかけ申ニ付而、魚一円登不申候間、とうを上ヶ候へと様々申候得共、上ヶ不申候条、右之割本へ申し理り候得者、鬼石よりもとう上ヶ候へと被申候得共、上ヶ不申候間、御訴詔申上ヶ候、以前　大河内金兵衛様御代官御持之時節申上ヶ候様ハ、ほミの山ニたき御座候ニ付、魚登不申候と申上ヶ候而、御意を請、山中三郷ニ而石切りを頼、たき切り申候、以後魚役之儀も余郷皆ニ(並カ)毎年出シ申所ニ、我かまゝを仕候而、とうをかけ魚登せ不申候間、御訴詔申上候、右之七郎左衛門・六左衛門御召出シ、様子御尋被仰付可被下候、仍如件、

明暦弐年申ノ五月三日

上山
名主　伝兵衛(印)
兵右衛門(印)
新右衛門(印)
八左衛門(印)

中山
名主　兵庫(印)
角右衛門(印)

下山
太郎右衛門(印)

御代官様

名主 八右衛門（印）
法久名主 七郎兵衛（印）
久兵衛（印）

〔史料5〕

近年八木・雑石ともニ高直ニ有之候間、石物妄不貴（費）之様ニ可仕候、尤、当麦作時分能候間、麦刈仕廻候前ニ、あを指に壱歩之所も臥（刈）取申間敷候、青指ニ致候儀貴（費）ニ成候之間、如此申触候、小百性迄ニ不残可為聞候、重而様子不承候与申百性於有之者、名主可為越度候、畑見分節青指ニ麦臥（刈）取候百性於有之者、穿鑿之上当人者不及申、其村名主・五人組ともニ、籠舎可申付候者也、

延宝四年辰四月三日　左（伊奈）門

鬼石組名主中

〔史料4〕は、神流川の漁猟をめぐる保美濃山村と上流村々との争論の際の訴状であり、滝に笯を仕掛けて魚を捕っていたことが知られ興味深いが、ここでは冒頭に「鬼石組」とある点を確認しておこう。〔史料5〕は、代官伊奈左門の申渡書であるが、宛所に「鬼石組」と記されている。一方、次の史料[12]には「山中組」という記載がみられる。

〔史料6〕

一札之事

一御両人ニ而山中組之割本被成候ニ付、我々とも出合相談之上ニ而、永高弐拾弐貫文所諸役之儀、割下ニ而しうめ（仕埋）仕候筈ニ相定申候間、自今以後者、右之永高御ぬき候而、諸役御かけ可被成候、次ニ白井御関所永高四貫百四

拾壱文之所、山中組ニ而しうめ仕候筈ニ御座候、為後日判形仍如件、

天和三年亥ノ二月廿一日

黒沢八右衛門殿
土屋兵太夫殿

上山郷奈良原村
名主　由松(印)
老百姓　平次郎(印)
遠西村
名主　伊兵衛(印)
老百姓　七兵衛(印)
柿平村
名主　伝兵衛(印)
老百姓　加右衛門(印)
乙母村
名主　庄左衛門(印)
老百姓　長兵衛(印)
川和村
名主　六郎兵衛(印)
老百姓　善左衛門(印)

（後欠）

この史料は、山中組に割元が設置された際の村々の取決めであるが（後述）、本文中に二ヶ所「山中組」とある。この「山中組」と前述の「鬼石組」の存在と、《山中領》との関係を考えれば、《山中領》が鬼石組と山中組に分かれ、「領」―「組」という支配機構を構成していたと考えられよう。(13)

ここで再び〔史料1〕をみると「山中領と申来候而、割元も鬼石村ニ相立」とあって、《山中領》を管轄する「割元」(14)が鬼石村に存在したという（以下、この割元をのちに「組」ごとに任命される割元と区別して、《割元》と表記する）。天和三年（一六八三）に独自に割元二名が任命される以前の山中組が、鬼石村の《割元》の管轄下にあったことは、既に小松修氏も指摘しているが、山中組中山郷の年貢漆上納宰領銭や六尺給、その他の諸役銭が鬼石村の源左衛門に集められていることを示す慶安五年（一六五二）の「神原村諸役入目帳」(15)の存在によっても窺え、また前掲〔史料2〕で鬼石町の高がすべて控除の対象になっているのも、《割元》の所在に関わる措置ではないだろうか。

次の史料(16)も、《山中領》支配における鬼石の《割元》の関与を示すものといえる。

〔史料7〕

手形之事

一我等共田地之出入ニ付、杢兵衛方ゟ御代官様申上、御うら判申請、双方鬼石迄罷出候処ニ、各々之御扱ニて相済申候様ハ、永弐拾文ニ付申候内、大久保甚太郎作り候畠弐ニ割半分宛取申候、其外之田地ハ、只今迄互ニ持来り候通り、各々御水帳見、双方合点之上高書分、其上御年貢済申候儀ハ、当年之御年貢ゟ忠兵衛・庄七郎も、御公儀御指帋次第勘定致、相済可申候定ニ而、手形互ニ取引可申候、鬼石へ御水帳持参不申候故罷帰候、御水帳双方御扱人迄高見分合点之上、右之趣ニて、重而田地ニ付互ニ申分無御座候様ニ、手形取引可申候、此趣少も

相違申間敷候、為後日手形各々へ相渡し申候、仍如件、

寛文五年乙巳十月五日

土屋兵部助(印)

同　忠兵衛(印)

同　杢兵衛(印)

同　兵太夫

同　庄七郎(印)

加藤喜左衛門殿

土屋五郎右衛門殿

黒沢八右衛門殿

これは、山中組中山郷内での田地出入の内済証文であるが、代官への提訴を受けて、「鬼石」にて吟味・内済取扱いがなされたことが窺える。前掲〔史料4〕にも、「右之割本へ申し理り候得者、鬼石よりもとう上ヶ候へと被申候得共」と、「割本」へ出訴したところ「鬼石」より指示があったとある。ともに、《割元》による争論の調停が行なわれたことを示している。以上のように、鬼石村には《山中領》を管轄する《割元》が存在し、《山中領》内の年貢・諸役銭の徴収や争論の吟味・調停（内済取扱い）等に当たっていたのである。〔史料3〕の鬼石組宛の年貢漆請取手形が、《山中領》分として扱われているのもそのためであろう。

さて、このような《山中領》に《割元》という支配機構が、天和年間に変化することになる。次の二点の史料(17)をみてみよう。

〔史料8〕

諸職人・商人天下一之号看板并商売物等ニ書記之儀、向後一切為御停止之間（以下略）

天和弐年戌七月

彦（彦坂）源兵衛

国（国領）半兵衛

右之通御書付出候間、写之遣候、（以下略）

戌七月廿三日

佐（佐野）主　馬

高（高木）善左衛門

大（大岡）五郎右衛門

吉（間頼）太夫

又（松田）兵衛

寄居組

吉田郡（ママ）

小鹿野組

山中領

割本

名主中

〔史料9〕

乍恐以口上書奉願候

（中略）

天和三年亥九月六日

山中割元　八右衛門

兵太夫

小鹿野割元　善左衛門

御代官様

六郎左衛門
下吉田割元
八郎右衛門
（三名略）
寄居割元
与五兵へ
鬼石割元
源左衛門
六郎右衛門
彦　兵　へ
伝右衛門

〔史料8〕は松田・間瀬両代官が「天下一」の使用禁止令を管下に通達したもの、〔史料9〕は武州贄川村名主の籠舎赦免をめぐる代官宛の口上書であるが、前者によれば、天和二年（一六八二）七月当時、松田・間瀬両代官の支配所内の地域単位として「山中領」、および武州に寄居・吉田・小鹿野の各「組」が置かれ、それぞれに「割本」が存在したことが知られる。そして、後者によれば「割元」の所在地として武州の小鹿野・下吉田・寄居とともに、「山中」と「鬼石」がみえている。これは、前者から後者、すなわち天和二年七月から同三年九月までの間に、上州の「山中領」は「山中」と「鬼石」に分かれ、それぞれに「割元」が置かれるようになったことを示している。

この間、更に時期を限定すれば、既に小山・小松両氏も指摘しているが、前掲〔史料6〕によって天和三年（一六八三）二月には、黒沢八右衛門と土谷兵太夫の両名が山中組の割元に就任していることが分かる。〔史料6〕は、山中組の村々が両割元に差し出した手形であるが、新たに就任した割元に対して永二一貫文分を年貢賦課対象から除き、その分は管轄下の村々で肩代わりする旨、および白井関所分の永四貫余についても肩代わりする旨を約している。また、次の史料(18)からも、天和三年二月には山中組に割元が存在していたことが知られる。

〔史料10〕

覚

旧冬就火事火付御穿鑿有之候、若在々江紛入候義茂可有之間、怪敷もの於有之者搦捕、早速可有注進候、右御詮議ニ付而、風俗不宜もの在々所々江可罷越候間、一夜成とも宿借シ申間鋪候、勿論、塔宮・山野にからまり不審成もの有之者、其村中早速出合吟味仕可有注進候、兼而申付候通、親類・縁者たりといふとも、年久他所ニ罷在其村江立帰候ハヽ、得下知差図次第可仕候、若隠置重而於相聞者可為曲事候条、可得其意候、以上、

右之旨割下村々江申付、一村切ニ致拝見、堅可相守之段書付取之、此方江差越可申候、

（天和三年）亥二月四日　松又兵衛（印）

間吉太夫（印）

上山郷
中山郷割元
下山郷

これは、代官両名から二月四日付で不審者の取締りを申し渡したものであるが、宛所が「上山郷・中山郷・下山郷」＝山中組の「割元」になっており、〔史料6〕とも合わせて、天和二年二月には、既に割元が任命されていたといえる。任命そのものを示す史料は確認できていないが、〔史料6〕は割元就任に際して作成されたものであるし、後世の史料ではあるが、代官から勘定所に山中領割元の存続を伺い出た正徳四年（一七一四）の伺書（後掲〔史料17〕）に、「割元之儀ハ、先年上州鬼石領ニ有之候故、道法遠ク御用差支候付、天和三亥年ゟ右山中領割元相立、只今迄勤

来候」とあり、天和三年になってすぐのこととみられよう。

　このように、《山中領》では「山中組」と「鬼石組」のそれぞれに割元が置かれることになり、割元の数も《山中領》で一名の態勢から、山中組で二名、鬼石組では四名という態勢になったのである。〔史料9〕にみえる山中組の二名の割元については〔史料6〕の二名と符合し、八右衛門は下山郷万場村の名主、兵太夫は中山郷神原村の名主でもある。鬼石組の四名については、鬼石村の源左衛門が、管轄地域は縮小されたものの引き続き割元の地位にあり、伝右衛門は三波川村の名主と思われるが、他の二名については不詳である。ともあれ、こうして天和三年に《山中領》は消滅し、山中領・鬼石領・日野領といった「領」が支配単位としてとらえ直されてゆくのである[19]。

3　山中領の支配構造

　山中組から山中領へと改編されるなかで、それぞれの時期の支配はどのように遂行されていたのであろうか。以下では、この点をみておきたい。次に掲げる表7は、山中領に独自に割元が設置される天和三年（一六八三）を挟んだ時期の、「領」支配に関わる史料の一覧である。

表7　山中領内支配に関する史料一覧

No.	年月日	内容	差出人	宛所	典拠
1	寛永三年二月一二日	年貢未進の人質盗出しにつき詫証文	藤十郎、他二名、惣百姓衆	角右衛門	「神原・黒澤家文書」一九七
2	寛永一八年九月六日	御法度違背につき詫証文	右之助、他五名、舟子村惣百姓	角右衛門・庄右衛門	「神原・黒澤家文書」一九八
3	万治三年一〇月一二日	御巣鷹山荒しにつき申渡請書	高塩村里右衛門、他二名	黒沢角右衛門	「神原・黒澤家文書」二〇九
4	寛文四年六月一六日	下山郷薪馬草採取につき惣郷定書	柏木村等九ヶ村三七名	黒沢八右衛門	「万場・黒澤家文書」三〇八

5	寛文四年一一月一〇日	五人組編成終了につき証文	上山之内野栗沢村権三郎、他一〇名（後欠）	黒沢角右衛門	「神原・黒澤家文書」二四
6	寛文七年五月八日	女子不作法一件につき詫証文	乙母村六左衛門、他六名	兵太夫・善右衛門	「神原・黒澤家文書」二三五
7	寛文九年二月一三日	馬引出人自害一件につき詫証文	三津川村おや庄左衛門、他一四名	土谷兵太夫	「神原・黒澤家文書」二三六
8	寛文九年四月二日	畑数改候覚	生利村地主善右衛門、他相地・五人組・老百姓等一〇名	黒沢八右衛門	「万場・黒澤家文書」一五九
9	延宝五年一〇月一五日	代官廻村時伝馬不手際につき詫証文	かち山村名主左京助、他一名	土谷兵太夫	「神原・黒澤家文書」二九
10	延宝六年四月二四日	勝山村跡名主決定まで公用勤務請書	かち山村主計、他四名	神原 兵太夫	「神原・黒澤家文書」二三一
11	天和三年二月四日	火付人探索方につき申渡書	（代官） 松又兵衛・間吉太夫	上山郷・中山郷・下山郷割元	「万場・黒澤家文書」四二四
12	天和三年二月一三日	上山郷乙母村八郎兵衛入牢中罹病につき出牢御預け請書	神原村兵太夫・万場村八右衛門、他二名（後欠カ）	代官	「神原・黒澤家文書」二三四
13	天和三年二月二一日	割本・白井関所諸役仕埋証文	上山郷奈良原村名主由松、他九名（後欠）	黒沢八右衛門 土屋兵太夫	「神原・黒澤家文書」二三三
14	天和三年三月六日	御巣鷹山近所にて笹板採取詫証文	魚尾村忠兵衛・七兵衛、他三名	土屋兵太夫	「神原・黒澤家文書」二三五
15	天和三年三月一四日	黒田村名主交替につき証文	黒田村十三郎、他七名、相百姓	黒沢八右衛門・土屋兵太夫	「万場・黒澤家文書」三六九
16	天和三年九月六日	牢人抱置贄川村名主の籠舎赦免願書	山中割元八右衛門・兵太夫、他三名	代官	「神原・黒澤家文書」二三六
17	元禄三年六月二日	万場村・森戸村馬草争論につき口上書	万場村地蔵院・長三郎、他三名	両割元	「万場・黒澤家文書」三七〇
18	元禄一二年三月	新検地水帳請取証文	上山郷名主たれ〳〵、長百姓たれ〳〵	土屋兵太夫	上野村勝山「黒澤建家文書」二
19	元禄一三年三月一日	山中領割元跡役につき廻状不念詫証文	相原村・魚尾村・平原村・屋付村名主・名主代等五名（後欠カ）	神原村割元覚太夫	「神原・黒澤家文書」六三

20	元禄一四年正月二日	柏木村水帳等請取証文	柏木村名主庄右衛門	万場村八右衛門	「万場・黒澤家文書」二二七
21	宝永七年二月二八日	浜平村稼荷物白井関所差止争論訴状	浜平村庄兵衛、他三名	両割本	「神原・黒澤家文書」四七
22	宝永七年三月五日	浜平村稼荷物白井関所差止争論返答書	白井村理右衛門、他八名	割本	「神原・黒澤家文書」四六

表示のうち№1～10が割元設置以前の時期の史料となる。これらの史料から、宛所に記されている黒沢八右衛門・黒沢角右衛門・土谷兵太夫に注目したい。このうち黒沢八右衛門と土谷兵太夫は、天和三年に割元となる黒沢八右衛門と土屋兵太夫のことである（前述）。そして、兵太夫は№5から№6の間に角右衛門に代わって登場してくる。(20) いずれにせよ、のちに割元となる万場村の黒沢氏、神原村の黒沢・土屋氏が、№1～10の諸史料から知られる支配上の機能を担う立場にあったといえるのである。

では、表7に示した史料を通して支配の実態を垣間みることにしよう。まず№1の史料をみてみよう。

〔史料11〕

一札之事

□まいねん御年貢た、み申□ハ、一円御年貢・御やくきと、□而、十二月廿七日ニ、くミのものニ被仰付、人しちおとられ申候、けの人しち我等ぬすミ出し、しうとの處まてかけおち申候處お、くミの衆ニおしかけられ、ひきかゑされ申、なわお御かけ被成、其上御代官様へ御ひき被成候お、宮内左衛門殿へ神原さうつかやの御百性中頼入、御わび事申、まつ〳〵なおゆるさり申候、其上のぎハ、我等うり申候てんぢ、さき〳〵より御とりかへし、よかく御百性お御しつけ候とも、少も申分無之、為其如此、

藤　十　郎（爪印）

御いけん衆

寛永拾弐年いの二月十弐日　　宮内左衛門(印)

はやと(印)

惣百性衆

角右衛門殿まいる

これは、年貢滞納のため人質にとられた者を盗み出したことで捕縛された藤十郎の詫証文であるが、傍線部分にあるように藤十郎は、宮内左衛門や百姓衆を頼んで「御わび事」＝謝罪をし、「御代官様へ御ひき被成候」、すなわち代官のもとへ連行されるところを赦免されたのである。宛所が角右衛門であり、同人が犯罪者を捕縛し代官へ報告することを職務とし、また謝罪を受けて赦免するといった権限を持っていたことが窺える。次に、No.7を掲げてみよう。

〔史料12〕

手形之事

一此度五左衛門、平原村久助馬を引出申候ニ付、御穿鑿被成候内、彼五左衛門あやまり申、じかい《(自害)》仕候ニ付、弥御　公儀様へ御披露可被成と被仰候へとも、中山名主衆・老百姓衆頼入、御訴詔仕候へハ、御披露を御延被下候所、忝奉存候、此儀ニ付、諸親類ハ不申及、誰人成共自今以後申分無御座候、若五左衛門相果申候ニ付何ヶと申もの御座候者、拙者共何方迄も罷出申わけ可仕候、少も貴殿御苦労ニかけ申間敷候、為後日証文仍如件、

寛文九年酉ノ二月十三日　　三津川おや　庄左衛門(印)

（一二名略）

平原村　甚三郎(印)

土谷兵太夫殿

同
忠左衛門（印）

これは、平原村久助の馬を「引出」した三津川村（元禄検地後、神原村の枝郷）の五左衛門が穿鑿中に自害した一件で、両村の関係者が土屋兵太夫に差し出した証文である。傍線部分からは、事件は兵太夫から公儀へ告発されるべきところを、関係者が中山郷の名主衆・老百姓衆を頼んで、その延期を願い出たところ、兵太夫はそれを認めたのである。〔史料11〕の場合と同様な事件処理の経過を知ることができる。

さらに№6は、女子の不作法を受けた尾附村仁左衛門が「御公儀様江御ひろう」しようとしたのに対し、乙母村等の関係者が「御のべ被下候と仁左衛門方へ御訴詔仕候得者、埒明被下候」と、仁左衛門に謝罪し披露延期となっているが、宛所が兵太夫となっているのは、同人が取調等に当たっていたことを示すものであろう。№9も上山郷勝山村が伝馬徴発の「切紙」を一夜留め置くという不手際を起こしたのに対し、「御代官様へ御披露可被成之由被仰候ニ付、迷惑仕御訴詔仕候得者、御指置被下候」と、兵太夫は名主左京助の懇願を容れ、代官への告発を取り止めたのである。№3の場合は、御鷹山（御巣鷹山）をめぐる山論が「公事」となり、代官手代の見分を受けた際の請書であるが、黒沢角右衛門へ提出されている。このように、諸事件や争論などの発生に対し、№3のように訴訟となって代官役所の吟味を受けるに至ることもあったが、そうなる以前に調停・内済に当たる職務を、土屋兵太夫・黒沢角右衛門は担っていたといえる。

一方、代官の命令を伝達し、その履行を監督し、違反者を吟味するのも彼らに課された職務であった。次の史料は№5である。

〔史料13〕

手形之事

一今度　殿様五人組被仰付候ニ付、本組之儀ハ不及申ニ、隠居・家抱ともニ壱間(軒)も不残、為組上ヶ申候由被仰付候間、則、無残吟味仕為組上ヶ申候、自然後日ニ残り申候と申出候者御座候者、此以証文を如何様ニ罷成候とも、少も御恨ニ存間敷候、為後日仍如件、

寛文四年辰ノ十一月十日

上山之内
野栗沢村
権三郎(印)
金十郎(印)
新羽村
名主　兵庫(印)
源助(印)
かち山村
名主　八左衛門(印)
金左衛門(印)
乙母村
名主　新右衛門(印)
庄左衛門(印)
川和村
名主　庄左衛門(印)
右近(印)
柿平村
名主　伝兵衛(印)

黒沢角右衛門殿

（後欠）

このように、「殿様」＝代官から五人組編成の指示を受けた黒沢角右衛門は、それを村々に伝達した。そして、村々は五人組編成終了の旨の証文を、黒沢角右衛門に差し出したのである。また、No.10は勝山村の名主退役に伴う措置に関する次のような証文である。

〔史料14〕

手形之事

一名主左京殿、御　公用勤兼被申候ニ付、重而御代官様御越被遊、名主御極可被遊之由、此度被仰遣候、就夫、御着まて我々五人ニ御公用相勤申候様ニ被仰付候通り、御公用無遅々相勤、当夏成金も我々調差上可申候、貴様迄被仰遣候ニ付、如此ニ御座候、為後日証文仍而如件、

延宝六年
午卯月廿四日

かち山村
主　計（印）
新左衛門（印）
五郎左衛門（印）
五右衛門（印）
重　三　郎（印）

神原
兵　太　夫殿

これによれば、勝山村の名主が勤務困難になったとあるが、前年に名主左京は代官廻村時の伝馬に関して不手際を起こしており（No.9）、このことが原因で退役したのであろうか。こうした事態のなかで土屋兵太夫は、代官がやってきて名主跡役を決定する旨を伝達するとともに、それまでの措置として主計ら五名に公用勤務を命じ、公用精勤・

夏成金徴収を誓約する証文を取ったのである。

これまでは、黒沢角右衛門・土屋兵太夫の両名が関わった事例であるが、次に掲げる№４は黒沢八右衛門に差し出されたものである。

〔史料15〕

相定申覚之事

一下山郷薪・馬草取申候義者、此度之御書上ヶニハ村切と致候か、如前々入相（会）之所ハ無相違入可申候、若此儀相違申候者、如何様ニ罷成候共少もうらみ無之候、為其惣郷相談之上、如此加判致候間、若薪・馬草之儀ニ付出入候ハヽ、入相（会）之所ハ罷出様子可申分候、為後日仍如件、

寛文四年辰ノ
六月十六日

柏木村
内　記（印）
市左衛門（印）
兵　庫（印）
治　部（印）

黒澤八右衛門殿まいる

○以下、麻生・生利・万場・森戸・青梨・小平・黒田・塩沢の各村の合せて三三名連署。

これは、下山郷九ヶ村が入会地の利用について「惣郷」の定書として取り決めたもので、これが黒沢八右衛門宛に差し出されているのは、同人が取り纏めの任に当たったからであろう。№８も黒沢八右衛門宛の証文であるが、生利村善右衛門の畑地譲渡に関し、黒沢八右衛門が調停・調整に当たっていたことを示すものであろう。

以上、割元設置以前の様相をみてきたが、表７に掲げられた史料をもう一度通覧すれば、黒沢角右衛門・土屋兵太

夫の関わっているのは、すべて上山郷・中山郷に関するものであることがわかる。一方、黒沢八右衛門の関わっているのは、二点のみであるが下山郷に関するものである。すなわち、山中組は上山・中山郷と下山郷に分割して支配されていたのである。そして、天和三年（一六八三）以前は、「組」の上に《山中領》が設定されており、そこに《割元》が存在したのであるが、山中組では《割元》の管轄のもとに、上山・中山郷は神原村の黒沢・土屋氏、下山郷は万場村の黒沢氏によって支配されていたのである[21]。

それでは、割元設置後はどうなるのであろうか。表7No.11（前掲〔史料10〕）によれば、宛所が「上山郷・中山郷・下山郷　割元」となっており、またNo.13（前掲〔史料6〕）によれば、「御両人ニ而山中組之割本被成候ニ付」とあるように、黒沢八右衛門と土屋兵太夫は両名で山中領の割元とされたのである。表7中でも、宛所が両名宛になっていたり、「両割元（本）」と記されたり、No.16の差出人として「山中割元八右衛門・兵太夫」とあるのは、そのことを示している。但し、両名が単独で関わっている事例をみれば、土屋兵太夫（黒沢覚太夫）[22]は上山郷・中山郷、黒沢八右衛門は下山郷の支配に関わっていることが指摘できる。すなわち、形式的には両名はともに山中領の割元として任命されているのであるが、実際には上山・中山郷と下山郷とに分割して支配に当たっており、これは割元設置以前の支配形態をそのまま引き継いでいるのである。

さて、ここで「割元」以前に山中組の支配を担った役職の呼称に関し若干言及しておこう。宝暦九年（一七五九）の下山郷村指出明細帳[23]に「割元　壱人　八右衛門」として「但、慶長年中ゟ立来り、下山郷九ヶ村大名主致、天和年中、山中領割元被　仰付」とあり、万場村の黒沢氏は「割元」以前は「大名主」であったという。また、享保元年（一七一六）の史料（前掲〔史料1〕）にも「万場村八右衛門先祖八左衛門大名主致」と、ここでも「大名主」とある。これらはともに後世の史料であり、後世には「大名主」と認識されたといえる。万場村の黒沢氏については、慶長年間には下山郷の「肝煎」であったことが指摘されているが、中山郷・上山郷ではどうであったのか不詳である。[24]寛文七年（一六六七）の史料には、次のように記されている。[25]

〔史料16〕

乍恐以書付を御訴訟申上候

一山中下山之内万場村伊兵衛儀、当拾七年以前（慶安四年）、伊奈半十郎様御代ニ御払被為成候ニ付、伊兵へ跡敷田地永弐貫文之所被召上ヶ候ニ付、下山名主・百姓御訴訟申上候ヘハ、心清ニ御預ヶ被下候、共以後八右衛門、心清御役目之通下山九ヶ村之名主割本相勤罷有候所ニ、去々年、伊兵へ山中へ参候ニ付御せんさく之砌、両様ニ申上候ニ付籠舎ニ被仰付候、籠舎御赦免被遊、如跡々之御役儀も八右衛門ニ被仰付被下候者、惣百姓弥難有可奉存候、面々致伺公御訴訟申上度存候へとも、作時分ニ御座候故、乍恐加判仕御訴訟申上候、以上、

寛文七年未ノ五月　　孫右衛門

○以下、二六名および生利村一九名、柏木村一一名、麻生村八名、小平村一七名、青梨村一一名連署。後欠ヵ。

これは、かつて万場村から追放された伊兵衛が立ち戻り、穿鑿を受けて籠舎に処された際、その赦免を願った願書であるが、ここでは傍線部分に注目すると、八右衛門は父心清の役目を引き継ぎ下山郷九ヶ村の「名主割本」を務めているとある。この時期は鬼石村に《割元》が存在していたのであり、それと区別して「名主割本」と称したのであろうか。同時代の史料に「名主割本」とあるわけであるが、神原村の黒沢・土屋氏がどうであったのか。前述の「肝煎」同様に詳細は不詳と言わざるを得ないが、これらは公的な職名ではなく、表7№1～10の諸史料に一切肩書がみられないのは、正式な役職名は無かったからではないか。そうしたなかで、天和三年（一六八三）に、正式に「割元」という職名（肩書）が付与されたといえよう。

小松氏は、この割元任命をもって「小領主」支配の終焉と位置付けている。しかし、「割元」という肩書が与えられた点では画期とはいえるが、その後も支配の内実は、小松氏も認めているように、割元の「小領主」的支配力・影響力に依っていたといえるのである。そして、次節で検討する割元制の廃止こそ、制度的な側面からみた「小領主」支配の終焉といえるのではないか。

二　割元廃止令への対応と組合村

1　正徳の割元廃止令への対応

本節では、前節の冒頭で言及した小松修氏による検討を前提にしつつも、割元制の廃止に至るまでの過程をもう一度振り返りながら、割元制の存廃をめぐる山中領内の対立関係の解明を課題としたい。周知のごとく、正徳三年（一七一三）四月に、幕領における大庄屋・割元等の廃止を含む法令が発布された(26)。これに対し、山中領を支配していた代官池田喜八郎は、翌四年三月に次のような伺書(27)を勘定所へ提出した。

〔史料17〕

覚

拙者御代官所上州甘楽郡山中領之儀、高都合弐千三百四拾石余、村数弐拾弐ヶ村、神流川を隔爰かしこに有之
村々ニ而、上中下三つニ分り、前々ゟ割元両人御座候、然所、去年被　仰出候御條目、大庄屋・割元等相止可
申旨、併、割元無御座候而難叶場所ハ可申上由ニ御座候、右山中領之儀ハ、信州・武州境之山中八里程之間細

谷、何茂少高之村ニ而、名主茂村々ニハ無之、名主と申候茂平百姓同前之様成者ニ而候故、御用向相達兼、割元萬事差引仕候、山中与申内右之場所ハ別而山入ニ而、一毛作之山畑・切代畑多御座候付、地所・地境之争論数多有之候、勿論、山稼・紙漉・蚕・漆等計之稼致候者共故、他所へ罷出候者ハ稀之儀ニ御座候間、①百姓共里方之者と違、理非・善悪之聞分ヶ曾而無御座候故、毎度出入多有之候、割元共儀常々右之所存之者共心底能存知内々ニ而取扱、御当地江不罷出様ニ事済候、向後割元相止候ハヽ、出入多御当地江度毎ニ可罷出候、左候者村々第一困窮可仕与奉存候、

一割元之儀ハ、先年上州鬼石領ニ有之候故、道法遠ク御用差支候付、天和三亥年ゟ右山中領割元相立、只今迄勤来候、割元給与申茂無之、両割元永高弐拾弐貫文之処高役相除、其分山中一領ニ而仕埋申候得共、高役之内荏・大豆・漆幷御蔵前入用之高懸金等ハ、山中村々与一同ニ出シ申候間、差而外村之痛ニ成候程之儀茂無御座候、

一去秋、拙者共彼地へ罷越候処、割元相止候迚様々之無理・無法之訴詔・出入等申出、麦作仕付之時分、作物之儀ハ打捨置右之事共ニ掛合、不届成致方ニ御座候、右之段相考候處、猶以割元無御座候而ハ不可然与奉存候、

一割元、前々之通被立置被下候得者、出入等茂内証ニ而相済、又御用触流シ等茂無滞万事御用相達候付、②割元相立候様ニ願出候村々、弐拾弐ヶ村之内拾三ヶ村御座候、割元願出候村ゟハ去秋茂非分之儀一切不申出候、左候得者、割元無御座候而ハ難叶奉存候、

一山中領少高之村々ニ百姓多ク御座候間、御年貢金茂少々宛出申候、依之、時々ニ割元方江取立、江戸江差越申候、割元無之候得者、村々ニ而江戸江持参仕候儀、百姓難儀罷成候、

一山中領白井与申所ニ、信州江之御関所御座候、是茂前々ゟ割元判形ニ而通シ来候、勿論他国之者ハ通シ不申、同谷之者計相通候、是以割元吟味仕通来候間、割元無之候而ハ難叶奉存候、

右之通、去秋拙者彼地江罷越、委細見分・吟味仕候処、至極々山中、勿論、百姓等之心底理非・善悪之無差別山中故、割元方萬事差引、御用触流シ等も無差支相勤候与奉存候、右之通ニ御座候間、此已後割元差置可然与奉存候、如何可被　仰付候哉奉伺候、以上、

正徳四年午三月　池田喜八郎

御勘定所

このように、代官池田喜三郎は、山中領には引き続き割元が必要であるとの考えを述べている。その理由は、三ヶ条目・四ヶ条目にあるように、村々の争論の調停（内済取扱い）、法令等の触流し、年貢金の徴収と江戸への上納等に、割元の存在が不可欠であるという点にある。特に、争論の内済取扱いの点に関しては傍線①および三ヶ条目にあるように、在地の事情に精通した割元の調停機能が重視されている。小松氏も指摘しているが、割元の争論調停機能は、戦国期以来の土豪としての検断権に由来するもので、割元就任によって付与されたのではない。前節でみたように、割元両名が就任以前から「郷」内で果たしていた機能であり、それが割元の機能として継承されたのである。代官は、そうした割元の機能を、支配上有効と認識していたことになる。

この時には代官の支持も得て、山中領の割元は存続を認められたが、[28]〔史料17〕のなかで、もう一つ注意しておきたい点がある。それは三ヶ条目の傍線②にあるように、割元存続を願った村は二二ヶ村中一三ヶ村であり、その一三ヶ村は去年秋の代官の見分の際にも、「非分之儀」を申し出ることはなかった、とある点である。これは逆に、「非分之儀」を主張した村が九ヶ村あったことを示唆しているが、「非分之儀」とは、二ヶ条目にある割元廃止令を受けての「無理・無法之訴詔・出入」のことを指すことは明らかであろう。割元の内済取扱いや御用遂行上の機能を不要と考える村があったことが窺え、割元制の存続は山中領内全村の一致した意志ではなかったことを示している。賛否両

派の具体的な村名は知り得ないが、割元制の存廃をめぐる対立関係が看取できる。

2 その後の廃止令と割元の対応

幕領における大庄屋・割元等の廃止令は、その後も何度か発令されている。寛延二年（一七四九）四月に出された廃止令[29]によると、「先年モ一統申渡有之、其以後去ル丑年又々申渡」とあるが、「去ル丑年」は延享二年（一七四五）と思われ、さらにそれ以前にも発令されたらしい。

山中領での動向を残存史料から追ってみると、寛保三年（一七四三）に、割元に対して尋問があったと思われ、割元両名から次のような上申書[30]が差し出されている。

〔史料18〕

乍恐書付を以御訴申上候

一上州甘楽郡山中領万場村八右衛門・神原村覚右衛門御訴申上候者、慶長三戌年、伊奈備前様御検地奉御請、下山・中山・上山合三ヶ郷と被遊被下、右三ヶ郷御割付三本つゝ被下置、拙者共先祖ゟ名主役仕候ニ付、万場村・神原村御陣屋本と被遊、右村々御用等、拙者共両人ニ而先祖代々相勤、御役人様御出之節も、右両所ニ而唯今ニ至り御宿仕候、依之、天和年中、松田又兵衛様・間瀬吉太夫様御支配之節、御吟味之上割元役儀被仰付、名主役義共ニ兼役ニ相勤、御年貢金幷諸納物共ニ、割元両人ニ而取立上納仕来申候、依之、右三ヶ郷之内諸出入出来候節、組々ニ而埒明不申儀者、名主方ゟ申来候ニ付、出入之意趣相尋扱ニ仕、内済為仕候得共、拙者共偏ニ不及儀者、右之趣書付ニ仕、御役所江差出シ申候御事、

一元禄年中、池田新兵衛様・依田五兵衛様・下嶋甚右衛門様御縄ニ而、右三ヶ郷廿二ヶ村ニ被成下、御割付之儀

も一ヶ村ニ壱本つヽ被下置、名主役儀之義も一ヶ村ニ壱人弐人つヽ相立、割元触下ニ被仰付、御年貢金上納ニ罷出、幷村々書付等指上ヶ候儀、又者急御用等ニ而罷出候節、不限昼夜ニ差急道中江罷出候節者、用心之為往来之分帯刀仕候、依之、弐拾弐ヶ村触下ニ仕御用等相勤申候、尤、割元給米無御座候得共、万場村高ニ而六拾六石七斗四升四合、神原村高ニ而六拾六石七斗四升四合、合百三拾三石四斗八升八合、右三ヶ郷ニ而割元高諸役仕埋来り申候、尤、万場村・神原村ハ触出シ之村方ニ而別而御用多、山中領之儀者長八里余之内ニ、神流川を隔村々所々ニ飛散、一ヶ村毎ニ枝郷多、一ヶ村限ニ御用難相勤御座候ニ付、右村々拙者共触下ニ被仰付、唯今ニ至御用相勤申候御事、

一正徳年中、諸国割元役御停止ニ被　仰付候節、山中領村々者南北共ニ高山ニ而隣村々と申儀無之、殊之外不勝手ニ御座候ニ付、池田喜八郎様御支配之節、村々一同ニ前々之通割元役御立被下候様ニ奉願候得者、御吟味之上御伺被遊御証文被仰付、前々之通割元役儀被仰付、其節之御証文之写被下置所持仕候、依之、前々御代官様幷御順見様方御廻村之節幷御用罷出候節、袴着シ御目見江仕来申候御事、

右之通、拙者共格式御訴申上候、尤、名字御免と申儀ニ而ハ無御座候得共、山中領村々江御用等触出シ、又者御年貢金請取手形ニ、何之八右衛門・何之覚右衛門と書記来申候、依之、割元役儀之義、乍恐書付を以御訴申上候、以上、

寛保三年亥八月

上州甘楽郡山中領神原村
割元
覚右衛門印(印)

同国同郡同領万場村
同

八右衛門印

伊奈半左衛門様
御役所

割元を務める黒沢覚右衛門・黒沢八右衛門の両名から代官に対し、このような訴えが出されているが、これは前述の寛延二年（一七四九）の廃止令でいう延享二年（一七四五）以前の廃止の動きに対応したものであろうか。第一条では割元に任命された経緯を、第二条では元禄検地によって二二ヶ村が成立して以降の状況を、そして第三条では正徳年中の割元廃止令の際にも存続が認められたことを述べている。こうして割元両名は、その地位の正当性とともに、割元存続の必要性を主張したのである。なお、第三条では、正徳年中「村々一同ニ」割元存続を願い出たと述べているが、村々の間で対立のあったことは先に指摘したとおりである。

次いで、延享二年に割元の由来について尋問があり、寛延二年にも同様の尋問があった。これらは、前述の廃止令にそれぞれ対応した動きであろう。割元両名は、延享二年の場合、十月に代官宛に四ヶ条の上申書[31]を提出しているが、内容は〔史料18〕とほぼ同じである。寛延二年七月の上申書[32]は一ヶ条のみで、〔史料18〕の内容を簡略に纏めるとともに、近年の割元の交代（世襲）について触れている。

3　割元制の廃止と村々の対応

次に割元制廃止令が発令されたのは宝暦九年（一七五九）であるが、その際にも割元両名は、存続を願う口上書[33]を差し出し、その地位の保全を図っている。しかし、翌年、下山郷のうち五ヶ村は、次のような証文[34]を取り替わして、割元廃止を支持している。

〔史料19〕

相定メ申一札之事

一去卯壬七月中、割元・大庄屋之類御停止被　仰付奉畏、御請書指上候所ニ、同極月中、御支配御役所様ヨリ御役人様御越被遊、右割元役儀御尋ニ付、小平村・舟子村・森戸村・黒田村・生利村五ヶ村之儀者、割元御願申儀無御座旨、御請書指上申所ニ、右ニ付此度五ヶ村一同ニ被御呼出罷出候、此末右一件ニ付村方被呼出候共、路用・雑用之儀大小百姓江割合、無相違指出し可申候、右五ヶ村一同惣百姓相談之上相定メ所、少茂相違無御座候、為後日惣百姓判形致置所、仍而如件、

宝暦拾年辰ノ四月

生利村
百姓
次右衛門（印）

（以下略）

これは、小平村・舟子村・森戸村・黒田村・生利村の五ヶ村が、割元廃止の訴願運動を進めるのに際し取り決めた証文である。これによって、小平村等五ヶ村は代官役所の尋問に対し、割元が不必要であることを述べ、その廃止を求めたことが知られる。

一方、万場・塩沢両村は、年寄・百姓一六〇名の連署による次のような上申書を作成している。(35)

〔史料20〕

指上申一札之事

一万場村八右衛門儀、前々ゟ割元役儀仕、御用等相勤申候処、去ル卯ノ九月中、諸国割元・大庄屋之類有之、百姓不勝手ニ茂相成候ハヽ、停止仕候様ニ被仰渡、則、御請書指上申候処、去年冬中、右割元役之儀御吟味被遊候

節、拙者共村々書付指上申候得共、猶又此度御尋ニ御座候ニ付申上候、此段、当分之通割元相立候得ハ、九ヶ村組合諸事御用向相談仕、御年貢幷諸上納物等組合上納仕候得者、入用等少ク相懸り百姓勝手ニ罷成候、割元相立不申候而ハ、諸事相談等相調江不申、壱人ニ而罷出御用等相勤候節茂、大勢罷出候得者自然与入用多ク相懸り、惣百姓難儀奉存候、

右申上候通御座候間、此上割元相立候而も、百姓難儀之筋曾而無御座候、以上、

上州甘楽郡山中領万場村

百姓 喜兵衛(印)

○以下、万場村百姓六七名・年寄九名、塩沢村百姓七一名・年寄一一名連署。

この史料は、日付・宛所を欠くが、文中に「去ル卯」とあることから宝暦十年（一七六〇）と推定でき、代官所へ差し出すために作成されたものであろう。〔史料19・20〕により、割元制の存廃をめぐって、下山郷村々の間には廃止を求める小平村等五ヶ村と、存続を主張する万場・塩沢両村との対立があったことが明らかである（柏木村・麻生村の態度は不明）。一方、上山・中山郷の一三ヶ村は、宝暦九年十二月に、割元の存廃に関する尋問に答えるなかで、従来通り割元制の継続を願っており[36]、山中領全体としては存続を支持する村が多数であった。しかし、下山郷では廃止を求める村が多数を占めていた。

結局、今回は正徳の時のような代官の支持も得られず、割元は廃止されることになり、これを受けて下山郷九ヶ村は、次のような議定書[37]を取り決めた。

〔史料21〕

相定申連判之事

（一ヶ条略）

一去ル卯壬（閏）七月、諸国一統割元・大庄屋之類御停止之旨、御書を以被仰渡、則、御代官様へ村々被召呼、自今以後割元・大庄屋之類無之候而、何ニ而茂御用差支無之可相勤哉之旨御尋ニ付、御停止之趣難有奉存、自今以後割元・大庄屋之類無之候而、何ニ而も御用無間違、組合前々之通申合相勤可申旨、御請書指上候上者、前々之通名主・年寄・百姓代諸事申合、歩・伝馬等之儀随分間違無之様ニ可仕候事、

一御代官様御支配替之時節御廻村被遊、下山ニ御泊り之節者、前々之通九ヶ村惣賄ニ致シ、其外御役人様方御出之節者、是又御泊り之場所ニ而申触、前格之通九ヶ村順番ニ御賄可仕候、勿論割元御停止ニ付、向後御役人様御出之節御泊り場所相究り不申様ニ有之候得共、此義者、先達而御先触有之義ニ候間、御先触にしたがひ御泊り・御休之村江、御賄番之村より罷出、相勤可申候事、

右之趣、相互少茂相背申間敷候、兎角御役人様方御出之節、御先触ニしたかひ御泊り場所ゟ諸事御用幷御賄・歩・伝馬等之儀、申触次第間違無之様相勤可申候、以上、

右相定之外

一御年貢金之儀、前々ゟ夏・秋・冬三度ニ取立、九ヶ村順番ニ上納致、路金之儀、上納番之名主金壱両、道中用心之ため添人いたし候ニ付、金弐分添人之路金、合而金壱両弐分、下山九ヶ村高割ニて相済来候、右之通ニ而勝手能御座候ニ付、自今共ニ只今迄之通ニ無相違可仕候、将又、御公金子持寄、万場村八右衛門殿所九ヶ村より最寄能候ニ付、是亦向後八右衛門殿所江御公金子持寄、上納番江相渡可申候、勿論、諸御用御廻状を以御触被遊被仰渡者不及申、惣而御年貢取立日限御公金持寄申合、御役所様江罷出相勤候御用之筋、兎角一統ニ九ヶ村中可相勤御用之儀者、村役人寄合相談之上、一同ニ申合候儀ニ御座候間、是又万場村者九ヶ村之真中ニ而最寄宜

ニ付、八右衛門殿江相頼、御用等之節々御申触被下候筈ニ相定申候上者、相互参会遅滞無之様ニ可仕候、然上ハ、不依何事九ヶ村一統相談之儀・八右衛門殿ゟ御申触之儀、日限無相違寄合相談之上御用相勤可申候、且、去卯年迄ハ万場村八右衛門殿割元役ニ而、六拾石餘仕埋致候得共、右御停止之上ハ仕埋之儀相止メ申候、此段兼而惣百姓存知之儀ニ御座候、此外年始等之儀、前格ニ無構存寄次第ニ仕候得者、右相定之趣ニ而惣百姓之ため悪敷儀無之ニ付、村々名主・年寄・百姓代弐三人つゝ、連判・加印致置候、ケ様ニ相定申上者、此書付銘々村々ニ所持仕ニおよび不申候間、是又相談之上、万場八右衛門殿方ニ御預ヶ申候、左茂無之候而者、割元御停止之上ニ而、諸事御用触出延引ニ被思召候様ニ八右衛門殿御申ニ付、相談之上御預ヶ置候、夫共此末相互ニ右連判取引ニ致可然候ハヽ、何時ニ而も御相談次第可仕候、第一此連判之儀ハ、諸事組合ニ而相勤、物入等不相懸候様ニ仕度ニ付、如此相定置候、以上、

宝暦拾年辰九月

柏木村
利右衛門(印)
(四五名略)

割元廃止後の事態に対処すべく、このような議定書を取り決めたのであるが、所々に述べられているごとく、割元制廃止後は九ヶ村「組合」で諸事申し合わせて務めることが基本になっている。小松氏によれば、こうして割元が担っていた代官や役人の賄役、年貢金の上納、その他の「御用」は組合村へと転化された。さらに、この「組合」はこの時初めて成立したのではなく、「組合前々之通申合」などとあるように、既に形成されていたのであって、村々が割元制廃止を当然とする背景には、「組合」による運営の実績が備わっていた。すなわち、元禄検地後、組合村の形

成が進み、割元制は桎梏化していったとされている。

ここで再び〔史料20〕に目を向けてみると、傍線部分にみられるように、割元が存在することによって「組合」による諸事御用や年貢上納が円滑に遂行できる、と主張されている点に注意したい。〔史料20〕は、万場・塩沢両村の年寄・百姓の連署になっているが、実質的には割元黒沢八右衛門の意思を代弁しているとみてよかろう。とすれば、この史料にみられる限り、割元側も「組合」を否定していない点が指摘できる。すなわち、ここから判明する対立の構図は、「組合」をめぐっての割元と割元廃止を求める村々との対立と理解できるのではないか。換言すれば、「組合」運営の主導権をめぐる対立ということができよう。〔史料21〕では、三ヶ条の箇条書のあとに「右相定之外」として、それまで割元役を務めていた黒沢八右衛門との関係を主に規定している。そのなかには、割元は廃止となったが、公金は一旦八右衛門のもとに取り集めることや、御用等の申触れを八右衛門に依頼することなどが記されている。それは、万場村が下山郷のなかで地理的に「最寄宜」村であることや、町場を形成して経済的な中心であることも関わって、八右衛門との妥協の結果ともいえるのではないか。(38)

さて、山中領における割元制から組合村制への転換は、制度的には宝暦十年（一七六〇）を契機とするが、既に述べたように、それ以前から「組合」は存在した。先に触れた延享二年（一七四五）の上申書にも「御年貢・諸上納物（中略）名主両人宛順番ニ指立上納仕」とあって、年貢等の江戸までの搬送に村々による交代制を取っていたことが知られる。そして、「組合」の語の初見を求めれば、前掲〔史料1〕に「同領組合ニ候間、高割ニ可致と上山郷申候へとも」とある享保初年まで遡る。すなわち、その頃には「組合」の形成が進んでいたといえる。割元制の存廃をめぐる村々の対立は、前述のごとく正徳年間にもみられたのであるが、村々の連合による「組合」の形成によって、その運営をめぐる対立という様相が明確になっていったものと思われる。そして、割元制の廃止は、最終的には幕府の判断によるもので(39)、決して村々の一致した要求によって実現したわけではない。むしろ、先に指摘したように、積極的であるか否かは別にして、山中領全体では割元の存続を支持する村のほうが多かった。しかし、少数ながら積極的に廃止を求める村々が存在し、特に下山郷では多数を占めていたことは注目されよう。

おわりに

以上、山中領における「領」域の変化や「領」支配の様相について検討してきた。山中領の「領」域に関しては、天和三年（一六八三）を境に区別しうること、すなわち同年以前においては、従来いわれている山中領に加えて、鬼石領や日野領、それに一部武州秩父領の村々を含む範囲が「山中領」＝《山中領》であったと考えられる。そして、《山中領》内には山中組と鬼石組の「組」が存在し、《山中領》を管轄する《割元》が鬼石村に置かれていた(40)。

山中組の支配に関しては、《割元》のもとで中山郷神原村の黒沢氏（一時期土屋氏）が上山郷・中山郷を管轄し、下山郷万場村の黒沢氏が下山郷を管轄して、「組」内の争論の吟味・調停（内済取扱い）、法令や代官の命令等の伝達、実施の監督などの機能を担っていた。こうした立場を制度的に位置付けたのが、「組」単位の「割元」設置であったといえる。「組」単位の割元設置と同時に《山中領》の《割元》は廃止され、《割元》の担っていた機能は、「組」＝「領」ごとに任命された割元へと一元化されたといえよう。山中組（領）に即してみれば、天和三年（一六八三）の割元設置は、それまで支配を担っていた黒沢八右衛門・土屋兵太夫に、「割元」という肩書を付与し制度的な位置づけを明確にしたものといえるのであり、前章でみたように、「郷」内の村々の統合と名主の設置など、行政村の編成が進んだことを考え合わせれば、そうした状況を背景とした支配機構の整備の一環ということができよう。

その後、正徳から寛延年間にかけて、しばしば大庄屋・割元等の廃止令が発令されたが、山中領では割元制が継続された。しかし、宝暦九年の廃止令に際して、翌年ついに廃止となったのである。そして、割元制の存廃をめぐっては、正徳期に既に村々の間で対立が生じており、宝暦期には下山郷の五ヶ村が明確に割元廃止を主張していた。この間、享保初年までには村々による「組合」の形成が進み、宝暦期における対立の構図は「組合」の運営をめぐっての、割元と割元廃止を求める村々との対立と理解できる点を指摘した。すなわち、少なくとも宝暦期には、割元側も「組合」を否定することによってではなく、「組合」運営の主導権を掌握することによって、自らの地位の保全を企図したものと思われる。

なお、本章第一節では「山中領」には広狭両様あったことを明らかにしたのであるが、これを厳密に区別していては煩雑になるので、本書では特に必要としない限り、山中領といった場合には《山中領》の時代であっても、上山・中山・下山の三郷からなる山中領をいうことにする。

註

（1）小山友孝「上野国甘楽郡山中領に於ける近世村落の成立について」（『群馬県立歴史博物館紀要』三、一九八二年、のち同著『歴史民俗研究　上州の風土と歴史』二〇〇九年、所収）、小松修「割元役と組合村の成立―上州山中領の場合―」（『関東近世史研究』一八、一九八五年、以下、小松氏の所説は本論文による）

（2）永禄十年（一五六七）に上野武士が甲斐武田氏へ差し出した起請文のひとつに、土屋上総守・黒澤駿河守・同出羽守・同掃部・同兵衛尉が連署したものがあり、その包紙には「山中衆　土屋・黒沢」と記されている（生島足島神社文書）。

（3）「万場・黒澤家文書」三二一　省略部分は、第二部第三章〔史料1〕参照。

（4）『群馬県史』資料編9〈近世1〉一五三号

（5）『群馬県史』資料編9〈近世1〉九七号

（6）群馬県藤岡市高山「高山吉重家文書」　なお、この検地帳は『群馬県史』資料編9〈近世1〉に一二九号として収録されている。

同書では、表題を「高山下郷」としており、実物を見ても確かにそのようにみえる。しかし、検地帳の末尾の集計高は高山村の高を示しており、おそらく、本来「高山之郷」とあったのではないか。因みに、本文中でも言及しているが、寛永十七年（一六四〇）の名寄帳には「高山之村」とある。

（7）群馬県藤岡市高山「高山吉重家文書」

（8）群馬県藤岡市高山「高山吉重家文書」

（9）群馬県藤岡市三波川「飯塚馨家文書」（群馬県立文書館寄託）九三一九　拙稿「山中領の「領」域をめぐって(2)」（『武尊通信』七九、群馬歴史民俗研究会、一九九九年）で、この史料を「寅」年とし慶安三年（一六五〇）と推定したのは誤りであり、ここに訂正しておきたい。

（10）「万場・黒澤家文書」一五二

（11）〔史料4〕は「万場・黒澤家文書」四三三、〔史料5〕は三波川「飯塚馨家文書」八一二三

（12）「神原・黒澤家文書」二三三

（13）天和三年（一六八三）二月の幕府法令（『御触書寛保集成』一〇五九号）を、「鬼石　割本」が高山村・金井村・下日野村・上日野村・三波川村宛に通達した廻状（三波川「飯塚馨家文書」八六三七）がみられ、日野領の村々が鬼石割元の管轄下にあったことが指摘できる。また、年未詳ながら、次のような史料（同上五六三八）が残存している。

手形之事

一弐貫百廿九文　過上　三波川村
一七百卅八文　過上　坂原村
一弐百卅九文　過　金井村
一弐貫百廿壱文　過　高山村
一弐百弐文　過　新宿村
一壱貫百八十壱文　過　保美ノ山

右之通、日野上下ゟ取払可申候、若済不申者、重而惣郷へわりかけ可進候、
少も違儀申間敷候、為後日一札如此、仍如件、

未ノ十月十日

渡瀬安左衛門(印)
譲原内蔵ノ介(印)
下阿久原四郎兵へ(印)
三波川瀬兵へ(印)
新宿
権之丞(印)
坂原五郎右衛門(印)
ほミ
三ノ丞(印)
金井新兵へ(印)
高山伊右衛門(印)

（後欠ヵ）

このように、本文中および差出人に、のちに鬼石領・日野領に属する村々および武州側の村々の名があり、これらの村々が鬼石組に含まれていたことが指摘できるとともに、このことは山中組以外の村々は鬼石組であったことを示すと思われる。

(14) 天和三年の山中領への割元設置頃を境に、それ以前は「割本」、以後は「割元」と史料上には表記されるようになる。但し、明確に分かれるわけではなく、天和三年以後にも若干「割本」の使用がみられる（表7参照）。本書では、特に必要とする場合を除き「割元」で統一する。

(15) 「神原・黒澤家文書」一一（次章〔史料15〕参照）

(16) 「神原・黒澤家文書」二一三

(17) 〔史料8〕は三波川「飯塚馨家文書」一〇一〇一、〔史料9〕は「神原・黒澤家文書」二三六

(18) 「万場・黒澤家文書」四二四

(19) 《山中領》に含まれていた渡瀬村等の武州村々については、元禄四年（一六九一）以降に管轄代官が異なることも勘案すれば、恐らく秩父領に編入されたのではないかと思われる。天和三年時点で四名とされる「鬼石」における割元の実態、鬼石「領」・日野「領」の成立など、鬼石組の動向に関しては未検討である。

なお、他地域について若干触れておこう。澤登寛聡氏は、武州多摩郡三田領の場合について、戦国期までの地侍を中心とする地域的枠組みたる三田谷が、徳川氏によって継承されつつも、慶長三年検地により三田領をはじめ四「領」に分割・再編されるが、これは「従来の三田谷侍衆の地域的結合・連合関係を、在地領主の地域からの分離・払拭を契機に分割し、小河内衆や野口刑部丞

のような、郷を基盤とする地侍としての小領主の地域結合を、新たに「領」を通じて再編・統合する意義」を持ったとされている（同「三田領の成立と地域秩序」同著『江戸時代自治文化史論　一揆・祭礼の集合心性と地域・国制の秩序』法政大学出版局、二〇一〇年、所収。初出は『歴史手帖』一三―一二、一九八五年）。戦国期の支配領域が「領」とされ、その内に「組」が設定されていた事例は、北遠地方の犬居領にもみられる（拙著『近世前期の幕領支配と村落』巖南堂書店、一九九三年、第二編第二章）。また、近世前期の会津藩では、郷頭制の変遷過程において、「大割元・大肝煎」から「組頭」への移行に伴って、戦国期以来の支配地域が分割され「組」が設置されたという（酒井耕造「近世前期の郷頭制と地域秩序」『法政史論』一二、一九八五年、のち同著『近世会津の村と社会―地域の暮らしと医療―』酒井耕造著作集刊行会、二〇〇七年、に関連論文とともに所収）。

（20）寛文年間に角右衛門から兵太夫に代わるが、表7の№18と№19の間に兵太夫から覚太夫への交代がみられ、再び黒沢氏が登場する。神原村の黒沢氏と土谷（土屋）氏については、前掲〔史料1〕に「覚右衛門祖父兵太夫」とあり、黒沢覚右衛門の父が覚太夫で、祖父が土屋兵太夫という関係になる（註(22)参照）。なお、史料上「土谷」「土屋」の両様がみられるが、本書では特に必要とする場合を除き「土屋」で統一する。

（21）上山郷は神原村の黒沢氏（一時期土屋氏）が管轄しており、独自の管轄者が存在していない。上山郷も一つの支配単位（行政村）であり、実際、慶長年間の上山郷宛年貢割付状が楢原の黒澤家に残されている（拙稿「上州山中領上山郷の慶長期の年貢割付状」『群馬歴史民俗』三〇、二〇〇九年）など、楢原村の黒沢氏が上山郷支配の中心的位置にあったといえる。それが、寛永期中頃までの間に（表7参照）、何らかの理由で神原村の黒沢氏が上山郷をも管轄するようになったものと考えられるが、この間の事情はまったく不明である。

（22）№18と№19の間に土屋兵太夫から黒沢覚太夫に交代しているのであるが、№19は、廻状順達の際に捺印箇所を間違えた相原村名主代等の「割元　覚太夫」宛の詫証文であり、その文面に「此度、山中領割元跡役貴殿江被　仰付、依之、村々江従　御役所御触之御廻状順達拝見承知仕候」とあって、交代がこの年であることがわかる。この交代に関連して、黒沢八右衛門から中山郷・上山郷一三ヶ村名主・長百姓に宛てた二月晦日付廻状（「神原・黒澤家文書」八三三）に「此度、神原村覚太夫方江割元役儀被　仰付候ニ付、従　御役所御廻状相廻り候間、村々拝見之上早々御順達、楢原村ゟ神原村同役覚太夫方迄御返シ可被成候、以上」とある。なお、拙稿「近世前期の「領」支配と割本制―上州山中領を事例に―」（『地方史研究』二一〇、一九八七年）で、この交代を貞享五年（一六八八）としたのは誤りであり、ここに訂正しておきたい。

(23)「万場・黒澤家文書」八二

(24)註(1)小松論文。各「郷」ごとに「肝煎」が存在したといわれていたが（『群馬県史』資料編9の「解説」等）、小松氏が指摘するように、上山郷・中山郷に「肝煎」が存在した徴証は得られていない。なお、元禄十年（一六九七）に万場村下町・上町の六七名が代官に差し出した口上書（「万場・黒澤家文書」二三七）に、「先年以前、下山郷之儀者八左衛門支配仕候処ニ、八左衛門奉公ニ罷出候ニ付、下山郷之肝煎無御座候ニ付、下山惣百性ゟ　御代官様へ願申上候得者、八左衛門跡金三郎被下候ニ付而、御公儀様御役儀、只今迄百年之余相勤申候御事」という黒沢八右衛門の先祖八左衛門の後継をめぐる記述がみられる。これは、小松氏が明らかにした慶長年間の動向を指しているものといえるが、そのなかで八左衛門は下山郷の「肝煎」であったと述べている。

(25)「万場・黒澤家文書」三〇一

(26)『御触書寛保集成』一三一四号

(27)「神原・黒澤家文書」二六九

(28)〔史料17〕の代官伺書に対する勘定所の回答を次に掲げて置く（典拠は註(27)に同じ）。

上州甘楽郡山中領割元弐人之儀、此度御條目之通可被相止候得共、山中領之儀他所ニ違、割元無之候而ハ御用手支候旨、書面之趣令承知候、於然者、向後茂割元弐人被申付、勿論両人持高之分高役計引之、其外村方へ入用不懸様ニ可被申付候、且又、割元之儀勤来弐人之者計にも限間敷候間、勤方能々遂吟味、少茂不宜仕方有之候者、外之者成共吟味次第可被申付候、已上、

午三月

(29)『日本財政経済史料』第二巻、九六四頁

(30)「神原・黒澤家文書」三九五

(31)「神原・黒澤家文書」五六一

(32)「神原・黒澤家文書」三九八

(33)「神原・黒澤家文書」四〇六

(34)群馬県多野郡万場町（現神流町）生利「新井保重家文書」（註(1)小松論文より引用）

(35)「万場・黒澤家文書」一九三

(36)「神原・黒澤家文書」一三〇

(37)「万場・黒澤家文書」一九

(38)延宝三年（一六七五）の質地手形（「万場・黒澤家文書」一八六）に「万場上町」とあり、また元禄十年（一六九七）の口上書（「万場・黒澤家文書」二三七）に「山中領万場村下町」「上町」とあるなど、万場村のなかに町場が形成されていたことがわかる。

(39)正徳期には代官が割元の存続を支持したが、宝暦期にはそうした動きが知られない。この間の代官所側の態度変化が窺える（小松修「大庄屋・惣代廃止をめぐる幕府勘定所と代官所」『武尊通信』三九、群馬歴史民俗研究会、一九八九年、参照）。

(40)想像を逞しくすれば、《山中領》域を「山中（領）」と称したのは、伊奈氏支配下の上州側幕領（一部武州を含む）に対して行政的に付された呼称ではなかったか。

第三章　永高検地と年貢収取

一　文禄・慶長検地の実施状況

関東・東海地方の山間幕領地帯では、近世初頭に永高検地が実施され、永高制に基づく年貢収取が行なわれていた。とりわけ関東地方の山間幕領は、概ね永高制が施行されていたといえるのであり、近世初期〜前期の幕領支配上の特質を示すものとして注目される。そうした永高検地および永高法のもとでの年貢収取については、筆者が北遠幕領の分析を行なったのを始め(1)、関東幕領では武州・相州について研究成果が上げられている(2)。上州に関しては、筆者が桐生領について検討するとともに(3)、山中領・鬼石領等についても検討を加えたことがある(4)。そこで本章では、山中領・鬼石領等を取り上げた拙稿の検討結果を踏まえ、その後の新出史料等を加えながら、特に山中領を中心に詳しく検討することによって、山村における検地と年貢収取の特質をみてゆきたい。

まず本節では、近世初期の永高検地について検討するが、表8に永高検地の全体的な実施状況を示した。そして、表9には永高検地の実施が知られる山中領とその周辺、および地域的に隣接し支配上も関係の深い武州秩父領（秩父郡・児玉郡）の郷・村を表示した。表8にみるように、永高検地は主に大久保長安・伊奈忠次が検地奉行となって実施され、一部に彦坂元正が加わっており、この三名による実施年代は文禄三年（一五九四）から慶長十七年（一六一二）に亙っている。また、上州および武州秩父領における検地奉行は大久保長安・伊奈忠次の両名であり、実施年代では大久保検地が文禄三年と慶長十七年、伊奈検地が慶長三年（一五九八）と同十一年（一六〇六）となる。一方、表9をみれば、山中領とその周辺および武州秩父領においては、大久保検地では慶長十七年に、伊奈検地では同十一年にそれぞれ一件ずつみられる以外は、前者では文禄三年、後者では慶長三年に実施されている。また、大久保・伊奈両者の検地を受けた村がいくつかみられる点に注意しておきたい。

　さらに表9によれば、検地帳の記載様式（後掲〔史料1〕参照）が、大久保検地では一段記載と二段記載の両様、伊奈検地では二段記載のみとなっている。永高検地帳の記載様式については、夙に大舘右喜氏が、武州幕領の事例によって大久保検地は一段記載、伊奈検地は二段記載が特徴であると指摘された(5)。これに対し和泉清司氏が、秩父郡の大久保検地に二段記載がみられることから、大久保検地は必ずしも一段記載とはいえないとし、さらに伊奈検地についても、必ずしも二段記載であるとは限らないと述べ、多摩郡境村と同郡羽村の事例をあげている(6)。しかし、境村・羽村の検地帳に記された検地役人「角田将監」は大久

表8　永高検地の実施年代

年代	実施地域		検地奉行
文禄3	上総	西畑郷・板屋郷	大久保
〃	上州	南牧領・西牧領・鬼石領	大久保
〃	武州	秩父領	大久保
慶長2	〃	高麗領・玉川領・毛呂領	大久保
慶長3	〃	高麗領・加治領・三田領・小宮領	大久保
〃	〃	秩父領	伊　奈
〃	上州	桐生領	大久保
〃	〃	山中領・鬼石領・日野領	伊　奈
〃	相州	津久井領	彦　坂
慶長4	武州	柚木領	大久保
慶長6	〃	由井領	大久保
慶長7	〃	拝島領	大久保
慶長8	相州	津久井領（川尻村）	彦　坂
慶長9	〃	津久井領	伊　奈
〃	遠州	阿多古領・犬居領・三倉領・川根筋（榛原郡）	伊　奈
〃	駿州	川根筋（志太郡）	伊　奈
慶長11	武州	秩父領（上吉田村）	伊　奈
慶長17	上州	小幡領（秋畑村）	大久保
元和9	遠州	奥山領・西手領	
（不明）	武州	山口領	

註　検地奉行の「大久保」は大久保長安、「伊奈」は伊奈忠次、「彦坂」は彦坂元正。拙著『近世前期の幕領支配と村落』（巖南堂書店、1993年）所載の表（304頁）を改訂。

表9　西上州各領・武州秩父領における検地実施一覧

国	郡	村名	文禄3年	慶長3年	慶長11年	慶長17年	次の検地
上州	甘楽郡	小沢分	大久保／1段				延宝6年
〃	〃	南牧之郷	大久保／1段				〃
〃	〃	西野牧	大久保／1段				〃
〃	〃	秋畑村				大久保／1段	
〃	〃	上山郷		伊奈			元禄10年
〃	〃	中山郷		伊奈			元禄7年
〃	〃	下山郷		伊奈			元禄7年
〃	緑野郡	譲原郷	大久保／2段	伊奈／2段			ナシ
〃	〃	三波河之郷		伊奈／2段			ナシ
〃	〃	保美濃山郷		伊奈／2段			
〃	〃	高山之郷		伊奈／2段			元禄9年
〃	〃	上日野村		伊奈			〃
〃	〃	下日野村		伊奈			〃
武州	児玉郡	上阿久原村		伊奈／2段			
〃	〃	下阿久原村	?　／2段	伊奈／2段			
〃	〃	渡瀬之郷	大久保／2段	伊奈／2段			
〃	〃	太駄郷	大久保／1段	伊奈／2段			寛文2年
〃	秩父郡	野巻郷	大久保／2段	伊奈／2段			慶安5年
〃	〃	石間村		伊奈			
〃	〃	本野上村		伊奈			
〃	〃	太田部郷		伊奈／2段			寛文2年
〃	〃	薄内中郷		伊奈／2段			慶安5年
〃	〃	長留郷		伊奈／2段			〃
〃	〃	大渕村		伊奈／2段			
〃	〃	上吉田郷			伊奈／2段		明暦元年

註　和泉清司著『徳川幕府成立過程の基礎的研究』（文献出版、1995年）所載の「近世初期永高制検地一覧」（793～797頁）および『群馬県史』通史編4（近世1）所載の図（326頁）などにより作成。

保検地の検地役人であり、この両村とも大久保検地といえる。(7)すなわち、和泉氏の指摘のうち、大久保検地に二段記載の検地帳があるという点は正しいが、伊奈検地にも一段記載の検地帳があるという根拠は失われることになる。

そして、注意すべきは、残存する大久保検地帳すべてをみても、(8)二段記載の検地帳は表9に載っている譲原郷・渡瀬之郷・野巻郷の三ヶ村（下阿久原村を含めると四ヶ村）のみで、他はすべて一段記載である点である。(9)すなわち、二段記載の検地帳は、大久保検地においては決して一般的ではなく、現状では武州・上州の一部の地域の文禄検地に限って残存しているのである。今後、新たな発見等によって周辺の村々にも分布が広がる可能性はあるが(10)、慶長検地を受けた地域にまで拡大することはあり得ないであろうから、大久保検地の二段記載検地帳は上州・武州における文禄検地の一部に限定されていたとしてよいのではないか。

伊奈検地の二段記載の意味について和泉氏は、上段記載は文禄検地高であり、下段は慶長検地による実測高であるとしている(11)。和泉氏は、両年次の検地帳が残る事例を点検し、具体的に秩父郡野巻郷の両年次検地帳を例示して、文禄三年高が慶長三年高の上段の高と一致することから、右のように指摘するとともに、慶長三年の下段の高は文禄三年高に対する見取高ではなく、実測による高であるとしている。この点、大久保・伊奈両検地帳（写）が残存する譲原郷の場合を例示すると(12)、

〔史料1〕

〔文禄三年検地帳（大久保検地）〕

「（表紙）
文禄三年甲午
上州緑野郡譲原之郷坪入之□
三月十八日　安（案）内者□　」

畠《羽暮》　四百文　　　新右衛門尉
畠《道上》　三拾文　三十文　同　人

〔慶長三年検地帳（伊奈検地）〕

「（表紙）
慶長三戊戌年四月十八日
上州緑野郡譲原之郷坪入之帳
安（案）内者　内蔵之助
　　　　　ぬいの助　」

畠《はくれ》四百文　九十五文　新右衛門
同《道上》六十文　　　同　人

（中略）
田畠屋敷共合四拾三貫四百六文　高辻定納
　此内
三拾壱貫四百八拾八文　本納
拾貫百五拾八文　改出
壱貫七百六拾文　同屋敷年具（貢）

（中略）
田畠屋敷合五拾四貫六百卅壱文
　此内
七十三文　見落ニ引
残五拾四貫五百五十八文
右内
四拾三貫四百六文　本納屋敷共ニ
拾壱貫百五拾弐文　改出同断

というようになる。冒頭の一筆目を比べると、文禄検地高四〇〇文は慶長検地帳で上段に四〇〇文として登録され、二筆目は文禄検地高の上下段合計高六〇文が、慶長検地帳上段に六〇文として登録されている。そして、文禄検地の合計高（高辻定納）が、慶長検地高の内訳に「本納」高として記載されており、この譲原村の事例でも、和泉氏の指摘が正しいことが確認できる。このため和泉氏は、「慶長期の伊奈検地の二段記載のすべての例でその上段の高は文禄検地の高を示しているといえよう。従って関東において二段記載の慶長検地等がみられる地域には、すべて文禄検地が行われたといえると思うのである」(13)という。とすれば、現存する伊奈の慶長検地帳はすべて二段記載であるから、それらの村々はすべて伊奈検地以前に大久保検地を受けたことになる。

　そして、慶長年間の大久保検地帳はすべて一段記載であるが、この点について和泉氏は「これらの村々は徳川氏の関東入封後慶長期に初めて検地を受けた地域である為、二段記載の検地帳でないのは当然であり（中略）慶長期の一段記載の検地は大久保検地であれ、伊奈検地であれ、徳川氏の初めての検地である為、一段記載でも不思議はなく、それが実測検地であっても当然であると思われるのである」[14]と述べているが、中略のあとの「伊奈検地であれ…」の部分は、前述のように一段記載の伊奈検地帳は現在のところ存在しないので、現状の限りでは訂正を要する。一段記載の理解についても、慶長検地が初めての徳川検地のためであるというのは一応妥当であるとしても、それより早い文禄検地にみられる二段記載をどのように考えたらよいのであろうか。和泉氏は、上段の高は村からの差出高と推測しているが[15]、同じ文禄検地帳になぜ一段記載と二段記載がみられるのか、といった点も含め問題として指摘しておきたい。

ところで、先に伊奈検地を受けた村々は、すべてそれ以前に大久保検地を受けたことになると述べたが、もう一度表8をみると、文禄三年（一五九四）に大久保検地が実施されている地域のうち、上州鬼石領・武州秩父領で慶長三年（一五九八）に伊奈忠次による再検地が実施されていることが指摘できる。すなわち、大久保による文禄検地実施地域の一部（鬼石領・秩父領）を対象に伊奈による再検地が実施されていることに気付く。わずか四年後に、なぜ鬼石領・秩父領において伊奈による再検地が行われたのか。逆に言えば、なぜ南牧領・西牧領および上総西畑郷・板屋郷では伊奈による再検地がなかったのかが問題となろう。

そこで想起されるのは、鬼石領・秩父領は伊奈検地以後、伊奈忠次が代官として支配に当たり、その後も伊奈系代官が支配に当たったという点である（第一部第一章表1参照）。表8によれば、慶長三年に彦坂検地が実施された相州津久井領でも、同九年に伊奈検地が実施され、同領は慶長十三年（一六〇八）まで伊奈氏の支配であった点も勘案すれば、二度目になる伊奈検地は、伊奈忠次がその支配所を対象に実施したものと考えられるのではないか。とすれば、推測の域は出ないが、山中領・日野領でも伊奈による慶長検地に先立って大久保による文禄検地が実施された可能性があろう。

元禄五年（一六九二）に上山・中山・下山の名主・長百姓が代官宛に差し出した証文（後掲〔史料8〕）に「山中領三ヶ村御検地之儀、慶長三戌年、伊奈備前守様御地詰被成候由申伝候」と、慶長検地が最初の検地のように記述されており、[16] 三波川村についても、同村の出来事を年表式に書き綴った年代記の冒頭が「慶長三戌年、伊奈備前守様御検地」となっている。[17] 大久保検地帳と伊奈検地帳の双方が残る譲原村の場合でも「当村之儀ハ、慶長三戌年、伊奈備前守様御検地ニ而」（後掲〔史料9〕）とあって伊奈検地を最初に記しており、伊奈検地が実施された村々では同検地をもって近世村としての始まりと位置づけているのである。すなわち、伊奈による慶長検地が最初とされていても、それは山中領や三波川村での大久保による文禄検地の実施を想定することの妨げにはならないといえる。

二　永高制下における年貢収取

1　年貢賦課方式の変遷と諸画期

関東における近世前期の徴租法に関して、川鍋定男氏は、石高を基準とした厘取法、反別を基準とした反取法、永高を基準とした永高法の三形態があるとしたうえで、寛永から寛文期にかけて厘取法から反取法への転換がなされたと指摘している。[18] そして、永高法については、和泉清司氏・神立孝一氏の分析があり、[19] また児玉典久氏は、伊奈の徴租法は平野部が反取法、山間部が永高法であると述べている。[20]

このように、関東での徴租法のひとつに永高法があることが指摘され、主に武州を対象に具体的な分析も行なわれており、上州に関しては桐生領および鬼石領・山中領等を対象とした筆者の分析がある[21]。鬼石領・山中領等を対象とした拙稿（以下、別稿という）では、具体的には山中領上山郷・下山郷および鬼石領譲原村・三波川村を取り上げたが[22]、その後、山中領上山郷の慶長〜寛永年間の年貢割付状が見つかるなどしている[23]。そこで本節では、基本的には別稿によりながらも、山中領を軸に纏め直してみることにしたい。なお、後述するように、元禄検地後山中領とその周辺地域での永高制は廃止されるので、ここでは元禄検地以前の時期を対象に検討を進めることになる。

第一・二章でみたように、山中領では元禄検地以前は「郷」が行政村であり、年貢割付状は各「郷」宛に発給されていた。表10〜14に、山中領上山郷・中山郷・下山郷および鬼石領譲原村・三波川村の年貢割付状による年貢量の変遷を示したが、年貢割付状の様式変化を追うと次の四つの時期区分を設けることができる。

(a)慶長四年（一五九九）〜寛永十三年（一六三六）
(b)寛永十四年（一六三七）〜寛文六年（一六六六）
(c)寛文七年（一六六七）〜元禄三年（一六九〇）
(d)元禄四年（一六九一）以降

この間、(a)から(c)までの期間は、山中領・鬼石領とも同一代官の支配を受けたが、(d)からは同一代官による支配ではなくなり、年貢割付状の記載形式も代官によって多少の違いがみられる。

(a)慶長四年〜寛永十三年

前節で触れたように、山中領・鬼石領では慶長三年（一五九八）に伊奈忠次による永高検地が実施された。その結果を受けて、永高法に基づく年貢収取が展開されたわけであるが、譲原村・三波川村では検地の翌年、慶長四年の年貢割付状が知られる（表13(a)・表14(a)参照）。山中領では、次に示す上山郷の慶長五年年貢割付状[24]が初見である。

〔史料2〕

子御年貢割付之事

一九拾四貫八百弐拾八文　高辻

此内

拾壱貫六百四拾五文　損免一つ四分引

残八拾三貫百八拾三文（黒印）　子納

右分、十一月晦日切而、急度皆済可申候、若於無沙汰者、

けんせきを以催促可申候、仍如件、

（慶長五年）子十月十五日　伊奈備前（花押）（黒印）

上山之郷

名主中

同百姓中まいる

この年貢割付状は、高辻から引高を差し引いた残高をその年の年貢納高とする簡単な記載であって、永高で示された高辻（村高）は年貢高の基準となっている。そして、引高は「損免」と記されているように（「免」とのみ記されている場合もある）、「損免引」である。すなわち、ここから判明する年貢量の算定方式は、〈高辻－損免＝納高〉となる。表10～14の(a)を参看すれば、「損免」のほかに災害等による引高もみられるが、この時期の特徴は「損免引」にあるといえる。そこで、この方式を〔損免方式〕と呼んでおこう。表15に損免率の変遷を示したが、「損免」は災害等に

表10　山中領上山郷の年貢

(a)

年代	高辻	引　高	損免引（%）	納高	発給者
	貫　文	貫　文	貫　文	貫　文	
慶長5	94.828		11.645(14%)	83.183	伊奈備前守
〃 7	94.828	2.241(河成)	15.431(20%)	77.156	〃
〃 8	94.828		10.552(12%)＊	84.276	〃
〃 10	94.828		25.101(36%)	69.727	〃
〃 11	94.828		7.024(8%)	87.804	〃
〃 12	94.828		12.368(15%)	82.460	〃
〃 13	94.828	0.920(川成)	13.644(17%)	80.264	〃
〃 14	94.828	0.920(川成)	13.644(17%)	80.264	〃
〃 15	94.828	0.920(川成)	13.644(17%)	80.264	成瀬権左衛門他2名
〃 17	93.908		9.306(11%)	84.602	成瀬権左衛門
〃 18	93.908		12.248(15%)	81.660	〃
〃 19	93.908		6.956(8%)	86.952	〃
元和9	93.908	0.336(元和6川欠)	4.456(5%)	89.116	大河内孫十郎
寛永元	93.908	0.336(元和6川欠)	2.725(3%)	90.847	〃
〃 2	93.908	0.336(元和6川欠)	5.296(6%)	88.276	〃
〃 3	93.908	0.336(元和6川欠)	8.506(10%)	85.066	〃
〃 4	93.908	0.336(元和6川欠)	6.121(7%)	87.451	大河内金兵衛
〃 5	93.908	0.336(元和6川欠)	10.765(13%)	82.807	〃
〃 6	93.908	0.336(元和6川欠)	11.491(14%)	82.081	〃

＊新羽村14%

(b)

年代	高辻	引高	免ニ引（%）	残高	高之外上り（%）	納高	発給者
	貫　文	貫　文	—	貫　文	貫　文	貫　文	
承応3	93.908	0.336		93.572	—	93.572	伊奈半左衛門
明暦元	93.908	0.336	—	93.572	—	93.572	〃
〃 2	93.908	0.336	—	93.572	4.600	98.172	〃

(c)

年代	高辻(永)	高辻(石)	此取永	引高	納高	浮役	臨時	発給者
	貫　文	石	貫　文	貫　文	貫　文	貫　文	貫　文	
元禄元	93.908	469.54	163.686	0.947	162.737	4.937	5.210	佐原三右衛門
〃 2	93.908	469.54	164.686	0.947	162.737	4.937	5.210	〃
〃 3	93.908	469.54	164.686	0.947	162.737	4.937	5.210	〃

(d)

年代	高辻(永)	高辻(石)	引高	残	此取永	浮役	臨時	発給者
	貫　文	石	石	石	貫　文	貫　文	貫　文	
元禄5	93.908	469.54	4.745	464.795	174.763	4.937	5.210	池田新兵衛
〃 6	93.908	469.54	4.745	464.795	174.763	4.937	5.210	〃
〃 9	93.908	469.54	4.745	464.795	174.763	4.937	5.210	〃
〃 10	93.908	469.54	4.745	464.795	169.520	4.937	5.210	〃

註　(a)(b)は「椚原・黒澤家文書」、但し、(a)のうち元和9年分および(c)(d)は上野村新羽「浅香治男家文書」による。

表11　山中領中山郷の年貢

(a)(b)

年代	高辻	引高	損免引（%）	残高	高之外上り(%)	納高	発給者
	貫　文	貫　文	貫　文	貫　文	貫　文	貫　文	
寛永6	113.058	0.904	12.016(12%)	100.138		(100.138)	大河内金兵衛
慶安3	113.058	1.016		112.042	3.361(3%)	115.403	伊奈半十郎

(c)

年　代	高辻(永)	高辻(石)	此取(石)	此　永	引　高	納　高	発給者
	貫　文	石	石	貫　文	貫　文	貫　文	
寛文11	113.058	565.29	347.85	139.140	3.363	135.777	伊奈左門

註　寛永6年分は上野村勝山「黒澤健家文書」、他は「神原・黒澤家文書」による。

表12　山中領下山郷の年貢

(a)

年代	高辻	引高	損免引（%）	納　高	発　給　者
	貫　文	貫　文	貫　文	貫　文	
慶長16	117.126	—	6.626(6%)	110.500	成瀬権左衛門
〃 18	117.126	—	15.277(15%)	101.849	〃
〃 19	117.126	—	7.662(7%)	109.464	〃
元和元	117.126	—	14.384(14%)	102.742	大河内孫十郎
〃 2	117.126	—	7.663(7%)	109.463	〃
〃 3	117.126	—	7.662(7%)	109.464	〃
〃 4	117.126	—	5.577(5%)	111.549	〃
〃 5	117.126	—	5.577(5%)	111.549	〃
〃 6	117.126	0.516	5.553(5%)	111.057	〃
〃 7	117.126	0.200	5.568(5%)	111.358	〃
〃 8	117.126	0.200	8.661(8%)	108.265	〃
〃 9	117.126	0.200	2.293(2%)	114.633	〃
寛永元	117.126	15.400	1.008(1%)	100.718	〃
〃 2	117.126	0.200	3.406(3%)	113.520	〃
〃 3	117.126	0.200	7.649(7%)	109.277	〃
〃 4	117.126	0.200	4.497(4%)	112.429	大河内金兵衛
〃 5	117.126	0.200	10.630(10%)	106.296	〃
〃 6	117.126	0.200	11.587(11%)	105.339	〃
〃 7	117.126	0.200	7.649(7%)	109.277	〃
〃 8	117.126	1.043	7.594(7%)	108.489	〃
〃 9	117.126	0.468	28.281(32%)	*88.377	〃
〃 10	117.126	0.468	7.632(7%)	109.026	〃
〃 11	117.126	0.468	8.641(8%)	108.017	〃
〃 12	117.126	0.468	15.216(15%)	101.442	〃
〃 13	117.126	0.468	13.421(13%)	103.237	〃

*は「此内弐貫三百四拾文、高ニ付弐分引ニ御公儀ゟ御赦免候」とある。

(b)

年代	高辻	引高	免ニ引（%）	残高	高之外上り(%)	納高	浮役	臨時	発給者
	貫　文		貫　文	貫　文	貫　文	貫　文	貫　文	貫　文	
寛永14	117.126	0.846	—	116.280	4.361	120.641			大河内金兵衛
〃 15	117.126	0.652	—	116.474	4.200	120.674			〃
〃 16	117.126	0.652	—	116.474	5.822	122.296			伊奈半十郎
〃 17	117.126	0.652	—	116.474	4.659	121.133			〃
〃 18	117.126	0.652	—	116.474	4.658	121.132			〃
〃 19	117.126	0.652	25.460(畠免)	91.014	—	91.014			〃
〃 20	117.126	0.652	15.142	101.332	—	101.332			〃
〃 21	117.126	0.652	15.142(13%)	101.332	—	101.332			〃
正保2	117.126	1.277	—	115.849	5.792(5%)	121.641			〃
〃 3	117.126	0.966	17.424(14%)	98.736	—	98.736			〃
〃 4	117.126	0.966	5.808(5%)	110.352	—	110.352			〃
慶安元	117.126	0.966	—	116.160	—	116.160			〃
〃 2	117.126	0.966	—	116.160	3.485(3%)	119.645			〃
〃 3	117.126	0.966	—	116.160	3.485(3%)	119.645			〃
〃 4	117.126	0.966	—	116.160	8.131(7%)	124.291			〃
承応元	117.126	0.966	17.424(15%)	98.736	—	98.736			〃
〃 2	117.126	0.966	5.808(5%)	110.352	—	110.352			伊奈半左衛門
〃 3	117.126	3.805	—	113.321	5.666(5%)	118.987			〃
明暦元	117.126	0.966	—	116.160	5.666	121.826			〃
〃 2	117.126	0.966	—	116.160	5.666	121.826			〃
〃 3	117.126	0.966	5.000(畠免)	111.160	—	111.160			〃
万治元	117.126	0.966	18.000(畠免)	98.160	—	98.160			〃
〃 2	117.126	2.628	9.000(畠免)	105.498	—	105.498			〃
〃 3	117.126	1.328	**17.000(畠免)	98.798	—	98.798			〃
寛文元	117.126	1.328	—	115.798	5.000	120.798			〃
〃 4	*117.141	1.328	1.500(畠免)	114.313	—	114.313	6.373	10.265	伊奈左門
〃 5	117.141	1.328	2.000(畠免)	113.813	—	113.813	16.638		〃
〃 6	117.141	1.328	—	115.813	—	115.813	6.373	10.265	〃

＊＝15文、改出高入。＊＊＝内9貫文、麻生・生利・柏木、氷打ニ引。

(c)

年　代	高辻(永)	高辻(石)	此取(石)	此　永	引　高	納　高	浮　役	臨　時	発給者
	貫　文	石	石	貫　文	貫　文	貫　文	貫　文	貫　文	
寛文７	117.141	585.63	339.623	135.849	1.328	134.521	6.374	10.264	伊奈左門
〃　8	117.141	585.705	339.623	135.849	31.228	104.621	6.374	10.265	〃
〃　9	117.141	585.705	360.	144.000	1.328	142.672	6.374	10.265	〃
〃　10	117.141	585.705	360.	144.000	10.653	133.347	6.374	10.265	〃
〃　11	117.141	585.705	374.5	149.800	1.579	148.221	6.374	10.265	〃
〃　12	117.141	585.705	430.66	172.264	1.322	170.942	6.374	10.265	〃
延宝元	117.141	585.705	434.95	173.980	1.322	172.658	6.374	10.265	〃
〃　2	117.141	585.705	434.95	173.980	1.322	172.708	6.374	10.265	〃
〃　3	117.141	585.705	456.83	182.732	1.322	181.410	6.374	10.265	〃
〃　4	117.141	585.705		190.743	1.322	189.421	6.374	10.265	〃
〃　5	117.141	585.705		193.243	19.722	173.521	6.374	10.265	〃
〃　6	117.141	585.705		203.100	1.579	201.521	6.374	10.265	〃
〃　8	117.141	585.705		193.119	1.579	191.540	6.374	10.265	〃

※納高のうち、延宝２年は外50文改出、同３～８年は内50文改出。寛文７年の高辻（石）の数値は原史料のまま。

註 「万場・黒澤家文書」による。

表13　鬼石領譲原村の年貢

(a)

年　代	高　辻	引　高	損免引（%）	納　高	発給者
	貫　文	貫　文	貫　文	貫　文	
慶長４	54.428	—	9.071（20%）	45.357	伊奈忠次
〃　5	54.428	—	6.684（14%）	47.744	〃
〃　8	54.428	—	5.832（12%）	48.596	〃
〃　9	54.428	—	3.561（７%）	50.867	〃
〃　12	54.428	—	5.832（12%）	48.596	〃
〃　13	54.428	—	6.262（13%）	48.166	〃
〃　14	54.428	—	5.828（12%）	48.600	〃
〃　16	54.428	—	3.080（６%）	51.348	成瀬権左衛門
〃　17	54.428	—	4.028（８%）	50.400	〃
〃　18	54.428	—	7.100（15%）	47.328	〃
〃　19	54.428	—	3.560（７%）	50.868	〃
元和元	54.428	0.230	6.656（14%）	47.542	大河内孫十郎
〃　8	54.428	—	3.561（７%）	50.867	〃
寛永元	54.428	0.150	0.537（１%）	53.741	〃
〃　2	54.428	—	1.585（３%）	52.841	〃
〃　4	54.428	—	2.093（４%）	52.335	大河内金兵衛
〃　5	54.428	—	4.032（８%）	50.396	〃
〃　8	54.428	—	3.081（６%）	51.347	〃
〃　11	54.428	—	3.081（６%）	51.347	〃
〃　12	54.428	—	5.832（12%）	48.596	〃
〃　13	54.428	—	4.948（10%）	49.480	〃

(b)

年代	高辻	引高	免ニ引（%）	残高	高之外上り(%)	納高	浮役	臨時	発給者
	貫　文	貫　文	貫　文	貫　文	貫　文	貫　文	貫　文	貫　文	
寛永14	54.428	0.033	—	54.395	2.450	56.845			大河内金兵衛
〃 16	54.428	0.032	—	54.395	2.720	57.115			伊奈半十郎
〃 17	54.428	0.033	—	54.395	3.807	58.202			〃
〃 19	54.428	0.033	10.957(畠免･田免)	43.438	—	43.438			〃
〃 20	54.428	0.033	5.983	48.412	—	48.412			〃
慶安元	54.428	0.033	—	54.395	—	54.395			〃
〃 2	54.428	0.033	—	54.395	1.632(3%)	56.027			〃
〃 4	54.428	2.462	—	51.966	3.638(7%)	54.604			〃
承応元	54.428	0.033	8.159(15%)	46.236	—	46.236			〃
〃 2	54.428	0.033	2.721(5%)	51.674	—	51.674			伊奈半左衛門
〃 3	54.428	2.398	—	52.030	2.602(5%)	54.630			〃
明暦2	54.428	0.033	—	54.395	2.602	56.997			〃
寛文2	54.428	0.033	—	54.395	—	54.395			〃
〃 4	54.428	0.033	—	54.395	—	54.395	2.436	1.490	伊奈左門
〃 5	54.428	0.033	0.500(畠免)	53.895	—	53.895	3.926		〃
〃 6	54.428	0.033	—	54.395	—	54.395	2.436	1.490	〃

(c)

年代	高辻(永)	高辻(石)	此取(石)	此永	引高	納高	浮役	臨時	発給者
	貫　文	石	石	貫　文	貫　文	貫　文	貫　文	貫　文	
寛文7	54.428	272.14	154.77	61.908	0.033	61.875	2.436	1.490	伊奈左門
〃 8	54.428	272.14	154.77	61.908	13.783	48.125	2.436	1.490	〃
〃 9	54.428	272.14	162.508	65.003	0.033	64.970	2.436	1.490	〃
〃 10	54.428	272.14	162.508	65.003	3.733	61.770	2.436	1.490	〃
〃 11	54.428	272.14	167.508	67.003	0.789	66.214	2.436	1.490	〃
〃 12	54.428	272.14	184.258	73.703	0.033	73.670	2.436	1.490	〃
延宝元	54.428	272.14	185.18	74.072	0.033	74.039	2.436	1.490	〃
〃 3	54.428	272.14	194.44	77.776	0.033	77.743	2.436	1.490	〃
〃 4	54.428	272.14		81.210	0.033	81.177	2.436	1.490	〃
〃 5	54.428	272.14		82.710	0.033	82.677	2.436	1.490	〃
〃 6	54.428	272.14		82.710	0.033	82.677	2.436	1.490	〃
〃 7	54.428	272.14		82.710	6.133	76.577	2.436	1.490	〃
〃 8	54.428	272.14		76.600	0.030	76.570	2.436	1.490	〃
天和元	54.428	272.14		79.038	0.030	79.008	2.436	1.490	間瀬吉太夫・松田又兵衛
貞享元	54.428	272.14		83.618	0.030	83.587	2.436	1.490	佐原三右衛門
〃 2	54.428	272.14		81.517	0.030	81.487	2.436	1.490	〃
〃 3	54.428	272.14		82.817	0.030	82.787	2.436	1.490	〃
〃 4	54.428	272.14		82.817	0.030	82.787	2.436	1.490	〃

(d)

年代	高辻(永)	高辻(石)		此取永	外引高		紙舟役	絹綿紙売出シ	発給者
	貫 文	石		貫 文	貫 文		貫 文	貫 文	
元禄4	54.428	272.14		83.777	0.030		2.436	1.490	山川金右衛門
〃 7	54.428	272.14		84.197	0.030		2.436	1.490	〃
年代	高辻(永)	高辻(石)	引高	残	此取	此永	紙舟役	絹綿紙売出シ	発給者
	貫 文	石	石	石	石	貫 文	貫 文	貫 文	
元禄8	54.428	272.14	0.15	271.99		84.534	2.436	1.490	岡田庄太夫
〃 9	54.428	272.14	0.15	271.99	174.763	80.874	2.436	1.490	〃
〃 10	54.428	272.14	0.15	271.99		84.534	2.436	1.490	〃
年代	高辻(永)	高辻(石)	引高	残		此取永	紙舟役	絹綿売出	発給者
	貫 文	石	石	石		貫 文	貫 文	貫 文	
元禄15		272.14	4.43	267.71		68.534	2.436	1.490	野田三郎左衛門
宝永6	54.428	272.14	3.28	268.86		73.937	2.436	1.490	野田三郎左衛門・野田九左衛門
正徳元		272.14	0.15	271.99		72.076	2.436	1.490	〃
〃 2		272.14	0.15	271.99		74.797	2.436	1.490	〃

註　藤岡市譲原「山田松雄家文書」(群馬県立文書館寄託)による。

表14　鬼石領三波川村の年貢

(a)

年代	高辻	引高	損免引（%）	納　高	代　官　名
	貫 文	貫 文	貫 文	貫 文	
慶長4	58.673	—	9.778(20%)	48.895	伊奈忠次
〃 5	58.673	—	7.205(14%)	51.468	〃
〃 6	58.673	1.450	13.203(30%)	44.020	〃
〃 7	58.673	3.990	9.861(22%)	44.822	〃
〃 8	58.673	0.490	6.693(13%)	51.490	〃
〃 9	58.183	—	3.806(7%)	54.377	〃
〃 10	58.183	—	15.083(35%)	43.100	〃
〃 11	58.183	—	4.310(8%)	53.873	〃
〃 12	58.183	—	7.222(14%)	50.961	〃
〃 13	58.183	—	8.454(17%)	49.729	〃
〃 14	58.183	—	8.454(17%)	49.729	〃
〃 15	58.183	—	8.454(17%)	49.729	酒井七之左・杉浦五郎右・成瀬権左
〃 17	58.183	—	5.290(10%)	52.893	成瀬権左衛門
〃 18	58.183	—	8.453(17%)	49.730	〃
〃 19	58.183	—	4.804(9%)	53.379	〃

※　この期間はすべて「慶長四亥年ゟ同十九寅年迄御割付之写」による。

(b)

年代	高辻	引高	免ニ引（%）	残高	高之外上り(%)	納高	浮役	臨時	代官名
	貫　文	貫　文	貫　文	貫　文	貫　文	貫　文			
寛永16	58.183	0.059	—	58.124	2.325	60.449			伊奈半十郎
〃 18	58.183	0.059	—	58.124	1.744	59.868			〃
〃 19	58.183	0.059	11.625(畠免)	46.499	—	46.499			〃
正保3	58.183	0.059	11.625(20%)	46.499	—	46.499			〃
慶安元	58.183	0.059	—	58.124	—	58.124			〃
承応2	58.183	0.059	—	58.124	—	58.124			伊奈半左衛門
〃 3	58.183	2.544	—	55.639	2.782	58.421			〃
明暦2	58.183	0.059	—	58.124	2.782	60.906			〃
〃 3	58.183	0.059	3.000(畠免)	55.124	—	55.124			〃
万治3	58.183	0.139	5.500(畠免)	52.584	—	52.584			〃

(c)

年　代	高辻(永)	高辻(石)	此取(石)	此永	引高	納高	浮役	臨時	代　官　名
	貫　文	石	石	貫　文	貫　文	貫　文	貫　文	貫　文	
寛文8	58.283	291.415	175.358	70.143	21.099	49.044	3.432	2.168	(貞享2年書上)
〃 10	58.283	291.415	180.618	72.247	3.699	68.548			(〃)
延宝7	58.283	291.415		94.858	6.649	88.209			(〃)
貞享4	58.283	291.415		93.490	0.099	93.391	3.432	2.168	佐原三右衛門(享保4年書上)
元禄元	58.283	291.415		94.240	0.099	94.141	3.432	2.168	〃　(〃)
〃 2	58.283	291.415		95.740	0.094	95.646	3.432	2.168	〃　(〃)
〃 3	58.283	291.415		96.490	0.099	96.391	3.432	2.168	〃　(〃)

(d)

年　代	高辻(永)	高辻(石)	引　高	残	此取永(1石当り)	紙舟役	絹綿売出	百姓山銭	代　官　名
	貫　文	石	石	石	貫　文	貫　文	貫　文	貫　文	
元禄4	58.283	291.415	0.495	290.92	97.749	3.432	2.168		平岡次郎右衛門 (享保4年書上)
〃 5		291.415	0.495	290.92	99.786(343文取)	3.432	2.168		依田五兵衛 (〃)
〃 6	58.283	291.415	0.495	290.92	95.422(328文取)	3.432	2.168		〃 (〃)
〃 7	58.283	291.415	0.495	290.92	95.422	3.432	2.168		下嶋甚右衛門 (〃)
〃 8	58.283	291.415	0.495	290.92	95.422(328文取)	3.432	2.168		〃 (〃)
〃 9	58.283	291.415	0.495	290.92	89.603(308文取)	3.432	2.168		〃 (〃)
〃 16	58.283	291.415	2.575	288.84	76.956	3.432	2.168	1.800	雨宮勘兵衛

註　藤岡市三波川「飯塚馨家文書」(群馬県立文書館寄託)による。

表15　損免引の変遷

年代	上山郷	中山郷	下山郷	譲原村	三波川村
慶長4				20	20
〃 5	14			14	14
〃 6					30
〃 7	20				22
〃 8	12＊			12	13
〃 9				7	7
〃 10	36				35
〃 11	8				8
〃 12	15			12	14
〃 13	17			13	17
〃 14	17			12	17
〃 15	17				17
〃 16			6	6	
〃 17	11			8	10
〃 18	15		15	15	9
〃 19	8	7	7	7	
元和元			14	14	
〃 2			7		
〃 3			7		
〃 4			5		
〃 5			5		
〃 6			5		
〃 7			5		
〃 8			8		
〃 9	5		2	7	
寛永元	3		1	1	
〃 2	6		3	3	
〃 3	10		7		
〃 4	7		4	4	
〃 5	13		10	8	
〃 6	14	12	11		
〃 7			7		
〃 8			7	6	
〃 9			32		
〃 10			7		
〃 11			8	6	
〃 12			15	12	
〃 13			13	10	

註　各郷村の数字は百分率（％）。＊新羽村については14％引。

よる引高とは異なり毎年控除されている。その率は年により変化し、また村によっても異なっている場合が多いが、伊奈忠次が代官であった時期が比較的高率で、元和期は低率になり、寛永期に再び上昇する傾向にあろうか。

(b)寛永十四年〜寛文六年

寛永十四年（一六三七）を初見として、年貢賦課方式に変化が現れる。そこで、次にこの時期の年貢割付状を二点(25)掲示する。

〔史料3〕

丑之年下山之郷御年貢可納割付事

一永百拾七貫百弐拾六文　高辻
内
四百六拾八文　年々川欠引
百八拾四文　丑之川欠引
百九拾四文　水おし
残百拾六貫弐百八拾文
一永四貫三百六拾壱文　高之外上り
二口合百弐拾貫六百四拾壱文　丑之納
以上
右、如此相定上者、極月廿日を切而、急度可致皆済、若其過於無沙汰者、譴責を以可申付者也、仍如件、
寛永拾四年
丑ノ霜月十五日　大　金　兵（花押）（黒印）
名主・百姓中まいる
（裏書略）

〔史料4〕
戊歳下山村御年貢可納割付事
一永高百拾七貫百弐拾六文　高辻

内
永九百六拾六文　　川かけ
永拾七貫四百弐拾四文　免壱つ五分引
残九拾八貫七百三拾六文　　戌納
右、如此相定上者、霜月廿日を切而可致皆済、若
其過於無沙汰者、以譴責可申付者也、仍如件、
正保三年戌霜月三日　伊半十（黒印）
名主・百姓中

〔史料3〕では高辻から引高を控除し、これに「高之外上り」が加えられ、納高となっている。「高之外上り」は、「高外上ル」「高之外納」などとも記され、残高に対する割増分である。すなわち、年貢量の算定方式は、①〈高辻－引高＋割増＝納高〉となる。

また、この時期には、〔史料4〕に「免壱つ五分引」とあるように、減免のみられる場合もある。それは例示したような「免○つ○分引」と表記される場合や、単に「免ニ引」または「畠免ニ引」「田免ニ引」と表記されており（損免引と同じ）、年貢量の算定方式は②〈高辻－引高－割引＝納高〉となる。

このように、(b)の時期には①・②の年貢量算定方式がとられていたのであるが、これを合せて〈割増・割引方式〉と称することにしよう。表16に割増率・割引率の変遷を示したが、割引の場合、〈損免方式〉による損免率が納高に対する割引で示されるのに対し、〈割増・割引方式〉では残高（高辻－引高）に対する割引率となっている。なお、この期間においては、寛永十六年（一六三九）より「郷」宛の年貢皆済状が発給されるようになる（後述）。

(c) 寛文七年〜元禄三年

次に、寛文七年（一六六七）を初見とする(c)の期間であるが、この時期には次に例示(26)するように、石高表示が現れ、それまで永高表示のみであったものが、永高・石高が併記されるようになる。

表16　割増・割引率の変遷

年　代	上山郷	中山郷	下山郷	譲原村	三波川村
寛永14			+3.8	*+4.5*	
〃 15			*+3.6*		*+4*
〃 16			+5	*+5*	
〃 17			*+4*	*+7*	
〃 18			*+4*		*+3*
〃 19			*−22*　畠免	*−20* 田免畠免	*−20*　畠免
〃 20			*−13*	*−11*	
正保元			−13		
〃 2			+5		
〃 3			−14		−20
〃 4			−5		
慶安元			±0	±0	±0
〃 2			+3	+3	
〃 3		+3	+3		
〃 4			+7	+7	
承応元			−15	−15	
〃 2			−5	−5	±0
〃 3	±0		*+5*	+5	*−5*
明暦元	±0		*+5*		
〃 2	*+5*		+5	+5	*−5*
〃 3			*−4.3*　畠免		*−5.2* 畠免
万治元			*−15.5* 畠免		
〃 2			*−7.9*　畠免		
〃 3			*−14.7* 畠免		*−9.5* 畠免
寛文元			*+4.3*		
〃 2				±0	
〃 3					
〃 4			−1.3　畠免	±0	
〃 5			−1.7　畠免	*−1*　畠免	
〃 6			±0		

註　各郷村の数字は百分率（%）。斜体の数字は計算値。

〔史料5〕

未之年下山村御年貢可納割付之事

永高百拾七貫百四拾壱文
一五百八拾五石六斗三升也　　高辻

此取三百三拾九石六斗弐升三合

此永百三拾五貫八百四拾九文

内　九百六拾六文　　川かけ

三百六拾弐文　　亥ノ川欠

残百三拾四貫五百弐拾壱文

外

一永六貫三百七拾四文　　浮役

一永拾貫弐百六拾四文　　臨時

右、如此相定上者、当霜月中を切て、急度可致皆済、

若其過於無沙汰者、譴責を以可申付者也、仍如件、

寛文七年未十一月五日　伊（伊奈）左門（黒印）

名主・惣百姓中

このように、高辻（村高）が石高表示になるとともに、それまでの永高は石高の肩書に記されるようになる。永高と石高の換算比は永高一貫文に石高五石であり、これは他の永高制幕領地域の換算比と同じである。そして、年貢量

の算定方式は、〈高辻（石高）↓取高（石高）↓取永－引高（永高）＝納高（永高）〉となる。
この年貢量算定方式は、次に掲げる延宝四年（一六七六）の年貢割付状[27]にみるように、同年以降、高辻（石高）から直ちに取永を記すようになる。

〔史料6〕

辰之年下山郷御年貢可納割付之事

永高百拾七貫百四拾壱文
一五百八拾五石七斗五合　　高辻
此取永百九拾貫七百四拾三文
内　九百六拾六文　跡々川欠
　　三百五拾六文　亥川欠
残永百八拾九貫四百弐拾壱文　　納
　内五拾文　　寅改出し

（後略）

すなわち、年貢量の算定方式は、〈高辻（石高）↓取永－引高（永高）＝納高（永高）〉となり、高辻から取高への換算が省かれている。いずれにせよ、この時期は石高表示の導入とともに、石高による高辻から取永を算定するという方式になったのであり、これを〔石高↓取永方式〕ということにしたい。この方法では、高辻（石高）に一石当たりの取永高を掛けて、年貢高（永高）を決定していたものと思われる。
さて、この〔石高↓取永方式〕による年貢量算定では、〔史料5〕を例にみれば、高辻は永高から石高へは一貫文＝五石（一石＝二〇〇文）替であるが、取高は石高から永高へは一石＝四〇〇文（一貫文＝二石五斗）替で計算されている。これを石高による高辻と取高との関係でみると免率五八％であるが、直接石高高辻と取永との関係では一石＝二三二文となり、永高でみると取永高が高辻（村高）を上回ることになる。〔史料6〕の場合も同様で、石高高辻から取永高へは一石＝三二六文となり（免率を計算すれば八一・四％）、やはり高辻より取永高のほうが多くなる。表10〜14で各村の(c)の期間をみれば、大幅な引高があって結果的に納高が永高辻を下回る場合を除いて、取永高は常に永高辻を上回っていることがわかる。

(d)元禄四年以降

元禄四年（一六九一）以降については、表10〜14の(d)にみられるように、基本的には〔石高→取永方式〕である。しかし、前述したように、これ以降は同一代官による一円支配ではなくなり、年貢割付状も代官によって記載方式に相違がみられるようになる。そして、元禄年間

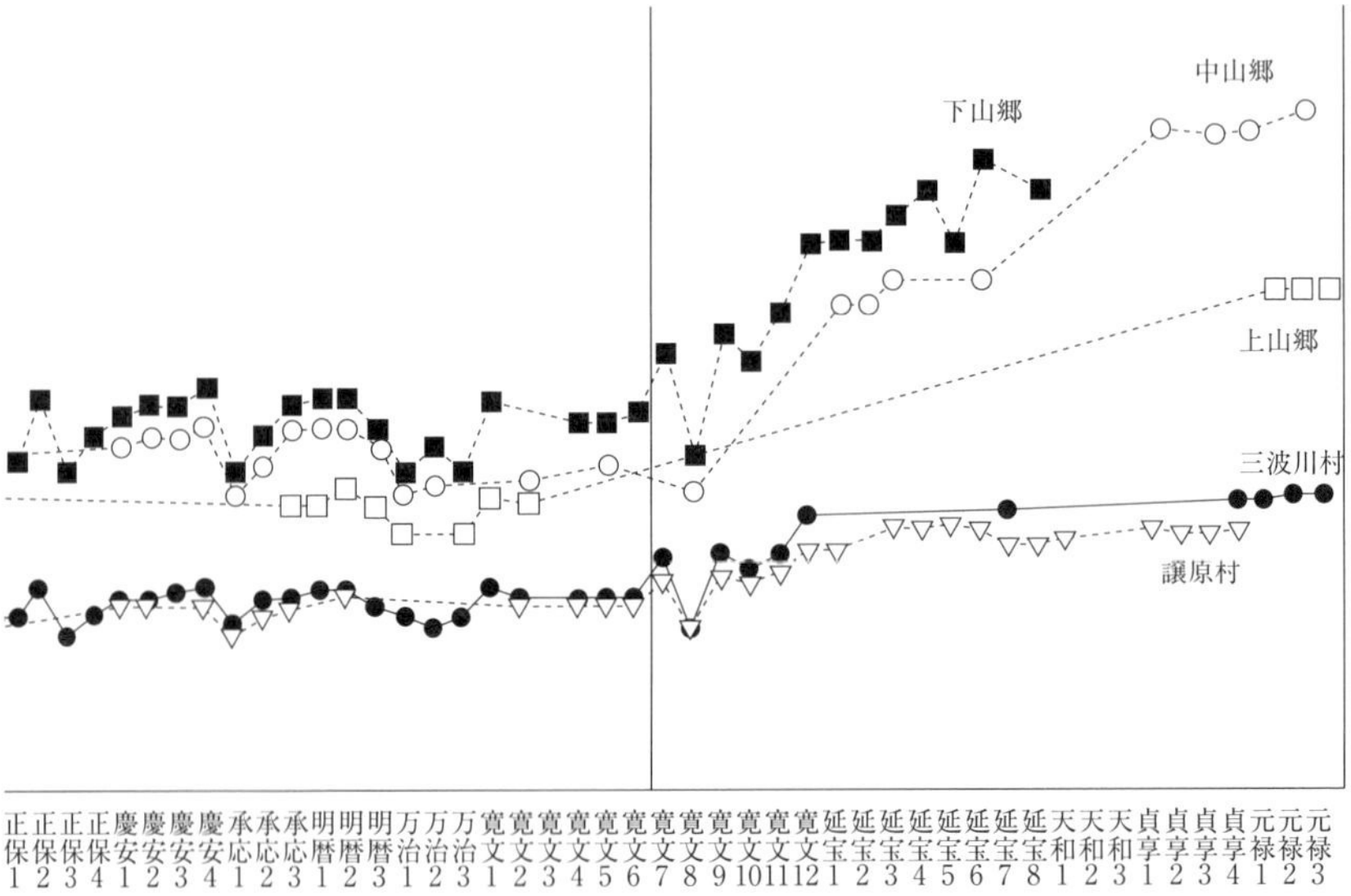

には、山中領・日野領では総検地が行なわれ、徴租法にも大きな変化が起こるので、この点はのちに改めて述べることにしたい。

一方、鬼石領の譲原村・三波川村では、慶長検地以後に総検地は行なわれず、江戸時代を通じて慶長検地高が村高として踏襲される（表13・14の(d)参照）。

2　諸画期をめぐる問題点

以上、慶長検地以降における永高制下での年貢割付状の記載様式の変化と年貢賦課方式との関係を見てきたが、(a)の期間を〈損免方式〉、(b)の期間を〈割増・割引方式〉、(c)・(d)の期間を〈石高→取永方式〉と呼んで、それぞれ特徴付けた。上山郷・中山郷・下山郷に譲原村・三波川村を加えて、(c)の期間までの年貢量の変遷を図示すれば図4のようになるが[28]、右の(a)・(b)・(c)三方式のもとにおける村高と年貢高との関係を示せば、次のようになる。

(a) 村高 > 年貢高

(b) 村高≷年貢高

図4　年貢量（本途納高）の変遷

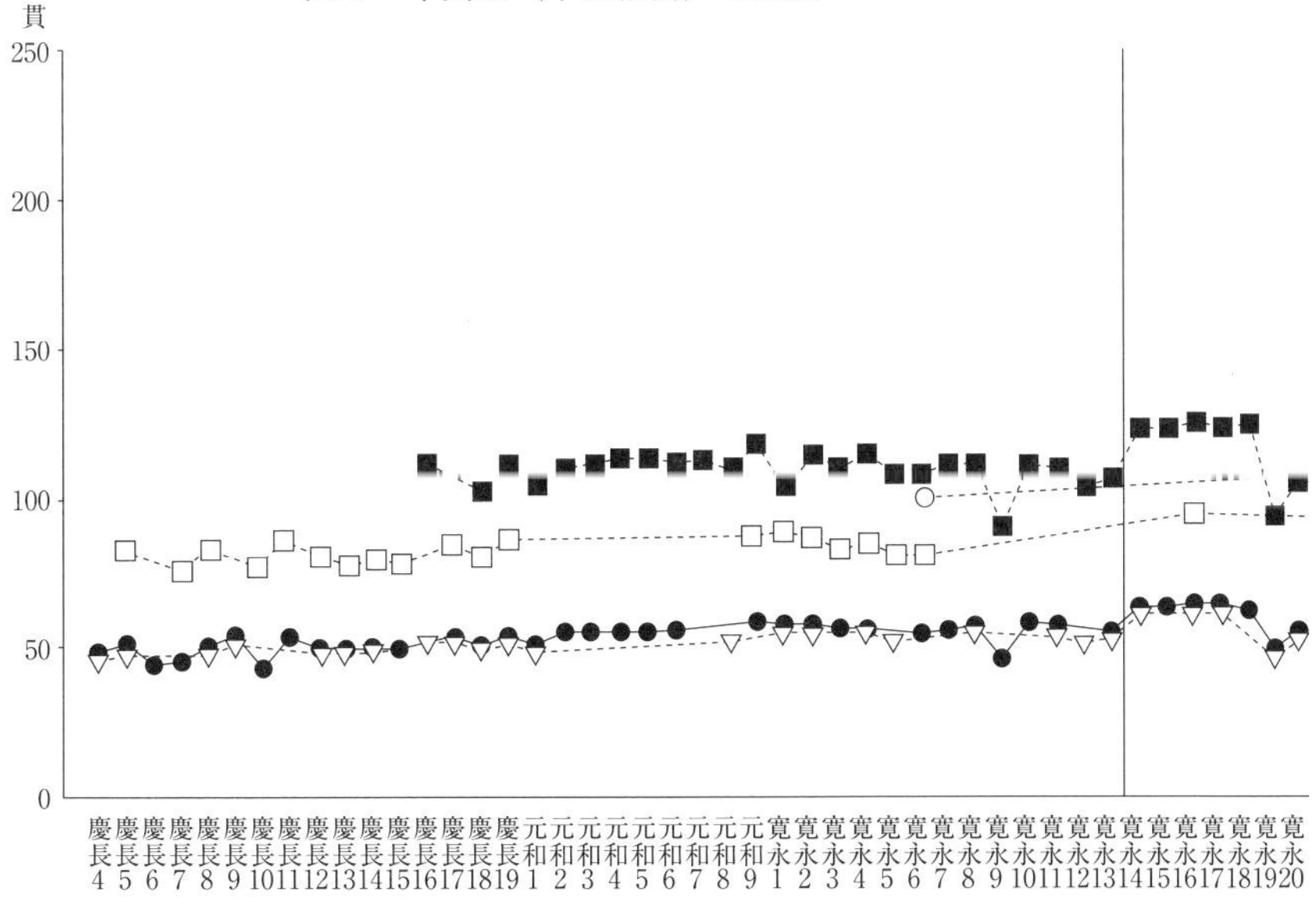

(c)村高∧年貢高

すなわち、(a)では損免引のため年貢高は村高より少ないが、(b)では割増の年は年貢高が村高より多く、割引の年では逆に村高が年貢高より多くなる。そして、(c)では石高記載の導入と〔石高→取永方式〕によって、常に取永高が村高を上回り、図4をみても年貢の増徴が顕著である（但し、寛文八年は日損のため大幅減免）。そうしたなか、次の史料[29]にみられるような村方の反発も起こっている。

〔史料7〕

乍恐以訴状申上候御事

一上州之内山中領三波川村、永五拾八貫百八拾三文ノ高辻ニ御座候、跡々ハ本高之内少御引被下候事も御座候、毎年之御指紙共名主所ニ御座候、当拾七八年以前ゟ御年貢大分上り申ニ付、此旨御代官伊奈左門様へ年々御訴詔申上候得共、終ニ御用捨無御座、只今永九拾四五貫迄ニ上り、百姓共身命送り可申様無御座、何共迷惑仕候、其上去々年ハ氷打、去年ハ永雨之水損、年々つかれ可申上様無御座候処ニ、殊ニ当春石物高直ニ御座候故、弥々かつゑニおよひ、身命送り可申やう無御座候、三波川村之儀者、たけ下ニ而谷深ク、作場さかしきほそ谷ニ而、たいら畑無御座候故、雨嵐之時者押はらいおしうめ、作物・上木迄そんし申候、其上あさ地・石地故、日損も御座候、作毛之儀一円無御座候処、近年に至而御年貢大分ニ上り、何共迷惑仕、如此御訴詔申上候、

（傍線筆者、下同ジ）

この史料は、作成年月日や差出・宛所も記されておらず、実際に提出されたのかも詳らかではないが、傍線部分から推測すれば、伊奈左門が代官であったのは寛文四～延宝八年（一六六四～八〇）であり、「御年貢大分ニ上り」を〔石高→取永方式〕の施行による年貢の増徴のことと考えれば、それが始まったのが寛文七年（一六六七）であるか

ら、それより十七、八年後は天和年間頃となる。三波川村は年貢の増徴による困窮を訴え出ており、実際、表14をみれば、三波川村の年貢は延宝七年（一六七九）以降、九四、五貫文に増えていることが確認できる。三波川村では〔石高→取永方式〕による年貢増徴に対して減免を訴えたが認められず、延宝年間に入りさらに増徴されたことに対して再び減免を要求したものといえる。天和元年（一六八一）には、代官が伊奈左門から松田又兵衛・間瀬吉太夫に交代しており、これを機に訴え出ようとしたのではなかろうか。(c)の期間における年貢の増徴が、三波川村に限られるものではなかったことは図4をみれば明らかであるが、表17によって年貢皆済目録の発給状況をみると、寛文期以降は遅延がちとなっている様子が看取できる。

ところで、和泉清司氏は、永高法の年貢割付状について三形式に分類されている[30]。その第Ⅰ形式（例示＝慶長八年秩父郡皆野村）は、武州秩父郡・上州緑埜郡・同甘楽郡等でみられるもので、これは本書でいう〔損免方式〕に当たる。それが、寛永期になると本書でいう〔割増・割引形式〕に変わるが（例示＝寛永十七年秩父郡太田部村）、和泉氏は基本的には〔損免形式〕と同じ、すなわち第Ⅰ形式に含めて位置付けている。次に、第Ⅱ形式（例示＝慶長九年津久井県青根郷）は、相州津久井県や武州多摩郡でみられ、〔損免方式〕と同様だが、表記方法が違っている。そして、第Ⅲ形式として（例示＝寛永十三年高麗郡高麗本郷）本書でいう〔石高→取永方式〕の年貢割付状をあげている。この三形式は、大まかにいって第Ⅰ・Ⅱ形式から第Ⅲ形式へと変化するが、それは〔損免方式〕から〔石高→取永方式〕への変化ということである。その年代は、和泉氏によれば寛永十年代から寛永末年にかけてというが、山中領や鬼石領では〔石高→取永方式〕の導入は既にみたように寛文七年（一六六七）になる。

但し、和泉氏が「武蔵の秩父郡、上野の緑野郡、甘楽郡では寛文・延宝期の石高制検地が行われるまで第Ⅰ形式の永高表示のままであった[31]」としているのは、若干検討を要する。寛文・延宝期まで第Ⅰ形式＝〔損免方式〕であったという点は、和泉氏は筆者のいう〔割増・割引形式〕も第I形式に含めているので、当然そのような表現になることは理解できるが、問題は寛文・延宝期に石高制検地が実施されたという点である。

和泉氏は、譲原村・三波川村・高山村等における「石高制検地」の実施を寛文六年（一六六六）としているが、(32)これは山田武麿氏の所説(33)をそのまま採用したものと思われる。山田氏が根拠としたのは、天保十一年（一八四〇）の三波川村書上のなかの「慶長三戌年、伊奈備前守様御検地、永高請ニ而反別・上中下・石盛無御座、永高五拾八貫弐百八拾三文御請ニ御座候処、寛文六午年、永高壱貫文ニ付五石替之積を以、高弐百九拾壱石四斗壱升五合与、石高御定

表17　年貢皆済状の発給年月日

年代	中山郷	下山郷	譲原村	三波川村
寛永14				
〃 15				
〃 16		=12.29	=12.29	=12.29
〃 17				
〃 18				=12.28
〃 19		=12.20	=12.20	=12.20
〃 20		=12.	=12.	=12.
正保元		=12.27		=12.27
〃 2				=12.晦
〃 3		=12.		=12.
〃 4			=12.	=12.
慶安元	=12.			=12.
〃 2	=12.30			=12.30
〃 3	=12.	=12.		=12.
〃 4	=12.			=12.
承応元	=12.			=12.
〃 2	=12.20		=12.	=12.
〃 3	=12.			=12.
明暦元	=12.			=12.
〃 2	=12.	=12.		=12.
〃 3	=12.	=12.		=12.
万治元	=12.	=12.	=12.	=12.
〃 2		=12.	=12.	=12.
〃 3	=12.	=12.		=12.
寛文元	=12.10		=12.	=12.
〃 2				
〃 3				
〃 4		寛文10.7.28	寛文10.8.9	寛文10.8.3
〃 5	寛文7.1.27		=12.25	寛文9.1.26
〃 6				寛文7.1.27
〃 7		寛文10.7.22		寛文10.8.3
〃 8	=12.25	=12.25	=12.25	=12.25
〃 9		=12.25		=12.25
〃 10		=12.25		=12.25
〃 11				=12.25
〃 12		延宝2.7.19	延宝2.7.9	延宝2.7.9
延宝元	延宝3.1.28			延宝3.2.14
〃 2	延宝5.3.25		延宝5.2.20	延宝5.2.20
〃 3	延宝5.2.25		延宝5.2.20	延宝5.2.20
〃 4				延宝5.12.21
〃 5				延宝6.3.7
〃 6	=12.28			=12.28

〃 7				延宝8.10.10
〃 8				
天和元				
〃 2				
〃 3				
貞享元	貞享2.7.6			貞享2.7.10
〃 2				貞享3.6.14
〃 3	=12.			貞享4.2.
〃 4	=12.			
元禄元			=12.	
〃 2	元禄3.6.			
〃 3				
〃 4	元禄5.3.			元禄5.3.
〃 5	元禄6.5.			
〃 6				
〃 7			元禄8.5.	
〃 8	元禄7.7.			
〃 9				

註　=はその年のうちの発給。

被下置」という文言で、和泉氏も引用されている。同趣旨の文言は、次に掲げる元禄五年（一六九二）の山中領三郷の書上[34]や天明九年（一七八九）の譲原村差出[35]にも、

〔史料8〕

差上ヶ申証文之事

一山中領三ヶ村御検地之儀、慶長三戌年、伊奈備前守様御地詰被成候由申伝候、然共、年数久敷事ニ御座候故、本水帳ト申候而御座候へ共、分明成水帳ニ而も無御座、其上紛失仕所持不仕候村も御座候、先年ゟ村高と申も無御座候、永高ニ而御年貢も上納仕来申候、夫故、于今反歩と申も無御座、勿論石盛も無御座候、廿七年以前寛文六午年、伊奈左門様御支配被成候時分ゟ、永高之儀高ニ御結被成候、此度御尋ニ付少も申上候、少も偽り不申上候、仍如件、

元禄五年申ノ六月廿日

上山名主・長百姓判
中山名主・長百姓判
下山名主・長百姓判

御代官様

〔史料9〕

譲原村差出　高辻

永五拾四貫四百廿八文
一高弐百七拾弐石壱斗四升

一当村之儀ハ、慶長三戌年、伊奈備前守様御検地ニ而、皆畠、上中下・反別・石盛無御座候、

一御水帳壱冊　名主　源左衛門
同　喜兵衛

是ハ、名主方ニ所持仕候、

一御水帳之義ハ、永附ニ御座候、其以後、伊奈左門様御代官所之節、永壱貫文を五石代御定被遊候而、石高弐百七拾弐石壱斗四升ニ被遊御定候、

（後略）

とあり、三波川村・山中領三郷・譲原村の記録のどれにも、寛文六年（一六六六）に検地があったとは記されていない。記されているのは、〔史料8・9〕の傍線部分にみるように、代官伊奈左門の時の寛文六年に、永高から石高に切り替えがあったということであり、これにより既に指摘したように、同七年から年貢割付状の高辻記載が石高主体になる、という変化となって顕われたのであって、検地があったわけではない。前述したように、山中領・日野領での検地は元禄年間まで降るのであり、譲原村・三波川村では、慶長検地以後は江戸時代を通じて検地は行なわれなかったのである。

一方で和泉氏は、この「検地」は実測を伴ったものではなく、一貫文＝五石替で形式的に石高制への転換がなされ

たに過ぎないとも述べている。[36] とすれば、これを「検地」というのは適当ではなかろう。また、実測検地ではなかった理由として、「三波川村の場合は寛文検地の段階までに村落の生産力が限界に達していたことや、村落内の再編成がある程度進んでいたか、逆に階層分化が進まず、再編成をなし得なかった為」[37] としているが、「寛文検地の段階までに村落の生産力が限界に達していた」という点に関しては、既に明らかにしたように、年貢収取の上では寛文六年以降〔石高→取永方式〕による増徴策へと転換しているのであって、「生産力が限界」とすれば、そうしたなかでの年貢増徴の事実をどう説明すればよいのであろうか。具体的な検討が課題といえよう。

3　年貢納入の在り方

ここまで、年貢割付状の様式変化を中心に年貢賦課方式の変遷とその特徴をみてきたが、本項では主として年貢皆済状に依りながら、年貢納入の在り方を探ってゆくことにしたい。

前述のように、山中領の年貢割付状は、慶長検地以降元禄検地までの間は「郷」宛に発給されていた。これに対し、年貢皆済状の発給形態をみると、寛永十六年（一六三九）を境に大きく二分される。まず、同年以前の年貢皆済状をいくつか掲げてみよう。[38]

〔史料10〕

納辰御年貢事

永楽弐貫八拾八文　此下綿弐貫三百弐拾め

同四百九拾文　　此漆六百拾弐匁也

同弐拾三貫七百文　納

合弐拾六貫弐百七拾八文

右納者也、仍如件、

（慶長九年）（辰）十二月廿日　　成権左（印）

中山神ヶ原村百姓中

〔史料11〕

納未之御年貢金子之事

合拾五両三分者　　度々ニ納

右うけ取所、如件、

元和五年未ノ十二月廿八日　斎平助（花押）（印）

神原村
角右衛門

〔史料12〕

納未ノ御年貢銭之事

永弐拾三貫七百四拾三文　度々ニ納

永壱貫六百廿四文　　綿本代ニ而納

外臨時・浮役

永弐百文　　絹ノ割

永七百九拾弐文　　帋ノ割

永壱貫八文　　　　　綿ノ割
永壱貫百文　　　　　帋舟役本
永弐百弐拾文　　　　右之弐割
右うけ取所也、仍如件、
寛永八年
未ノ極月廿四日　　　半田伝右衛門（印）
　　　　　　　　　　岩田五郎兵衛（印）
　　　　　　神原
　　　　　　　角右衛門まいる

〔史料13〕

納子ノ年御年貢臨時浮役之事
金拾七両壱分者　　　江戸判也
永百七拾文　　　　　さかり
永弐貫弐百卅四文　　十分一鐚ニ而納
永壱貫五拾文　　　　綿本代
此外臨時・浮役
永百八拾四文　　　　絹ノわり〔割〕
永百四拾六文　　　　帋ノわり
永六百五拾文　　　　綿ノわり
永五百四拾三文　　　帋舟役本

永百九文　右ノわり

右うけ取所也、仍如件、

寛永元年子
極月廿四日　(平田)半伝右衛門（花押）（印）
(岩田)岩五郎兵衛（花押）（印）

新羽
兵　庫

右の四点のうち〔史料10〕は、現在のところ山中領で最も古い年貢皆済状であり、発給者は伊奈忠次の下代成瀬権左衛門であるが、宛所が「中山神ヶ原村」となっている点に注意したい。〔史料11・12〕も宛所が『神原 角右衛門』となっていて、これらは神原村分の年貢皆済状であり、中山郷全体分ではない点が指摘できる。さらに、〔史料13〕

発給年月日
同年12月20日
同年12月22日

発給年月日	備　考
同年12月24日	
同年12月25日	別に漆分(611匁)請取あり
同年12月26日	別に漆分(612匁)請取あり
同年12月23日	別に漆分(612匁)請取あり

発給年月日	備　考
同年12月晦日	別に漆分(612匁)請取あり
同年12月23日	別に漆分(612匁)請取あり

右之割	宛　所	発給年月日
貫　文		
0.109	新羽　兵庫	同年12月24日
0.109	新羽村　兵庫	同年12月 9 日
0.109	新羽村　兵庫	同年12月11日
0.043	新羽村　兵庫	同年12月 8 日
0.043	新羽　兵庫	同年12月24日
0.043	新羽村　兵庫	同年12月26日
右ノ弐割	宛　所	発給年月日
貫　文		
0.043	新羽村　兵庫	同年12月29日
0.043	新羽　兵庫	同年12月27日
0.043	新羽村　兵庫	同年12月23日
0.109	新羽村　兵庫	同年12月25日
0.109	新羽　兵庫	同年12月23日
0.109	新羽　兵庫	同年12月28日
右ノ弐割	宛　所	発給年月日
貫　文		
0.109	新羽　兵庫	同年12月26日
0.043	新羽　兵庫	同年12月晦日
0.043	新羽　兵庫	同年12月24日

表18　中山郷神原村の年貢（年貢皆済状による）

年代	永楽（此下綿）	永楽（此漆）	永楽納	合	発給者	宛　　所
	貫　文	貫　文	貫　文	貫　文		
慶長9	2.088(2.320め)	0.490(0.612匁)	23.700	26.278	成瀬権左衛門	中山神ヶ原村百姓中
〃 11	2.088(2.320目)	0.490(0.612匁)	23.735	26.313	〃	中山神原村惣百性中

年代	度々ニ納	本代ニ而納	絹ノ割	紙ノ割	綿ノ割	紙舟役本	右之弐割	宛　　所
	貫　文	貫　文	貫　文	貫　文	貫　文	貫　文	貫　文	
寛永8	23.743	1.624	0.200	0.792	1.008	1.100	0.220	神原　角右衛門
〃 9	18.935	1.624	0.200	0.792	1.008	1.100	0.220	神原村　角右衛門
〃 10	23.888	1.624	0.200	0.792	1.008	1.100	0.220	神原村　角右衛門
〃 11	23.417	1.624	0.200	0.792	1.008	1.100	0.220	神原　角右衛門

年代	度々ニ納	漆ニて納（漆）	〆ニて納（〆）	臨時物	浮やく	宛　　所
	貫　文	貫　文	貫　文	貫　文	貫　文	
寛永14	28.566	0.428(612匁)	0.044(0.22石)	2.000	1.320	神原　角右衛門
〃 15	28.817	0.428(612匁)	0.044(0.22石)	2.000	1.320	神原　角右衛門

註　「神原・黒澤家文書」による。

表19　上山郷新羽村の年貢（年貢皆済状による）

年代	金納	さかり	十分一鐚納	綿本代	絹ノ割	紙ノ割	綿ノ割	紙舟役本
	両　分	貫　文	貫　文	貫　文	貫　文	貫　文	貫　文	貫　文
寛永元	17.1.	0.170	2.234	1.050	0.184	0.146	1.650	0.543
〃 2	16.3.	0.138	2.180	1.050	0.184	0.146	1.650	0.543
〃 3	18.1.	0.086		1.050	0.184	0.146	1.650	0.543
〃 4	10.3.	0.079		0.623	0.140	0.116	0.386	0.213
〃 5	10.0.	0.221		0.623	0.140	0.116	0.386	0.213
〃 6	10.0.	0.126		0.623	0.140	0.116	0.386	0.213
年　代			度々ニ納ル	綿本代ニ而納	絹ノ割	紙ノ割	綿ノ割	紙舟役本
			貫　文	貫　文	貫　文	貫　文	貫　文	貫　文
寛永7			10.619	0.623	0.140	0.116	0.386	0.213
〃 8			10.611	0.623	0.140	0.116	0.386	0.213
〃 9			8.705	0.623	0.140	0.116	0.386	0.213
〃 10			10,619	0.623	0.184	0.146	0.650	0.543
〃 11			10.318	0.623	0.184	0.146	0.650	0.543
〃 12			9.851	0.623	0.184	0.146	0.650	0.543
年　代			金ニ而納	〆1斗ニて納	絹ノ割	紙ノ割	綿ノ割	舟やく本
			貫　文	石	貫　文	貫　文	貫　文	貫　文
寛永13			10.749		0.184	0.146	0.650	0.543
〃 14			12.830	0.020	0.140	0.116	0.386	0.213
〃 15			12.830	0.020	0.140	0.116	0.386	0.213

註　上野村新羽「浅香治男家文書」による。

は上山郷新羽村分であり、やはり上山郷全体分ではない。このように、年貢割付状は各「郷」分であるが、年貢皆済状については、時期により記載様式に違いはあるが、いずれも「郷」内の「村」分になっているのであり、この点で年貢割付状とは異なる発給形態である。

さて、〔史料12・13〕のような様式の年貢皆済状は、神原村の場合には表18のように寛永十五年分まで六ヶ年分が、新羽村の場合には表19のように寛永十五年分まで毎年分が残されている。ところが、寛永十六年分になると次のような年貢皆済状[39]となる。

〔史料14〕

卯之年下山村御年貢請取事
永七貫七百八拾六文　綿本代ニて納
永七貫四百六拾六文　漆ニて納
　此漆拾貫六百六拾六匁
永百九拾文　荏ニて納
　此荏九斗五升
永百六貫八百五拾四文　金にて納
　合百弐拾弐貫弐百九拾六文
　此外臨時・浮役
永三貫四拾四文　絹ノわり
永弐貫三百九拾四文　帋ノ割

永四貫八百弐拾六文　　綿ノ割
永五貫三百拾壱文　　舁舟役本
永壱貫六拾三文　　右之わり
合拾六貫六百三拾八文
納合百卅八貫九百卅四文 此外口銭済(印)
右、請取所皆済也、仍如件、
寛永十六卯十二月廿九日　大与兵(印)
名主・百姓中

この年貢皆済状は、「卯之年下山村御年貢請取事」とあるように、下山郷全体の分である。以後の残存する年貢皆済状については、上山郷・中山郷も含めて表20に表示したとおりであるが、前掲の神原村や新羽村分の年貢皆済状が寛永十五年を下限としていること、各「郷」分の年貢皆済状は同十六年以前には残存しないことから、同年分から「郷」全体の年貢皆済状が発給されるようになったとみてよい。この点は、譲原村および三波川村の場合も同様であり、両村とも寛永十六年分から年貢皆済状が残存している。これにより、少なくとも山中領では寛永十六年以前には、当時の行政村単位に年貢皆済状は発給されていなかったのであり、〔史料10〜13〕のような「郷」内の「村」分の年貢皆済状が発給されていたのである。そして、同年分以降年貢割付状と年貢皆済状が揃って発給されるようになったといえる。なぜ、寛永十六年分から年貢皆済状が発給されるようになったのか、寛永十五年の暮れに代官が大河内金兵衛から伊奈半十郎に交代しており、これを機にしたのであろうことは指摘できるが、それ以上の理由は詳らかではない。なお、年貢割付状の発給者は代官であるが、年貢皆済状の場合は、寛永十六年以前も、同年以後も下代が発給していることを付言しておこう。

さて、年貢割付状は「郷」宛であるが、実際の年貢収取に当たっては「郷」の統括者から直接個々の百姓に賦課されるのではなく、「郷」内の「村」ごとに負担額が決められ、納入責任者（請負人）が存在していたと思われる。慶安五年（承応元、一六五二）の「中山　辰年神原村諸役入目帳」[40]をみてみよう。

発給者	発給年月日
大与兵	同年12月29日
大与惣兵	同年12月
大与惣兵・小庄右	同年12月
大与兵・小庄右	同年12月
〃	同年12月
〃	同年12月
〃	同年12月
〃	同年12月
〃	同年12月

納　合	発　給　者	発給年月日
貫　文 125.685	大伝之丞	同年12月
129.046	大与惣兵	同年12月30日
129.046	〃	同年12月
133.528	〃	同年12月
108.879	〃	同年12月
120.083	〃	同年12月20日
120.083	〃	同年12月
131.267	大与惣兵・小庄右	同年12月

納　合	発　給　者	発給年月日
131.267	大与兵・小庄右	同年12月
125.685	大与兵・小庄右	同年12月
110.685	大与兵・小庄右	同年12月
113.338	大与兵・小庄右	同年12月
123.338	大与兵・小庄右	同年12月

外 浮役	発　給　者	発給年月日
5.725	飯次右	同７年正月27日

臨時	浮役	発　給　者	発給年月日
貫　文 7.918	貫　文 5.725	箕輪忠左衛門	同年12月25日

臨時	浮役	発　給　者	発給年月日
7.918	5.725	箕輪忠左衛門	同３年正月28日
7.918	5.725	〃	同５年２月25日
7.918	5.725	〃	同５年２月25日
7.918	5.725	持橋甚左衛門・持橋又兵衛	同年12月28日

表20　山中領三郷の年貢

(1)　上山郷の年貢（年貢皆済状による）

年代	綿本代ニ而納	荏ニ而納（此荏）	金ニ而納	合	外 臨時・浮役	納　合
	貫　文	貫　文	貫　文	貫　文	貫　文	貫　文
寛永16	5.975	0.150（0.75石）	90.254	96.379	10.146	106.525
承応3		0.350（1.75石）	93.222	93.572	10.146	103.718
明暦元		0.350（1.75石）	93.222	93.572	10.146	103.718
〃　2		0.350（1.75石）	97.822	98.172	10.146	108.318
〃　3		0.350（1.75石）	93.222	93.572	10.146	103.718
万治元		0.350（1.75石）	83.722	84.072	10.146	94.218
〃　3		0.350（1.75石）	83.819	84.169	10.146	94.315
寛文元		0.350（1.75石）	95.319	95.669	10.146	105.815
〃　2		0.350（1.75石）	92.819	93.169	10.146	103.315

註　「楢原・黒澤家文書」による。

(2)　中山郷の年貢（年貢皆済状による）

年代	綿本代ニ而納	漆ニ而納（此漆）	荏ニ而納（此荏）	金ニ而納	合	臨時・浮役
	貫　文	貫　文	貫　文	貫　文	貫　文	貫　文
慶安元	7.439	2.180（3.114匁）	0.422（2.11石）	102.001	112.042	13.643
〃　2	7.439	2.180（3.114匁）	0.422（2.11石）	105.362	115.403	13.643
〃　3	7.439	2.180（3.114匁）	0.422（2.11石）	105.362	115.403	13.643
〃　4	7.439	2.180（3.114匁）	0.422（2.11石）	109.844	119.885	13.643
承応元	7.439	2.180（3.114匁）	0.422（2.11石）	85.195	95.236	13.643
〃　2	7.439	2.180（3.114匁）	0.422（2.11石）	96.399	106.440	13.643
〃　3		2.180（3.114匁）	0.422（2.11石）	114.613	117.215	13.643
明暦元		2.180（3.114匁）	0.422（2.11石）	115.022	117.624	13.643

年代		漆本代（此漆）	荏ニ而納（此荏）	金ニ而納	合	臨時・浮役
明暦2		2.180（3.114匁）	0.422（2.11石）	115.022	117.624	13.643
〃　3		2.180（3.114匁）	0.422（2.11石）	109.440	112.042	13.643
万治元		2.180（3.114匁）	0.422（2.11石）	94.440	97.042	13.643
〃　3		2.180（3.114匁）	0.422（2.11石）	97.093	99.695	13.643
寛文2		2.180（3.114匁）	0.422（2.11石）	107.093	109.695	13.643

年代	本　途	内 漆本代（此漆）	内 荏之本代（此荏）			外 臨時
寛文5	105.695	2.180（3.114匁）	0.422（2.11）			7.918

年代	高辻(永)	高辻(石)	引　高	納高	内漆ニ而納（此漆）	内荏ニ而納（此荏）
	貫　文	石	貫　文	貫　文	貫　文	貫　文
寛文8	128.058	565.29	31.063	96.995	2.180（3.114匁）	0.422（2.11石）

年代				納高	内漆ニ而納（此漆）	内荏ニ而納（此荏）
延宝元				158.571	2.180（3.114匁）	0.422（2.11石）
〃　2				158.571	2.180（3.114匁）	0.422（2.11石）
〃　3				168.729	2.180（3.114匁）	0.422（2.11石）
〃　6				188.639		

大豆納（此大豆）	残高 （上納辻）	発給者	発給年月日
貫 文 0.339（0.848石）	貫 文 206.722	西沢武右衛門	同２年７月６日
0.339（0.848石）	205.920	〃	同年12月
0.339（0.848石）	205.920	〃	同年12月
0.226（1.1318石）	208.842	〃	同３年６月

六尺給米代（此米）	永合	発給者	発給年月日
貫 文 0.531（0.603石）	貫 文 229.501	小宮山勘平	同年５年３月

		発給者	発給年月日
		杉山彦助	同年６年５月
		山本加平太	同年９年７月
		清水勘右衛門	同年10年12月

合	臨時・浮役	納　合	発　給　者	発給年月日
貫 文 122.296	貫 文 16.638	貫 文 138.934	大与兵	同年12月29日
91.014	16.638	107.652	〃	同年12月20日
101.332	16.638	117.970	〃	同年12月
101.332	16.638	117.970	〃	同年12月27日
98.736	16.638	115.374	〃	同年12月
119.645	16.638	136.283	大与惣兵	同年12月

合	浮　役	納　合	発　給　者	発給年月日
貫 文 121.826	貫 文 16.638	貫 文 138.464	大与兵・小庄右	同年12月
111.160	16.638	127.798	〃	同年12月
98.160	16.638	114.898	〃	同年12月
105.498	16.638	122.136	〃	同年12月
98.798	16.638	115.436	〃	同年12月

	外 臨時	外 浮役	発　給　者	発給年月日
	貫 文 10.264	貫 文 6.374	飯田治右衛門他１名	同10年７月28日
	10.264	6.374	飯治右	同10年７月22日
	10.265	6.374	蓑輪忠左衛門	同年12月25日

内 荏ニ而納（此荏）	外 臨時	外 浮役	発　給　者	発給年月日
貫 文 0.438（2.19石）	貫 文 10.265	貫 文 6.374	蓑輪忠左衛門	同年12月25日
0.438（2.19石）	10.265	6.374	〃	同年12月25日

内 荏ニ而納（此荏）	外 臨時	外 浮役	発　給　者	発給年月日
貫 文 0.438（2.19石）	貫 文 10.265	貫 文 6.374	蓑忠左衛門	延宝２年７月19日

年代	納辻(永)	高辻(石)	紙舟絹綿役	綿絹紙売出	納合(年貢辻)	内漆ニ而納（此漆）	内荏ニ而納（此荏）
	貫　文	石	貫　文	貫　文	貫　文	貫　文	貫　文
貞享元	196.018		5.725	7.918	209.661	2.180（3貫114匁3分）	0.422(2.11石)
〃　3	195.218	565.29	5.725	7.918	208.861	2.180（3貫114匁3分）	0.422(2.11石)
〃　4	195.218	565.29	5.725	7.918	208.861	2.180（3貫114匁3分）	0.422(2.11石)
元禄2			5.725	7.918	211.361	2.180（3貫114匁3分）	0.113(0.565石)

年代	取　永	浮役	臨時物	御蔵入用金	上小判替歩賃		口永
	貫　文	貫　文	貫　文	貫　文	貫　文		貫　文
元禄4	206.170	5.725	7.918	1.413	0.875		6.869

年代	六尺給(米)	本途	浮役・臨時物	御蔵前入用	米　合	永　合	外　口永
	石	貫　文	貫　文	貫　文	石	貫　文	貫　文
元禄5	0.613	206.170	13.643	1.413	0.613	221.226	6.594
〃　8	0.604	206.170	13.643	1.413	0.604	221.226	6.594
〃　9	0.633	206.170	13.643	1.413	0.633	221.226	6.594

註　「神原・黒澤家文書」による。

(3)　下山郷の年貢（年貢皆済状による）

年代		綿本代ニ而納	漆ニ而納（此漆）	荏ニ而納（此荏）	金ニ而納
		貫　文	貫　文	貫　文	貫　文
寛永16		7.786	7.466（10貫666匁）	0.190　（0.95石）	106.854
〃　19		7.786	7.466（10貫666匁）	0.219（1.095石）	75.543
〃　20		7.786	7.466（10貫666匁）	0.438　（2.19石）	85.642
〃　21		7.786	7.466（10貫666匁）	0.438　（2.19石）	85.642
正保3		7.786	7.466（10貫666匁）	0.438　（2.19石）	83.046
慶安3		7.786	7.466（10貫666匁）	0.438　（2.19石）	103.955

年代			漆本代（此漆）	荏ニ而納（此荏）	金ニ而納
			貫　文	貫　文	貫　文
明暦2			7.466（10貫666匁）	0.438　（2.19石）	113.922
〃　3			7.466（10貫666匁）	0.438　（2.19石）	103.256
万治元			7.466（10貫666匁）	0.438　（2.19石）	90.256
〃　2			7.466（10貫666匁）	0.438　（2.19石）	97.594
〃　3			7.466（10貫666匁）	0.438　（2.19石）	90.894

年代		本　途	内 漆ニ而納（此漆）	内 荏ニ而納（此荏）	金　納
		貫　文	貫　文	貫　文	貫　文
寛文4		114.383	7.466（10貫660匁）	0.438　（2.19石）	126.617
〃　7		134.521	7.466（10貫665匁）	0.438　（2.19石）	106.409
〃　8		104.621	7.466（10貫666匁）	0.438　（2.19石）	

年代	高　辻	此　永	引　高	残　納	内 漆ニ而納（此漆）
	石	貫　文	貫　文	貫　文	貫　文
寛文9	585.705	144.000	1.328（川欠2件）	142.672	7.466（10貫666匁）
〃　10	585.705	144.000	9.325（日損畠免）	133.347	7.466（10貫666匁）

年　代				納　辻	内 漆ニ而納（此漆）
				貫　文	貫　文
寛文12				170.942	7.466（10貫666匁）

註　「万場・黒澤家文書」による。

〔史料15〕
一とらの年《（慶安三年）》ノ漆さいりやう《（宰　領）》銭之わり《（割）》
五拾五文　おつく　割番角　兵　へ（印）
百三十文　平原　兵左衛門（印）
百九拾六文　神原　角　右　衛　門　分
七拾弐文　魚　尾（印）
五十三文　神　原（印）
四十五文　三津河（印）
十七文　満　物（印）
六文　ミやうけ（印）
百四拾九文　魚尾　内　膳（印）
百拾九文　相原　三左衛門（印）
七拾九文　青梨　善右衛門（印）
八拾七文　舟子　ぬいの助（印）
合八百弐拾九文、鬼石源左衛門殿へ、辰《（慶安五年）》ノ三月三日ニ相原村大蔵使相渡し申候、
（後略）

これは、冒頭の慶安三年分漆宰領銭の部分であるが、以下入目項目ごとに同様に記載されている。表紙には「神原村」とあるが、掲示のように中山郷の村々が記載されている。村ごとに記された人物はそれぞれの村の請負人であり、この場合は諸役入目であるが、年貢の場合に皆済されれば、これら請負人宛に〔史料12・13〕のような年貢皆済状が発給されたといえよう。なお、右の史料では、神原角右衛門分のみ内訳が記されているが、同人分のなかにも魚尾とあり、これは魚尾村からの入作分であろう。三津河（三津川）・満物（間物）・ミやうけ（明家）は、元禄検地後に神原村の枝郷となる村々であるが、この段階で既に神原村に統合されている様子が窺える。

このような年貢収取の在り方は、「郷」宛の年貢皆済状が発給されるようになった寛永十六年以降においても、大きな変化はなかったと思われる。次に掲げるのは寛文元年（一六六一）分の中山郷年貢上納目録[41]である。

〔史料16〕

丑年中山郷皆済之事

一永弐拾八貫四百三拾三文　（神原）角右衛門

永三貫三百弐拾文　うき役

同四百弐拾九文　漆ニ而納

同百六文　荏ニ而納

五貫六百三拾弐匁　塩焇ニ而納
此代八百五文

（中略）

合百拾三貫百九拾五文　丑ノ納

合拾三貫六百四拾三文　うき役

合弐貫百八拾文　漆ニ而納

合四百弐拾弐文　荏ニ而納

合弐拾弐貫三百八拾七匁　塩焇ニ而納
此代三貫百九拾八文

寛文元年丑ノ
極月十日

御代官様

このような記載形式で、中略部分には杢兵衛（平原）・二郎右衛門（魚尾）・佐次右衛門（相原）・平左衛門（尾付）・茂左衛門（舟子）・善右衛門（青梨）の六名の請負人が記され、最後に中山郷分として集計されている。同様の上納目録は下山郷の寛文二年分[42]も残されており、冒頭の万場村と思われる部分が一部欠損しているが、以下「柏木村　治部」「生利村　長右衛門」「麻生村　八郎兵衛」「黒田村　所左衛門」「小平村　忠右衛門」「青梨村　次郎兵衛」と、「村」ごとの年貢量とその請負人が記され、最後に「下山村」として集計され、「御代官様」宛になっている。こうした請負人が村の統合の過程で名主に任命されるなど、行政機構の整備が進むのであり、寛文期には、肩書が記されなくても名主であった可能性があることは第一部第一章第三節1で指摘したとおりである。

年貢の内容についても若干触れておこう。前掲〔史料10〕は、中山郷神原村の慶長九年分年貢皆済状であるが、金納分とともに綿（下綿）・漆が現物で上納されていたことが知られる。次に掲げる史料は、同じ神原村の慶長十九年（一六六四）「中山神原村ヿ御年貢勘定帳[43]」の冒頭部分である。

〔史料17〕

よのふ（魚尾）百姓前

高九貫四百七拾四文

此内六百拾九文　七分引

残八貫八百五十四文　ヿノ納

此内納分

永三百六拾四文　わた（綿）五百六十め

永百七拾八文　　　　漆弐百五十五匁
永八百卅壱文　　　　此ひた《鐚》三貫三百廿四文
永七貫四百八十一文　金子
　合八貫八百五十四文

　太郎左衛門尉
高壱貫三百卅八文　此内八十七文　引
　残壱貫仁百五十一文　刁ノ納
　此内
永百卅文　　　　わた弐百目
永百拾弐文　　　此ひた四百四十八文
永壱貫九文　　　金子
　合壱貫仁百五十一文
（後略）

このような記載形式で、このあとに二〇名分が続いている。最初の「よのふ《魚尾》百姓前」は、隣村魚尾村からの入作分かと思われるが（〔史料15〕にも、神原角右衛門分のなかに「魚尾」分が含まれていた）、それによると「七分引」とあって、この年は七％の控除があったことがわかる。太郎左衛門尉についても、「引」としか記されていないが、計算すると七％引になる。この年は下山郷・譲原村でも七％の「損免引」であったことが年貢割付状から知られ（前掲表15

参照）、中山郷でも同率の「損免引」が適用されていたといえる。

　そして、実際の納入には綿・漆の現物納がある点は、年貢皆済状の記載と同じである。それとともに、金納の部分が「鐚」と「金子」に分けられているが、鐚納分は約一割程になる。これは、〔史料13〕に「十分一鐚ニ而納」とあるように、一割を鐚銭で納める規定であったためと思われる。なお、永と鐚との換算比は一対四であり、幕府公定の換算比となっている。

　寛永十六年の年貢皆済状（史料14）をみると、一部を漆・荏の現物で納入しているとともに、「綿本代ニて納」という項目があるが、これは〔史料12・13〕にもみえており、記載形式からみて現物納ではないようである。そこで、〔史料10〕に遡ると、漆とともに綿が現物納されているが、この綿の現物納分が代金納となり、「綿本代」として記されるようになったのではないか。

　また、年貢皆済状には、いわゆる小物成に当たる「臨時・浮役」(44)が記されており、口銭も加わっている。「臨時・浮役」が年貢割付状に記されるのは寛文四年（一六六四）からであるが（表12・13参照）、年貢皆済状によれば、それ以前から賦課されていたのであり、遡れば寛永元年（一六二四）には既に賦課されている（〔史料13〕および表19参照）。絹・紙・綿に対する「割」とは、売上げに対する課税と思われ(45)、これら三品が換金用に生産・販売されていたことを示すものであろう。紙に関しては、その製造用具である「紙舟」（紙漉船）に対しても課税されていたのである。

4　永高法から反取法へ

　既にしばしば述べているように、山中領・日野領では元禄年間に、慶長検地につぐ総検地が実施され、山中領における検地は下山郷・中山郷で元禄七年（一六九四）、上山郷で同十年（検地帳は、ともに同十一年作成）、日野領においては同九年であった。この検地に伴い徴租法にも大きな転換がもたらされたので、以下ではこの点について触れることにしたい。

なお、西牧領・南牧領では、山中領・日野領より早く延宝六年（一六七八）に総検地があった。また、鬼石領の譲原村・三波川村では、慶長検地以降に総検地が行なわれなかったことは前述のとおりである。和泉氏は、武州秩父郡、上州緑野郡・甘楽郡では寛文・延宝期に石高制検地が行なわれた旨を述べているが(46)、上州については本節2で指摘した点も含め、不正確な記述である。武州秩父郡についても、表9には一部の村で寛文二年（一六六二）検地があるが、それより前の慶安五・明暦元年（一六五二・五五）にもみられる。実は、秩父郡では大半の村が慶安五年または明暦元年に検地を受けているのである(47)。

さて、それでは総検地後に徴租法はどのように変化したのであろうか。山中領では、元禄検地によって、それまでの三「郷」（上山・中山・下山）が解体し、二二の「村」が行政村として成立した。これによって、年貢割付状は、それまでの「郷」宛から二二の各「村」宛になり、その記載様式も次掲のようになる(48)。

〔史料18〕

新羽村申御年貢割付之事

一高八拾三石八斗八升三合　　畑屋敷

此反別弐拾六町七反八畝歩

此わけ

上畑壱町五畝拾三歩
取永弐貫弐百六拾七文　　弐百拾五文取

中畑弐町六畝廿三歩
取永四貫五拾三文　百九拾六文取
下畑三町壱反七畝三歩
取永五貫五百八拾壱文　百七拾六文取
下々畑三町七反八畝壱歩
取永五貫百三文　百三拾五文取
山畑弐町弐反六畝拾壱歩
取永壱貫九百弐拾四文　八拾五文取
桑畑三反七畝歩
取永弐百三拾七文　六拾四文取
楮畑三町弐反拾三歩
取永弐貫五拾壱文　六拾四文取
切代畑拾町壱反五畝拾六歩
取永三貫百四拾八文　三拾壱文取
屋敷七反壱畝拾歩
取永壱貫四百五拾五文　弐百四文取
小以永弐拾五貫八百拾九文

外

一永弐百弐拾壱文　百姓林銭
此反別七町三反八畝九歩
一永六文　百姓藪銭
此反別三反拾八歩

一永五百弐拾三文　紙舟役
一永七拾六文　絹売出
一永四百六拾九文　綿売出
一永百拾七文　紙売出
小以永壱貫四百拾弐文
永納合弐拾七貫弐百三拾壱文
右納次第
永拾七文　荏　納
此荏八升四合
永三拾四文　大豆納
此大豆壱斗六升八合
永弐拾七貫百八拾文　金　納
右之通、当御成ケ相究間、村中大小之百姓幷出作之者迄不残立会、無高下割合之、来ル極月十日以前、急度可致皆済者也、
宝永元年申十一月　野田三郎左衛門(印)
上州甘楽郡山中領
新羽村
名　主

惣百姓

第21　上山郷新羽村の斗代と反永

	元禄検地斗代（永高）	年貢割付状反永	
		宝永元年	宝永３年
上　畑	8斗（160文）	215文	195文
中　畑	6斗（120文）	196文	176文
下　畑	5斗（100文）	176文	155文
下々畑	4斗（ 80文）	135文	126文
山　畑	4斗（ 80文）	85文	77文
桑　畑	2斗（ 40文）	64文	58文
楮　畑	2斗（ 40文）	64文	58文
切代畑	1斗（ 20文）	31文	27文
屋　敷	8斗（160文）	204文	195文

註　斗代は元禄12年「新羽村西組名寄帳」（上野村新羽「茂木市太郎家文書」）、年貢割付状は上野村新羽「浅香治男家文書」による。

右には、上山郷新羽村の宝永元年（一七〇四）年貢割付状を掲げた。このように、畑地の等級ごとに面積を記すなど記載内容も詳細になっているが、ここで注意すべきは、各等級ごとに一反当たりの取永高（反永）が記されている点である。すなわち、反取法になっていることが判明するのである。「納次第」にみられるように、実質的な納入方法は基本的に変化なく継続されているが、賦課方法には永高法に代わって反取法が導入されたのである。東上州の桐生領でも、寛文年間の総検地後に反取法が取り入れられ、永高法は廃止されている。(49)秩父領太田部村でも、寛文二年（一六六二）の総検地を機に反取法になっており、(50)武州における永高制施行地域でも、慶安・明暦・寛文期の総検地を機に、永高法から反取法に切り替わったものと思われる。西上州の山中領・日野領では、元禄検地を機にそうした転換がなされたのであった。

さて、元禄検地帳には、等級ごとに「斗代」および「分米」が記載されていて、「分米」を集計した村高は当然石高で表記されている。これによって、寛文六年（一六六六）の際のような形式的な石高への切り替えではなく、検地を通じた石高把握がなされたのである。しかしながら、検地後の年貢収取に当たっては反取法が導入されたために、年貢割付状では「斗代」ではなく「反永」が記されることになったといえよう。表21は、新羽村の元禄検地での「斗代」と、その後の年貢割付状による「反永」をみたものであるが、「斗代」には一貫文＝五石替によって換算した永高も併記した。この表によれば、「斗代」を永高に換算した数値よりも「反永」のほうが高い数値になっている。すなわち、永高でみれば年貢高が村高を上回ることになるのであり、これは桐生領においても同様である。なお、譲原村・三波川村では反取法は導入されず、〔石高→取永方式〕の年貢割付状が江戸時代を通じて発給されていたが、これはむしろ例外で、多くは総検地を機に反取法による年貢収取が一般的になったのである。川鍋氏は、本節冒頭で述べたように、関東幕領における厘取法から反取法への転換を問題にしているが、永高法もまた反取法へと転換されたのである。

三　換金構造と「生産力」

前節2の最後に述べたように、和泉氏は寛文検地の段階までに村落の「生産力」が限界に達していたとしているが、それではそれ以降の年貢増徴の説明がつかないのではないか。また、元禄検地の「斗代」が「生産力」に応じたものであったとしたら、増徴（の継続）はいかにして可能になったのであろうか。そこで、永高制下の貨幣獲得の問題とも関わらせて、生産活動について若干の検討をしておくことにしたい。

永高制下において年貢は金納が原則であり、そのための貨幣獲得の場としても市の存在は不可欠であった[51]。山中領上山郷の白井は、信州へ向かう十石街道の番所が置かれるとともに、市が開かれる場所でもあった。延宝五年（一六七七）の「市日定書」[52]によれば、白井では信州から入る雑穀が山中領や秩父領の人々によって売買されていたが、定まった市の開設日がなかったため、この年に一月に七日の開市と定めたという。鬼石領の鬼石村にも市が開設されており、時代は降るが天明九年（一七八九）の譲原村差出[53]によれば、同村では鬼石の六斉市で紙・薪を売り、麦・米・塩・茶、その他「入用之品々」を購入していた。そして、神流川を挟んだ武州側の渡瀬町の六斉市へも絹・薪等を売り出し、麦・米・塩・茶等を購入したという。下山郷の中心にある万場村についても、延宝三年（一六七五）の質地手形に[54]「万場上町」とあり、また元禄十年（一六九七）の口上書に[55]「万場村下町」「上町」とあるなど、万場村のなかに町場が形成されていたことが窺える。

さて、こうした市によって、雑穀を中心とした食料等の購入とともに貨幣獲得がなされていたのであるが、貨幣獲得の在り方についてもう少し触れておくことにしたい。寛永の初め頃の小物成に絹・紙・綿に対する付加税がみられるのは、その頃それらが産物として売り出されていたことを反映していると思われるが、次に示すのは繭の盗難に関する史料[56]である。

〔史料19〕

乍恐以書付を申上

一先月廿五日ニ、拙者江戸へ参候とて、余能（魚尾）村長右衛門と申者之處ニとまり申候、長右衛門申様ハ、殊外盗人はやり、相原ニてたれ〳〵、余能ニてたれ〳〵、まい（繭）被盗候と物語仕候ニ付而、拙者もまいたくさんニ持、不用陣（心）ニ候間、是ゟ宿へ罷帰り能々用陣可申付と申候へハ、長右衛門申候ハ、明日、則藤倉ゟ神河原へ、角右衛門処へ金子済シニ参申候ほとに、慥ニ用陣之事可申候間、心安江戸へ可参と被申候間、左候ハヽ、頼入申候、乍去り藤倉之不参候ハヽ、いかゝと存候間、只帰り可申付と申候へハ、藤倉ゟ不参候ハヽ、態と参かたし〳〵（くカ）可申候間、気遣仕間敷と申ニ付而、拙者ハ江戸へ罷越候、同廿八日之夜、拙者処ニてまい・金子五両か被盗申候、藤倉之者廿六日ニ角右衛門処へ金子すましに参候ニ付而、長右衛門も同道仕候、角右衛門処と拙者處ハのきならびニて御座候得共、右之用陣之事終ニ不被申候儀者、不審ニ存申候、長右衛門御召出シ様子御尋之上、所仰ニ奉存候、以上、

萬治三年
子ノ九月廿一日

山中中山神川原村
善右衛門(印)

御代官様

(裏書)
「表書之通日安上候、早々致返答書、双方名主同道仕罷出、可遂対決候、已上、

子九月廿二日

大与兵(印)
新孫兵(印)
小又十

魚尾村
長右衛門

」

山中領中山郷神川原（神原）村の善右衛門が、八月二十五日、江戸へ出掛ける途次に宿泊した隣村余能（魚尾）村の長右衛門方で、盗人が流行り相原村や余能村で繭が盗まれたという話を聞いた。そこで、繭を大量に所持していた善右衛門は、一旦引返して（家人にであろう）用心を申し付けようとしたところ、長右衛門がいうには、明日藤倉から神河原（神原）の角右衛門方に金子を払いにゆく序でに、用心のことを伝えるから安心して江戸へ行くようにとのことであったので、善右衛門は長右衛門に後事を託して江戸へ出掛けた。ところが、二十八日の夜に善右衛門方の繭と金子が盗まれた。そして、藤倉の者に同道してきた長右衛門が、用心のことを伝えていなかったのは不審であるので、同人を尋問してほしい、というのが文面の大要であるが、この一件から繭が有効な換金用産物であったこと、それ故に盗難も多発していたことが窺える。

繭・絹・綿といった養蚕の発達を背景にした換金用産物とともに、当地域では薪炭類や板・材木といった林産物の生産・販売も重要な現金獲得手段であった。次の史料は、浜平村の材木販売をめぐる訴願の取決証文(57)である。

〔史料20〕

手形之事

一浜平山内之儀、山奥之儀ニ御座候得ハ、地はゞ無御座候ニ付而、跡々ゟ板・材木を仕売ニ致シ、身命を送り来り候所ニ、近年大瀧筋なと材木御とめ被遊候ニ付、御とかめも御座可有かと存買人ニも無之、殊ニ我々も仕兼罷有候、就其、以来ハ取出し申材木ニ十分一之御役指上ヶ、御訴詔申上、弥家職ニ仕度存候得共、手前不叶者共ニて、遣金・路金支度不罷成候ニ付延引仕候故、貴殿を頼入申候へハ御合点被成、御訴詔ニ御出忝存候、殊ニ御訴詔之入目者不及申、万事御苦労かけ申候間、御訴詔相叶材木仕候者、中三年之内ハ貴殿へ計売可申候、如此相定諸事入目等貴殿御まかなひ、其上御苦労かけ申上者、少も違乱申間敷候、為後日仍如件

寛文八年申ノ拾月十二日

浜平村
名主　長右衛門(印)
拾左衛門(印)
新兵衛(印)
彦左衛門(印)
九郎右衛門(印)
五左衛門(印)

神原村
兵太夫殿まいる

このように、以前から「身命を送」る手段であった「板」「材木」の売買が行なわれなくなったので、浜平村ではその再開を訴願することにした。しかし、訴願のための費用の準備ができず延期になっていた。そこで、神原村の兵太夫に訴願を依頼し、訴願費用についても同人に頼ることになり、そのための条件として、訴願が聞き入れられたな

らば三年間は兵太夫だけに材木を販売することを約束している。次の史料は、板の採取をめぐる詫証文である。[58]

〔史料21〕

手形之事

一いたふりはミ七まかけめ近所之義ハ、御巣鷹山近所ニ而御座候ニ付、前々ゟ黒木之義者御立置候所ニ、此度我等さゝ板をとらセ候を御聞被成、御断被遊候ニ付迷惑仕、中山名主・年寄衆頼入訴詔仕候ヘ者、此度我侭ニさゝ板為取候科之義御延被下候、忝奉存候、重而惣而我侭之義仕間敷候、若我侭之義致候者、何分ニ被仰付候共御恨ニ存間敷候、為後日仍如件、

天和三年亥ノ
三月六日

魚尾村
忠兵へ(印)
七兵へ(印)
(一一名略)

土屋兵太夫殿

とあって、中山郷魚尾村の忠兵衛が、御巣鷹山付近で「黒木」を伐採し、「さゝ板」(笹板)を採取したことを咎められ、割元に差し出した詫証文である。山中領には御巣鷹山が点在しており(第二部第一章参照)、右の史料にもあるようにしばしば御巣鷹山やその近辺で山荒しが発生したが、それは主として材木の盗伐であった。山中領における林産物や材木の生産・販売については、第二部第三章で詳しく取り上げるが、材木として売り出すとともに、笹板などに加工して売り出していたことが、右にあげた幾つかの史料からも断片的ながら窺える。

以上のような養蚕や林産物・材木の生産・販売によって年貢の金納も実現されていたのであり、そうした生産活動

の進展こそが、山村における「生産力」の発展であり、年貢増徴を可能にした背景といえるのではないか。

おわりに

以上、山中領を中心に鬼石領三波川村・譲原村の事例も加えて、永高制による検地と年貢収取についてみてきた。永高制の基盤を形成した初期検地については、文禄三年（一五九四）を中心とした大久保検地、慶長三年（一五九八）を中心とした伊奈検地がみられ、両者の検地を受けた村も存在した。山中領では、慶長三年の伊奈検地が徳川氏による最初の検地とされているが、それ以前に大久保による文禄検地が実施された可能性を指摘するとともに、山中領や鬼石領・日野領における慶長伊奈検地は、伊奈氏が自らの支配所を対象に実施した検地ではないかと推測した。

年貢収取に関しては、年貢割付状の様式変化をもとに時期区分を設けて、永高法による年貢収取の変遷を検討したが、元禄年間の総検地を機にした反取法への転換を含めて、改めて確認すれば次のようになる。

①慶長四年～寛永十三年　永高法〔損免方式〕
②寛永十四年～寛文六年　永高法〔割増・割引方式〕
③寛文七年～元禄検地　永高法〔石高→取永方式〕
④元禄検地以降　反取法

ただし、元禄検地の実施されなかった三波川村・譲原村では永高法〔石高→取永方式〕が継続された。また、同じく永高法が施行されていた桐生領と比較すると(59)、同領では〔損免方式〕から寛永年間に〔割増・割引方式〕に変わり、さらに寛文検地後に反取法になっている。桐生領では〔石高→取永方式〕の時期がなく、その時期には反取法に転換しており、寛文検地の有無が山中領の場合との相違の要因といえよう。

永高法のもとでの年貢収取の特徴は、〔損免方式〕では村高が年貢高より少なくなることはないが、〔割増・割引方式〕では割増の年は年貢高が村高を上回り、割引の年では村高が年貢高より多くなる。〔石高→取永方式〕では、石高記載の導入によって、常に取永高が村高を上回り、実際に年貢の増徴が顕著であった。反取法のもとでは、反永が斗代より高く設定されていたために、年貢高が村高を上回ることになるが、〔石高→取永方式〕によって出現した年貢高が村高を上回る状態が、反取法のもとでも方法を変え維持されたといえる。

そうした年貢増徴を可能にした背景として、養蚕や林産物の生産・販売の展開について、不充分ながら明らかにするなかで、石高だけでは把握しきれない「生産力」の発展を想定した。

註

（1）拙著『近世前期の幕領支配と村落』（巌南堂書店、一九九三年）第三編

（2）和泉清司著『徳川幕府成立過程の基礎的研究』（文献出版、一九九五年）第三篇「徳川領国における石高制と永高制の成立」、川鍋定男「近世前期関東における検地と徴租法」（『神奈川県史研究』四二、一九八〇年）、神立孝一著『近世村落の経済構造』（吉川弘文館、二〇〇三年）Ⅰ第二章「関東「畑方永納制」の成立と変遷」、児玉典久「近世前期武蔵幕領における伊奈氏の徴租法と年貢収取―秩父郡太田部村、葛飾郡下野村・平須賀村の事例―」（『文書館紀要』五、埼玉県立文書館、一九九一年）、木村礎編『封建村落　その成立から解体へ―神奈川県津久井郡―』（文雅堂銀行研究社、一九五八年）など。

（3）拙稿「上州桐生領における永高制の変遷―「山中入」地域を対象に―」（『群馬歴史民俗』一五、一九九四年）

（4）拙稿「西上州幕領における永高検地と年貢収取」（『群馬歴史民俗』一九、一九九八年）。

（5）大舘右喜「徳川幕府直轄領における近世初期検地帳の研究―貫文制記載慶長検地帳の分析―」（『国史学』七二・七三合併号、一九六〇年、のち同著『幕藩制社会形成過程の研究』校倉書房、一九八七年、所収）

（6）和泉清司「近世初期関東における永高制について―武蔵を中心に―（上）」（『埼玉地方史』一〇、一九七九年、のち註（2）和泉

著書所収）

（7）和泉氏は、註(6)論文の永高検地一覧表において、角田将監を検地役人とする境村・羽村の検地を伊奈検地としている。しかし、同論文所収の註(2)著書の一覧表（七九三〜七九七頁）では、境村を大久保検地と訂正しているが、羽村については伊奈検地のままである。

（8）註(2)和泉著書所収の一覧表（七九三〜七九七頁）参照。

（9）表9のうち児玉郡太駄郷の大久保検地帳については、註(2)和泉著書では二段記載になっているが（七九三頁）、『児玉町史』近世資料編所収の同検地帳では一段記載である。

（10）大舘氏は註(5)論文で、伊奈検地の事例として秩父郡黒谷村検地帳をあげ、これを慶長三年としているが、検地役人には角田将監を始め、註(12)の譲原郷の文禄三年検地役人と同じ四名が名を連ねており、この検地帳は大久保検地によるもので、年代も文禄三年ではないか。これが妥当ならば、同論文によればこの検地帳は二段記載なので、大久保検地による二段記載検地帳の一例となる（なお、註(5)著書ではこの検地帳について言及した部分は削除になっている）。一方、和泉氏はこの黒谷村検地帳を、註(2)著書所収の永高検地一覧表（七九三〜七九九頁）には、文禄年間にも慶長年間にも掲載していない。但し、慶安六年の検地として同村検地帳が載っており、これが該当するのであろうか。

（11）註(2)和泉著書八〇六頁

（12）両検地帳は、群馬県藤岡市譲原「山田松雄家文書」（群馬県立文書館寄託）二七四・二七五。文禄三年検地の検地役人は角田将監・窪嶋六兵衛・河井新六・成瀬作平の四名、慶長三年検地の検地役人は成瀬権助・永田甚左衛門・都筑権兵衛・平岩二蔵・岡田五郎助・岡次助の六名である。

（13）註(2)和泉著書八〇七頁

（14）同右八〇八頁

（15）同右八〇六頁

（16）現在のところ検地帳は見出されていないが、次のような史料が残されている（「万場・黒澤家文書」六八四）。

慶長三年戊戌卯月廿二日

上州山中上山之郷御地詰（坪カ）増入之帳

黒澤佐左衛門
同　才十郎(カ)写

このように記された紙片であるが、〔史料1〕の譲原村検地帳の表紙の記載と比べれば、山中領上山郷の慶長検地帳の表紙を写したものといえるのではないか。

(17) 拙稿「村の歴史を編むということ—上州緑野郡三波川村の「年代記」をめぐって—」(佐藤孝之編『古文書の語る地方史』(天野出版工房発行、吉川弘文館発売、二〇一〇年)参照。
(18) 註(2)川鍋論文
(19) 註(2)和泉・神立論文
(20) 註(2)児玉論文
(21) 註(3・4)拙稿。拙稿「上州における伊奈忠次の年貢割付状」(『近世史藁』三、近世村落史研究会、二〇〇七年)参照。なお、上州では、初期の沼田藩(真田氏)においても「永高」が採用されていた時期があった(拙稿「上州近世史研究に関する二、三の問題—初期の「領」及び永高制に関連して—」『地方史研究』一九〇、一九八四年)。
(22) 三波川村の年貢の変遷については、高見沢保「緑野郡三波川村永高検地と近世初期年貢割付の変遷について」(『群馬文化』二五三、一九九八年)がある。
(23) 拙稿「上州山中領上山郷の慶長期の年貢割付状」(『群馬歴史民俗』三〇、二〇〇九年)参照。
(24) 「楢原・黒澤家文書」六六九
(25) 〔史料3〕は「万場・黒澤家文書」四七、〔史料4〕は同六〇
(26) 「万場・黒澤家文書」八八
(27) 「万場・黒澤家文書」一四〇
(28) 図4は、表10~14に示した年貢割付状によっているが、山中領三ヶ村については年貢皆済状も利用した。また、三波川村の年貢割付状が残存しない年次については、成立年代未詳の慶長四年~寛文十一年年貢高書上(群馬県藤岡市三波川「飯塚馨家文書」〈群馬県立文書館寄託〉一七四五)により補っている。
(29) 三波川「飯塚馨家文書」八一一

(30) 註(2)和泉著書八一五～八二四頁
(31) 同右八二四頁
(32) 同右七九七頁の表。高山村では元禄九年（一六九六）、譲原村・三波川村では実施されなかった（表9参照）。なお、同表のうち桐生領の勢多郡沢入村・山田郡小平村も寛文六年となっているが、沢入村は寛文七年、小平村は寛文九年である。
(33) 山田武麿著『上州近世史の諸問題』（山川出版社、一九八〇年）一四九頁
(34) 「神原・黒澤家文書」四〇
(35) 譲原「松田松雄家文書」七八四
(36) 註(2)和泉著書八一二頁　山田氏も、実測はなく形式的な石高換算であったとしている（註(33)山田著書一四九頁）。
(37) 註(2)和泉著書八一三頁
(38) 〔史料10〕は「神原・黒澤家文書」四、〔史料11〕は同五、〔史料12〕は同六、〔史料13〕は群馬県多野郡上野村新羽「浅香治男家文書」一五　これらの皆済状には、各項目（一つ書）の上部に割印が押されている。なお、一四四頁に表示するように、〔史料11〕と同様な形態の元和四・五年分年貢請取状が残っており、これら一点一点は村全体分ではないと思われる。
(39) 「万場・黒澤家文書」五五
(40) 「神原・黒澤家文書」一一
(41) 「神原・黒澤家文書」二二
(42) 「万場・黒澤家文書」九九　もう一点、前欠ではあるが寛文三年分も残存する（「万場・黒澤家文書」一〇〇）。同年分は、村ごとに年貢量を書上げ、最後に集計を出し、「下山」として八右衛門・八左衛門・長右衛門・八郎兵へ・所左衛門・忠右衛門・五郎兵への七名が連署して、「御代官様」宛になっている。
(43) 「神原・黒澤家文書」二
(44) 和泉氏は「臨時浮役」を〝臨時の浮役〟と解しているが（註(2)和泉著書八一八頁）、これは「臨時」と「浮役」の二種をいう。〔史料12〕を例にとれば、「絹ノわり」「紙ノわり」「綿ノわり」が「臨時」になり、「舟役本」「右ノわり」が「浮役」となる。のちには「臨時」は「絹綿紙売出」、「浮役」は「紙舟役絹綿代」とも称した。
(45) 「臨時」は、註(44)でも述べたように「絹綿紙売出」とも称し、「売出」に対する課税である。

(46) 註(2)和泉著書八二四頁
(47) 埼玉新聞社編『秩父地方史研究必携』Ⅱ近世一〇五頁、『大日本地誌大系　新編武蔵風土記稿』第十二巻(雄山閣出版)参照。
(48) 新羽「浅香治男家文書」三三
(49) 註(3)拙稿
(50) 註(2)児玉論文
(51) 上州における近世初期の市については、和泉清司「戦国期から近世初期における市の存在形態—上野国を中心に—」(地方史研究協議会編『内陸の生活と文化』雄山閣出版、一九八六年、のち同著『近世の流通経済と経済思想』岩田書院、一九九八年、所収)があり、山間部における年貢金納と市について言及している。杉森玲子「元禄〜享保期における商人の往来—上州西部を事例として—」(『群馬歴史民俗』一七、一九九六年、のち同著『近世日本の商人と都市社会』東京大学出版会、二〇〇六年、所収)は、下仁田市を主たる対象に市・宿の機能と商人の動向を分析している。また、神立孝一氏は武州三田領を事例に換金と市の在り方を検討している(神立註(1)書Ⅲ第一章「「領」域と市場圏」)。
(52) 『群馬県史』資料編9〈近世1〉三七四号
(53) 註(35)に同じ。
(54) 「万場・黒澤家文書」一八六
(55) 「万場・黒澤家文書」二三七
(56) 「神原・黒澤家文書」二〇八
(57) 「神原・黒澤家文書」二六
(58) 「神原・黒澤家文書」二三五
(59) 註(3)拙稿

中山郷神原・中青梨・平原村の年貢（年貢請取状による）

内　訳	金　額	宛　所	発給年月日	備　考
元和４年分				
年貢金	５両３分	神原郷七郎左衛門	元和4.12.5	
年貢金	７両２分	神原村角右衛門	元和4.12.5	
年貢金	３両３分、永楽10文	神原村七郎左衛門	元和4.12.25	
年貢金	８両１分	神原村角右衛門	元和4.12.27	
年貢漆	612匁	神原村角右衛門	元和4.12.28	
絹紙綿之割	8.300文	神原村角右衛門・百姓中	元和4.12.27	
元和５年分				
年貢金	15両３分(度々ニ納)	神原村角右衛門	元和5.12.28	
年貢綿本代	1.624文	神原村角右衛門	元和5.12.28	魚尾百姓分を含む
年貢金	８両３分	神原之内魚尾百姓中	元和5.12.28	
年貢銭	10文	神原之内魚尾百姓中	元和5.12.28	
年貢金	９両２分	中青梨村隼人	元和5.12.27	
年貢銭	68文	中青梨村はやと	元和5.12.27	
絹紙わた割	723文	中青梨村はやと	元和5.12.27	
紙舟役同割	396文	中青梨村はやと	元和5.12.27	
寛永７年分				
年貢金	50目	平原　平兵衛	寛永7.12.20	

註 「神原・黒澤家文書」による。

第二部　林野支配の変遷と林野利用の展開

第一章　御巣鷹山制の展開

一　御巣鷹山と御鷹見

1　御巣鷹山の概況

山中領には御巣鷹山（御鷹山）が設定されていて、その支配のために御鷹見が存在していたが[1]、山中領の御巣鷹山については中島明氏の先駆的な研究があり[2]、『群馬県史』（通史編）や『群馬の林政史』、『上野村の歴史』でも概略が述べられている[3]。一方、須田努氏が石高外領域への公儀支配の浸透と役負担という観点から、本格的に山中領の御巣鷹山を取り上げているが[4]、これらの成果を踏まえつつ、本章では山中領の御巣鷹山制について改めて確認し、その変遷を辿っておきたい。

まず、表22によって最終的な段階の御巣鷹山の状況を確認しておこう。表示のように、山中領全体で三六ヶ所の御巣鷹山が設定されていたのであるが、その大半は上山郷に存在していたことがわかる。とりわけ最奥部になる楢原村・乙父村には全体の半数におよぶ御巣鷹山が集中していた。在地において、これらの御巣鷹山の支配に当たっていたのが御鷹見であるが、上山郷の御巣鷹山は楢原村の枝郷浜平と野栗沢村の御鷹見が担当し、中山郷・下山郷の御巣鷹山は平原村の枝郷八倉と神原村の御鷹見が担当していた。そして、上山郷の場合には、楢原村の全部と乙父村のうち笠丸御巣鷹山が浜平御鷹見の管轄、それ以外の御巣鷹山が野栗沢村御鷹見の管轄であった。
なお、大入道御巣鷹山は南牧領檜沢村に所在するが、浜平御鷹見の管轄下に置かれていたため、山中領の御巣鷹山に含められていた。一方、御鷹見の存在しない下山郷生利村の千乃沢御巣鷹山に関しては、次のようにいわれている。

表22　山中領の御巣鷹山一覧（享保５年）

郷	村名	山名	御巣鷹山名	ヶ所数	御鷹見の村
上山郷	楢原村	浜平山	鷹之巣御鷹山	１ヶ所	浜平
			板小屋御巣鷹山	１ヶ所	
			長岩御巣鷹山	１ヶ所	
			みさこの尾根御巣鷹山	１ヶ所	
		中沢山	品塩御巣鷹山	１ヶ所	
			舟か坂御巣鷹山	１ヶ所	
		黒川山	かひど沢御巣鷹山	１ヶ所	
			長そり御巣鷹山	１ヶ所	
		塩野沢山	所日影御巣鷹山	１ヶ所	
南牧領檜沢村		檜沢山	大入道御巣鷹山	１ヶ所	
上山郷	乙父村	乙父村山	笠丸御巣鷹山	１ヶ所	
		住居付山	鍋わり御巣鷹山	１ヶ所	野栗沢
			所かや御巣鷹山	１ヶ所	
			高居瀬御巣鷹山	１ヶ所	
		乙父沢山	高はら山御巣鷹山	１ヶ所	
			姥神尾根御巣鷹山	１ヶ所	
			小鷹之巣御巣鷹山	１ヶ所	
			中之沢御巣鷹山	１ヶ所	
			矢はつ沢御巣鷹山	１ヶ所	
	乙母村	乙母村山	峯林御巣鷹山	１ヶ所	
			姥か懐御巣鷹山	１ヶ所	
			うるひ畑御巣鷹山	１ヶ所	
	勝山村	勝山村山	岩崎御巣鷹山	１ヶ所	
	新羽村	野栗山	長畑そへノ御巣鷹山	１ヶ所	
	野栗沢村	野栗沢山	大なけ石御巣鷹山	１ヶ所	
			岩くらす御巣鷹山	１ヶ所	
			くらかと御巣鷹山	１ヶ所	
中山郷	平原村	山室山	から松御巣鷹山	１ヶ所	八倉・神原
			いで御巣鷹山	１ヶ所	
			大栗山御巣鷹山	１ヶ所	
		橋倉山	柏木はヽ御巣鷹山	１ヶ所	
		上谷山	世沢かくら御巣鷹山	１ヶ所	
	平原村 魚尾村 舟子村	持倉山 魚尾山 椹森山	あいのかや御巣鷹山	１ヶ所	
下山郷	舟子村	椹森山	大和田峯御巣鷹山	１ヶ所	
	塩沢村	塩沢山 高塩山	赤久縄御巣鷹山	１ヶ所	
	生利村	生利村山	千乃沢御巣鷹山	１ヶ所	御鷹見なし

註　「神原・黒澤家文書」72による。但し、「御鷹見の村」については、浜平「高橋真一家文書」97・190、「万場・黒澤家文書」382等による。

図５　山中領の御巣鷹山・御林

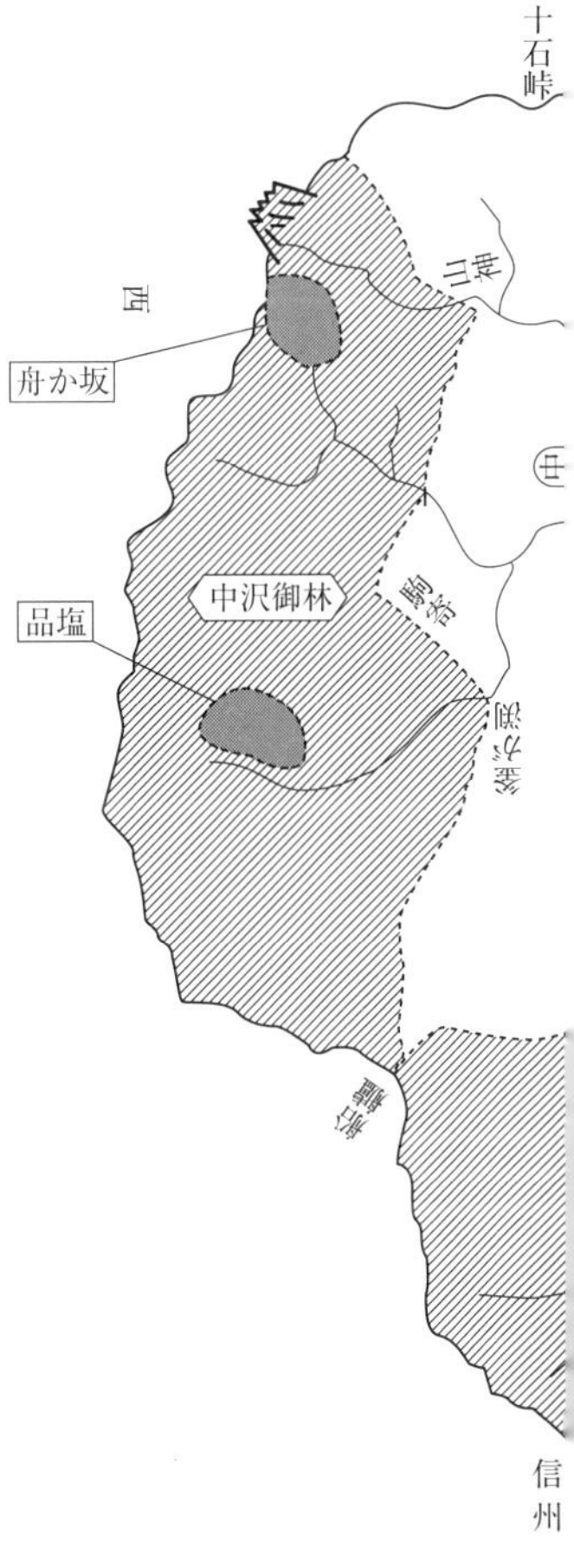

元禄四年（一六九一）の史料（後掲〔史料11〕）に「千之沢・人穴山之儀者、古来ゟ秩父領上吉田之内女形村甚右衛門御巣鷹相守候へ共、近年ハ御鷹上り不申、其上他領ニ御座候故、甚右衛門判形不仕候」とあり、さらに正徳三年（一七一三）の史料（次章〔史料3〕）に「千ノ沢人穴一ヶ所ハ、御巣鷹見先年武州秩父領女方村ニ而御巣鷹見仕候由、近年ハ御代官所相分り候ニ付、御巣鷹見無御座候」とあるように、元は秩父領上吉田村の枝郷女形の甚右衛門が御鷹見を務め[5]ていたが、正徳年間には代官所の管轄が替わり御鷹見は存在しないという。

図5は、神原村から奥に所在する御巣鷹山を図示したものである。図には、正徳四年（一七一四）に設定される四ヶ所の御林も示してあるが、楢原村では浜平山に属する長岩御巣鷹山の一ヶ所、中沢山に属する舟か坂・品塩御巣鷹山の二ヶ所、乙父村では乙父沢山に属する高はら山・姥神尾根・小鷹之巣・中之沢・矢はつ沢御巣鷹山の五ヶ所、野栗沢村の野栗沢山に属する大なけ石・岩くらす・くらかと御巣鷹山の三ヶ所の御巣鷹山については、それぞれの御林のなかに含まれている[6]。

さて、表22に示した三六ヶ所の御巣鷹山は、享保五年（一七二〇）六月の史料によるものであるが、正徳四年四月の上山郷村鑑(7)によれば、上山郷には表22と同じ二七ヶ所の御巣鷹山が書き上げられているので、同年の段階で山中領全体で三六ヶ所の御巣鷹山が存在していたとみてよいだろう。ところが、その前年の正徳三年閏五月の史料(8)によれば、山中領全体で三三ヶ所になっている（次章表26参照）。これを表22と比べると、中山・下山郷については変わりないが、上山郷については二四ヶ所になっている。具体的には、表22において乙父沢山の高はら山・小鷹之巣・中之沢御巣鷹山の三ヶ所、浜平山のみさこの尾根御巣鷹山(9)一ヶ所が新たに加わり、浜平山の日影長岩・日向長岩御巣鷹山の二ヶ所が長岩御巣鷹山一ヶ所に統合され、差し引き三ヶ所の増加となっている。山中領では、正徳三年から同四年にかけて代官による山内見分が実施され、御林四ヶ所が設定されるが（次章第一節参照）、この過程で御巣鷹山にも若干の変動がみられ、三三ヶ所から三六ヶ所になったのである。

ところで、山中領の御巣鷹上納の始原については、徳川家康の関東入国時から御巣鷹を上納したという伝承があるもの(10)の、確かな根拠が存するわけではなく、御巣鷹山の設置に関する詳細は不明といわざるを得ない。但し、正保年間（一六四四〜四七）頃より御巣鷹山の取締りに関わる史料が残存しているので（後掲表23参照）、その頃までには御巣鷹山の多くが指定されていたのではないか。

そして、貞享二年（一六八五）六月の御巣鷹山取締請書（後掲〔史料10〕）によれば、浜平御鷹見管轄下で一〇ヶ所の御巣鷹山が存在し(11)、元禄四年（一六九一）閏八月の中山・下山郷御巣鷹山手形（後掲〔史料11〕）によれば、やはり両郷の正徳三年時と同じ御巣鷹山が存在していることから(12)、一六〇〇年代末頃には、正徳三年時の御巣鷹山がほぼ出揃っていたことが窺われる。但し、元禄十二年（一六九九）閏九月の史料(13)には「野栗沢村ニ御巣鷹山拾五ヶ所、浜平村ニ拾ヶ所、合弐拾五ヶ所之御巣鷹山」とあり、浜平管轄下の一〇ヶ所は貞享二年時と同数であるが、野栗沢村管轄下の一五ヶ所は正徳三年時の一三ヶ所より二ヶ所多く、この間に指定解除や統合があったことを推測させる。こうして、若干の変動を経ながら、正徳四年時点で表22に示した三六ヶ所となったといえる。

2　御鷹見役の職務と機能

それでは次に、後掲の表23をも参照しつつ、御巣鷹山の支配に当たった御鷹見について検討することにしよう。山中領の御鷹見について須田努氏は、寛文八年（一六八八）四月の御巣鷹山荒しに対する黒川村の詫証文（表23№9）の宛所四名に、「御鷹見衆」と肩書が記されていることをもって、「御鷹見衆といった特定の役負担者（集団）が、固有名詞として初めて登場」したのであり、「御鷹見役の確定がなされ」たと指摘している。しかし、これをもって「御鷹見役の確定」といえるであろうか。すなわち、これより以前の寛文五年（一六八五）二月に、黒川村が差し出した御巣鷹山荒し詫証文（表23№8）の宛所に、個人名こそ記されていないが「はま平村御鷹見衆」とあり、本文中にも「かいと沢と申所之御鷹山を、当村清十郎・六郎左衛門・善十郎、右四人(ママ)之者度々切嵐(ママ)ン申候ニ付て、名主と御鷹見衆　御公儀様へ被御申上候処」とある。さらに遡って、明暦元年（一六五五）六月に、黒川村の四名から浜平村の長右衛門ら四名に宛てた手形（表23№5、第一部第一章〔史料1〕）の文中にも「黒川山江　御鷹見衆被参候而」とあり、宛所の四名が「御鷹見衆」であることは疑いない。中山郷にも目を向ければ、慶安四年（一六五一）七月の鉄炮書上[14]に、「壱丁ハ、御鷹見やうちんつ、　ぬいの助」とあって、鉄炮（用心筒）所持者の一人として「御鷹見」が登場している[15]。前述の寛文八年の黒川村詫証文が個人名に「御鷹見衆」という肩書を記した初見であることは確かであるが、寛文八年以前にも「御鷹見衆」と称する人々は存在しており、同年の個人名への肩書記載をもって、とりわけ画期とするには当たらないのではないか。

ともあれ、次の史料[16]によって、御鷹見の職務の概要を窺ってみよう。

〔史料1〕

乍恐以口上書申上候

一野栗沢村御巣鷹山拾ヶ所・浜平拾五□（ケ）所、合弐拾五ヶ所之御巣鷹山、先規ゟ大切ニ相守、信州・秩父国境迄、春之彼岸ゟ六月迄者山廻を致、御巣鷹見出シ差上申候節ハ、御褒美頂戴仕候、正月ゟ春之ひかん迄之内、又者七月ゟ極月迄、度々右御巣鷹山廻り、荒シ不申候様ニ政道仕候御事、

一御巣鷹山、我々共先年ゟ御預り申、荒シ不申候様ニ相守申候ニ付、御代官様御替目之節者、右之御巣鷹山荒不申候様ニ相守可申と、証文差上ヶ申候、就夫、御巣鷹山荒候節ハ、御江戸迄参候而度々御註進申上、御巣鷹山荒シ不申候様ニ相守申候御事、

一拾九年（天和元年）以前ゟ御巣鷹差上ヶ不申候、以後茂御巣鷹山荒シ不申候様ニと被仰付、御代官様御替目之節者、御巣鷹山御預り申証文差上ヶ申候、其上御巣鷹差上ヶ不申候以後天和三亥ノ年、南牧領之内大仁田村ゟ御巣鷹山荒シ申候ニ付、御江戸迄参候而、松田又兵衛様・間瀬吉太夫様申上候所ニ、岡登次郎兵衛様へ拙者共ニ御状御添被遣候ニ付、岡登次郎兵衛様へ御訴詔申上候得者、御詮儀之上、大仁田村之百姓四人、下仁田村江籠舎ニ被仰付、出籠被仰付候節、大仁田村ゟ証文御取被遊、拙者共名主方へ右之証文被下置候御事、

一当拾九年以前ゟ御巣鷹差上ヶ不申候ニ付、拙者共油断仕候者御巣鷹山荒シ可申と存、毎度御巣鷹差上ヶ候時分ゟ者、近年別而油断不仕、度々山廻り仕、御巣鷹山荒シ不申候様ニ相守申候事、

一先年ゟ御巣鷹山相守申候ニ付、野栗沢村・浜平村高役不仕候御事、

一野栗沢村高拾壱石六斗九升壱合、浜平村高六石四斗（升）六合、少々高ニ而御座候所ニ、只今ニ罷成高役為致可申候と、上山惣百姓御訴詔申上候、何共迷惑ニ奉存候、前々之通り被仰付被下候様ニ奉願候、以上、

元禄十弐年卯ノ（閏）壬九月日

野栗沢
権三郎

同
久兵衛

浜平
甚兵へ

同
庄兵へ

同
小右衛門

御代官様

上州一ノ宮ニて上申候、
御代官山本賀平太様ニ、

これは、元禄十二年（一六九九）閏九月に、野栗沢・浜平の御鷹見より代官に宛てた高役をめぐる願書である。高役については後述するが、一ヶ条目をみると、野栗沢村と浜平の御鷹見の管轄する御巣鷹山数と、「山廻」について記されている。「山廻」は、①春の彼岸から六月まで、②正月から春の彼岸まで及び七月から極月まで、の二種が記されているが、①は御巣鷹を探索するための「山廻」で、②は御巣鷹山の管理・保全のための「山廻」といえる。二ヶ条目では、御巣鷹山の保全に努め、代官の交替時には「証文」（三ヶ条目にある「御巣鷹山御預り申証文」）を差し出している旨が記されるとともに、三ヶ条目では天和元年（一六八一）より御巣鷹山の卜納はしていないが、御巣鷹山の支配は引き続き行なっていることを、南牧領大仁田村による御巣鷹山荒しへの対処に言及しながら述べている。[17]

このように、御鷹見は年間を通じて「山廻」を行なうなど、御巣鷹山の管理・保全に万全を期し、また御巣鷹の発見・上納（元禄十二年当時は中断していたが）に当たっていたのであり、「山廻」の際には地元の村に案内などの協力が求められた。例えば、明暦元年（一六五五）六月に黒川村から浜平村に差し出した証文（表23No.5、第一部第一章〔史料1〕）に、「黒川山江　御鷹見衆被参候而、あんない仕候様ニ与、各々御申候間、日三日あんない仕候所実正也」とあって、黒川山へ「御鷹見衆」がやってきた際に、その指示で黒川村では三日間案内をしたという。また、元禄十四年（一七〇一）十二月に塩之沢村から差し出された詫証文（表23No.22）に、「山廻り之儀者、毎月村中順番ニ而弐人宛山廻り致、御巣鷹山少も荒シ不申様ニ相守可申候」とあるように、地元村人による「山廻り」も行なわれていた。

御鷹見の下役として「横目」が存在していたことも知られるので、次にこの点に触れておこう。寛文八年（一六六八）に、黒川村の清十郎が御巣鷹山の近所で火を落としたことを咎められ差し出した詫証文（表23No.10、第一部第一章〔史料5〕）があるが、本文中および宛所に楢原村の名主（五左衛門）・御鷹見（衆）と並んで「横目衆」とある。また、中沢村が御巣鷹山荒しをしない旨を誓約した天和三年（一六八三）極月の証文（表23No.14）の宛所に、浜平の御鷹見衆と並んで「よこ目六兵衛」とみえている。

これらは浜平の横目であるが、元禄三年（一六九〇）二月、中沢から浜平御鷹見衆宛の証文（表23No.18）に「従先規御政道被成候舟か坂与申御巣鷹山ニ而かれ木切、何れ茂様ゟ我等とも御断を請（中略）横目被申付候上者、一ヶ月ニ二度三度宛、双而之御鷹山へ山廻可仕候、若他所ゟ参候而木之かわはぎ候共、成程吟味可仕候、於御鷹山ニ少茂御無沙汰仕間敷候」と、中沢に属する舟か坂御巣鷹山での枯木伐採事件を機に、同村に「横目」が命じられたという。その職務は一ヶ月に二・三度宛御巣鷹山の山廻りを行ない、他所からやって来て「木之かわはぎ」をするような者がいたら吟味をするなど、御巣鷹山の取締りに当たるというのである。横目に関する史料はこの限りであり、恒常的に置かれたものではないかも知れないが、御鷹見の補助役とみられよう。

ところで、須田努氏は、天和～元禄期を御巣鷹山制度の確立期とし、「同時期に御巣鷹山規制は進行し、制度として確立している」と述べている(18)。しかし、後掲表23を通覧する限り天和～元禄期にとりわけ規制が強化されたとも思われず、制度的に大きな変化はないように見受けられる。むしろ、山中領の御巣鷹山制にとってひとつの転機となったのは、正徳三～四年（一七一三～一四）の山内見分と御林の設定ではなかったろうか。次の史料は、正徳三年九月に御鷹見等が差し出した御巣鷹山取締りに関する請書である。

〔史料2〕（表23No.25）

一札之事

一前々ゟ御巣鷹山大切ニ相守候様ニ被仰付、別而今度大切ニ仕、枝木・枯木・風折之古木ニ而茂、一切取申間敷旨被仰付、其上山元之村々ハ不及申、他村ゟ盗取申者御座候者捕へ置、申速(早カ)御注進可申旨、御巣鷹山荒シ候場所御座候ハヽ、山元之村幷御巣鷹見共ニ、急度曲事ニ可被仰付段、御代官様ゟ被仰付候趣奉畏候、右被仰付候趣大切ニ相守、御巣鷹見相廻り改可申候、尤、御代官様御下知無之内一切伐取申間敷候、若シ荒候場所茂御座候ハヽ、中(早カ)々御両人江訴可申候、為後日仍而証文如件、

上山之内
楢原村之内
浜平 庄兵へ
御鷹見 甚兵へ
安左衛門
伊左衛門

正徳三癸巳年九月

御割元 八右衛門殿

御割元
覚右衛門殿

野栗沢村
名主
権三郎
御鷹見
九郎兵衛
藤右衛門
六兵へ
茂兵へ
十助
又兵へ
中山之内
神原村
五右衛門
同
平原之内
八倉
孫三郎

○以下、上山之内楢原村・乙父村・乙母村・勝山村・新羽村、中山之内平原村・魚尾村の名主・長百姓等、合わせて五三名連署。

ここから知られるように、代官からの御巣鷹山取締りに関する申渡しの請書を割元両名宛に差し出し、文中でも、御巣鷹山荒しがあったならば「御両人」、すなわち割元両名に報告することを誓約しているのである。さらに、正徳四年（一七一四）五月のみさこの尾根御巣鷹山の指定に伴う浜平御鷹見四名による山内保全の請書（表23No.27、註(9)に掲載）の宛所は「両御割元中」となっており、享保四年（一七一九）の御巣鷹探索に関する報告書（後掲〔史料12〕）

の宛所も「御割元中」であるなど、御鷹見が割元の下に位置づけられていることが指摘できる。次章で解明するように、正徳四年に御林が設定された際、御林・御巣鷹山の支配が「加役」として割元の職務に組み込まれた。逆に言えば、それまで御鷹見は割元からは自立的に御巣鷹山支配に当たっていたということであり、例えば後掲〔史料11〕が御鷹見から直接代官宛になっていることもその証左となろう。山内見分開始直後と思われる正徳三年三月の浜平御鷹見等による請書（表23No.24）は代官宛であるが、同年九月の〔史料2〕（表23No.25）が割元宛になっているのは、この間に〈割元―御鷹見〉という支配ラインが導入されたためといえよう。

3　高役免除をめぐる動向

さて、〔史料1〕の五ヶ条目に簡潔に述べられているように、御鷹見役を務める浜平・野栗沢両村は「高役」を免除されていた。すなわち、須田氏も指摘しているように(19)、御鷹見役は個人に対して賦課されたのではなく、浜平・野栗沢という「村」に対して賦課されたのであり、その代償として高役免除を認められていたのである。浜平と野栗沢村は、まさに〝御鷹見の村〟であったといえる。

そして、のちの史料になるが、享保十四年（一七二九）の代官交替時に浜平から差し出された披露書(20)に、「御巣鷹山拾壱ヶ所、拙者共御政道仕来り候故、上山郷六ヶ村ニ而浜平高役仕埋メ来り申候」とあり、浜平の高役の免除分は上山郷六ヶ村で「仕埋メ」ていたのである。また、後掲〔史料3〕にも、「御巣鷹山拾六ヶ所ニ而、先規ゟ御巣鷹、野栗沢村ニ而見立指上来り申候、御巣鷹御ちやうじ（停止）之内も、弥無断絶御山廻仕、大切ニ立置申候、此高役以上山郷ニ而仕埋被致来申候」とあって、野栗沢村の高役も上山郷で「仕埋」をしていた。要するに、御鷹見役を務める代償として、浜平・野栗沢両村の高役は免除されていたが、その分は上山郷全体で肩代わりしていたのである。

ちなみに、正徳三年（一七一三）の「山中領御林相守候致方」[21]（次章〔史料3〕）には、八倉と神原村の御鷹見に関して「御林八ヶ所者、御鷹見平原村之内八倉之百姓・神原村百姓之内ニ而仕候、八倉之儀ハ居村同百姓諸役内証ニ而仕埋申候、神原村之百姓者仕埋無御座候」とあり、八倉の場合は同村百姓にて仕埋をしているが、神原村の場合は百姓による仕埋はしていないという（ここでの「御林」は、御巣鷹山をいう――本章第三節2参照）。

浜平・野栗沢両村の高役をめぐっては、〔史料1〕の六ヶ条目に、「只今ニ罷成高役為致可申候と、上山惣百姓御訴詔申上候」と、上山郷惣百姓から高役免除の廃止を求める訴えがなされたことがわかる。〔史料1〕は、まさにこの訴願に対する反論として作成されたものであるが、その結果については、のちの史料ではあるが、後掲〔史料4〕のなかに「諸役上山六ヶ村ニ而、従先年仕埋メ来り申候処ニ、池田新兵衛様御代官所之節、当三拾弐年以前、右之仕埋メ上山六ヶ村ニ而御願指上候得者、上州一之宮ニ而御さいきやう（裁許）之上、先年之通りニ被為仰付候御事」とあって、「当三拾弐年以前」＝元禄十二年（一六九九）に、上山郷六ヶ村による仕埋願いが「先年之通り」命じられたというように、〝御鷹見の村〟の「諸役」（高役）免除は維持されたのである。

それから三〇年ほど過ぎた享保十五年（一七三〇）七月、野栗沢村御鷹見から代官役所宛に、次のような願書[22]が差し出されている。

〔史料3〕

乍恐目□（安カ）書ヲ以御願申上候

（中略）

右御巣鷹山拾六ヶ所ニ而、先規ゟ御巣鷹、野栗沢村ニ而見立指上来り申候、御巣鷹御ちやうじ（停止）之内も、弥無断絶御山廻仕、大切ニ立置申候、此高役以上山郷ニ而仕埋被致来申候、猶又近年右之御山ニ而、御巣鷹見立差上申候、猶又二ヶ所御林共ニ御山廻仕候所ニ、此度五ヶ村ニ而我侭成人ヲ以申候様者、浜平仕埋願仕候、承候得者、野栗沢村浜平と一同之心と相聞候、一同ニ有之候ハヽ、御公用御年貢上納諸敷ワはすし可申と堅申候、心一同ニ者無御座候得共、浜平と同役之村ニ而御座候得者、歩・伝馬・諸貫先規之通り出シ不申候様ニ奉願候御事、

一拾ヶ年以前ゟ御巣鷹指上申候而、御上ゟ御褒美被下候ヲそねみ、五ヶ村之者申候様者、御巣鷹指上候得者金子被下候ニ付而、先規ヲ乱シ諸貫出シ不申候ハヽ、御年貢・書上等野栗沢村之義者、分ニ御江戸へ上納可仕と、我侭ニかすめられ、小高之村ニ而迷惑ニ存候御事、

一近年御山守御立被遊候、御山守御廻り被成候間ニ茂、随分我等共御山廻り仕候、猶御山守御見分之節茂、弥山内場ひろく御座候得ハ、大勢罷出御案内仕候御事、

右之條々御披見被遊、先規之通り上山郷ニ而仕埋仕候様ニ、御慈非《(ママ)》ニ被被《(ママ)》為仰付被下候ハヽ、難有奉存候、委細之儀者、御尋之上口上ニ而可申上候、以上、

享保拾五年
戌ノ七月

野栗沢村
御鷹見
たれ〳〵
たれ〳〵

後藤庄左衛門様
御役所

（傍線筆者、下同ジ）

中略部分には、御林二ヶ所（野栗沢村御山・乙父沢御山）と、そこに含まれる御巣鷹山八ヶ所、それ以外の御巣鷹山八ヶ所、合わせて一六ヶ所の御巣鷹山が書き上げられている。そして、上山郷で高役を「仕埋」してきていることが述べられているが、傍線部分のように、「五ヶ村」の我侭な者が〝浜平が（上山郷による）高役仕埋を願い出たが、

（同じく御鷹見を務めている）野栗沢村が浜平と「一同之心」であるならば、「御公用御年貢上納諸敷」を外す〟と強く主張したという。文意の通りにくいところがあるが、「五ヶ村」とは、上山郷七ヶ村のうち野栗沢村と浜平の属する楢原村を除く乙父・乙母・川和・勝山・新羽の各村を指し、この「五ヶ村」が、浜平の高役仕埋願いに野栗沢村が同調しないよう牽制している様子が窺える。次の箇条では、「五ヶ村」は〝御巣鷹を上納すれば金子（褒美金）が下付されるのに、「諸貫」を出さないのならば、年貢等を野栗沢村は自分で江戸へ上納すべきである〟と主張しているが、これは褒美金の受給を嫉んでのことであるとも述べ、従来通り上山郷による高役仕埋を願っている。

このように、高役仕埋をめぐる争論が再燃したことが窺えるが、翌月には浜平から、次のような返答書(23)が代官に提出されている。

〔史料4〕

乍恐返答書差上ヶ申候

一楢原村之内浜平六石四升六合、家別弐拾軒御座候得共、従先年御鷹見相勤メ、御当代ニ茂御鷹七年指上ヶ申候御事、

一御鷹山、南牧檜沢村ニ大入道御鷹山壱ヶ所、楢原村之内塩之沢山ニ所日影御鷹山壱ヶ所、同黒川山ニかいと沢御鷹山壱ヶ所・長そり御鷹山壱ヶ所、同中沢山ニ品塩御鷹山壱ヶ所・船か坂御鷹山壱ヶ所、同浜平山ニみさご之おね御鷹山壱ヶ所・鷹之巣山（ママ）ニ御鷹山壱ヶ所・板小屋御鷹山壱ヶ所・長岩御鷹山壱ヶ所、乙父村之内笠丸山ニ御鷹山壱ヶ所、右之通り拾壱ヶ所之御山江、浜平より道法り三四里程宛御座候、従先年拙者共壱月ニ五六度づゝ相廻り、御山大切ニ仕り候、依之、従先年右六石四升六合之御年貢者御上納申候得共、諸役上山六ヶ村ニ而、従先年仕埋メ来り申候処ニ、池田新兵衛様御代官所之節、当三拾弐年以前、右之仕埋メ上山六ヶ村ニ而御

願指上候得者、上州一之宮ニ而御さいきやう（裁許）之上、先年之通りニ被為仰付候御事、

一当御支配様江、五ヶ村ニ而仕埋メ之儀御願指上ヶ、両割元中江御吟味被為仰付候ニ付、御召ニ随ィ候而神原村迄罷出申候而、従先規相勤メ来り候御役目之義ニ御座候得者、御江戸江罷出殿様江御窺、五ヶ村並ニ諸役相勤メ申候共、又者先前之通り御役相勤メ申候共、殿様御下知次第ニ相勤メ可申と両割本中江申上ヶ、神原村より罷帰り申候、小高之百性共ニ御座候得者、数々御役目難相勤メ奉存候、

（中略）

享保拾五年戌ノ八月

後藤庄左衛門様
御代官様

これによれば、一・二ヶ条目で浜平が御鷹見を務めている経緯と、その代償として浜平分の諸役（高役）を上山郷六ヶ村で仕埋してきたことを述べているが、一ヶ条目の最後に「当三拾弐年以前」＝元禄十二年の高役仕埋一件に触れている。そして、二ヶ条目で、高役仕埋に対する今回の「五ヶ村」による願いについて言及し、代官から吟味を命じられた割元に対し、「五ヶ村」同様に諸役を負担するか、従来通り御鷹見を務めるか、代官の指示に従う旨を申し上げたと述べている。享保十五年十二月には、浜平は代官役所に対し、「五ヶ村」のうち乙父村に属する笠丸御巣鷹山の扱いについて次のように回答している。(24)

〔史料5〕

乍恐以書付申上候

一上山郷之内五ヶ村、御巣鷹山村附之御願申上候ニ付、乙父村之内笠丸御巣鷹山壱ヶ所、先規ゟ拙者共御山御政

道致来申候、此御山謂茂御座候哉と御尋御座候得共、先規ゟ古キ義ニ御座候得者、謂相知レ不申候、拙者共方ゟ村附之御願申上候義無御座候、先規之通被仰付被下置候ハヽ、難有奉存候、併、右五ヶ村村附ニ被為仰付候ハヽ、笠丸御巣鷹山之儀も、拙者共違背申上候義無御座候、以上、

楢原村之内浜平
御巣鷹見　孫右衛門（印）
同　彦兵衛（印）
同　安左衛門（印）
同　甚兵衛（印）
惣百姓代　三右衛門（印）
同　助之丞（印）

享保十五年戌十二月

後藤庄左衛門様
御役所

右、御巣鷹見之者共申上候通、何れニ被仰付候（後欠）

と、「五ヶ村」は御巣鷹山を「村附」にすること、すなわち浜平御鷹見の管轄から外し、それぞれの村で管理することを願い出たようである。それによって、浜平（および野栗沢村）分の高役仕埋を回避しようとする意図であることが分かる。乙父村に所在する九ヶ所の御巣鷹山のうち笠丸御巣鷹山が浜平の管轄下にあったため（他は、野栗沢村御鷹見の管轄）、浜平に対し代官から尋問があったのであろう。浜平は、自ら「村附」を願うことはなく、従来どおり命じて欲しいと主張している。

さらに、翌十六年二月に、浜平は次のような内容の口上書[25]を代官に差し出している。すなわち、一ヶ条目で、笠丸御巣鷹山の「村附」を願わない旨の書付（史料5）を去冬に差し上げたと述べるとともに、「従先年上山六ヶ村ニ而、

諸役仕埋メ請来り申候計ニ御座候、御慈悲ニ先規之通り被仰付被下置候者、難有奉存候」と、上山郷六ヶ村による諸役（高役）仕埋の維持を求めている。二ヶ条目では、笠丸御巣鷹山の「村附」が認められれば、御巣鷹山が所在する椚原村の枝郷塩之沢・黒川・中沢、および南牧領檜沢村でも「村附」を願い出るかも知れないと、「村附」要求が拡大することを懸念し、従来通りの諸役仕埋の維持を繰り返している。

この一件が、どのように解決したのかを直接示す史料は未見であるが、[26] 寛保二年（一七四二）九月に、浜平が代官役所に「〆拾壱ヶ所、代々拙者共政道仕り候、右之御山江壱月ニ六度宛相廻り見分仕り、御山大切ニ仕り候、依之、浜平諸役山中領上山新羽村・勝山村・川和村・乙母村・乙父村・椚原村、右六ヶ村ニ而仕埋メ来り候」[27]と述べていることから、「五ヶ村」による「村附」願いは認められず、六ヶ村による諸役仕埋が維持されたのであった。[28]

二　山内取締りと御巣鷹上納

1　山内取締りと生業規制

前節で垣間見たとおり、御鷹見の職務は御巣鷹山の管理・保全、および御巣鷹の発見・上納であるが、本節ではこれらの点をさらに詳しく検証することにしたい。

そこで、まず本項では、浜平の御鷹見に焦点を当てて山内取締りの具体相をみておこう。浜平御鷹見による山内取締りに関する史料を一覧表にすれば、表23のようになる。

表23　浜平御鷹見に関する御巣鷹山取締り関係史料一覧

№.	年月日	内容	差出人	宛所	典拠
1	正保元年七月二七日	川うらなかいや山へ出入停止請書	秋山弥五右衛門	はま平三郎左衛門、他三名	「高橋真一家文書」番外
2	承応二年六月六日	川うらなかいや山にて伐木詫証文（くろび四・五本きり「さゝ板」にひく）	秋山村之弥五右衛門、他一名	長右衛門、他三名	「高橋真一家文書」番外
3	承応三年一〇月二日	御鷹山にて伐木見分一件等口上書	平右衛門、他三名	代官	「高橋真一家文書」一〇七
4	承応四年五月二四日	黒川村近所にて初巣おろしにつき御鷹山・わき山での伐木・野火禁止請書	黒川村太郎左衛門、他一一名	長右衛門、他三名	「高橋真一家文書」六
5	明暦元年六月二三日	黒川山御鷹見衆案内につき誓約書	黒河村与左衛門、他三名	浜平村長衛門、他三名	「高橋真一家文書」番外
6	万治二年八月一九日	信州へ山を売るとの証文一件取捌方につき願書	山中浜平村長右衛門、他三名	奉行	「高橋真一家文書」一四
7	寛文三年八月一三日	浜平山との山境にて伐木詫証文	南相木村名主太左衛門、他名主四名・組頭四名	はま平村長右衛門、他五名	「高橋真一家文書」番外
8	寛文五年二月一二日	かいと沢御鷹山度々切荒し詫証文	黒河村ぬい右衛門、他七名	名主権助・はま平村御鷹見衆	「高橋真一家文書」二二〇
9	寛文八年四月一〇日	御鷹山につき不届詫証文	黒川村与左衛門、他一七名	名主五左衛門・御鷹見衆長右衛門、他三名	「高橋真一家文書」九
10	寛文八年一二月一五日	御鷹山近所へ火を落とすにつき詫証文	黒川村清十郎、他証人組之者四名	名主五左衛門・御鷹見衆・横目衆	「高橋真一家文書」一一七
11	寛文九年九月二日	「たもきりすけぬきよせ」詫証文	当村（浜平村）惣左衛門、他同村証人市左衛門	浜平村長右衛門、他二名	「高橋真一家文書」番外
12	延宝四年二月二四日	黒川山荒し詫証文	大仁田村金右衛門・曲泉坊	御たかミ衆長右衛門他三名、はま平村各々様	「高橋真一家文書」二六
13	延宝八年一一月二七日	かさ丸たけ御巣鷹山荒し禁止請書	かより村宗明院、他八名	浜平御鷹見衆	「高橋真一家文書」五
14	天和三年一二月二七日	御巣鷹山荒し禁止請書	中沢村喜左衛門、他一一名	はま平村三郎兵衛他二名、御鷹見衆、よこ目六兵衛	「高橋真一家文書」三五
15	貞享二年六月二二日	御巣鷹山取締請書	浜平村御鷹見庄兵衛他三名、中沢村二名、塩之沢村三名、黒川村二名	（代官）	上野村楢原「黒沢重明家文書」四三

16	貞享二年八月一四日	御巣鷹山・御用木山荒し禁止請書	浜平村たれ〳〵	名主伊右衛門	「高橋真一家文書」一一九
17	元禄三年二月二九日	中沢山御巣鷹山荒し詫証文	同村（浜平村）甚兵衛・小左衛門	浜平村庄兵衛他二名、何も御中間衆へ	「高橋真一家文書」一四九
18	元禄三年二月晦日	舟か坂御巣鷹山枯木伐採詫証文	中沢村権四郎、他一四名	浜平村庄兵衛他二名、何れも御鷹見衆へ	「高橋真一家文書」一五八
19	元禄三年二月晦日	御巣鷹山荒し禁止請書	中沢村権四郎、他一三名	浜平村庄兵衛、他二名	「高橋真一家文書」番外
20	元禄五年七月晦日	御巣鷹山・御用木山荒し禁止請書	中沢村六兵衛、他五名、其外村中	浜平村三郎右衛門、他二名其外御鷹見衆	「高橋真一家文書」二一九
21	元禄一三年七月七日	越境挊禁止請書	梓山村名主弥兵衛、他長百姓三名	浜平村助左衛門	「高橋真一家文書」番外
22	元禄一四年一二月	塩之沢しよひかけ御巣鷹山荒し詫証文	（塩之沢村）次兵衛、他一四名	浜平村御鷹見衆	「高橋真一家文書」二〇六
23	宝永二年一一月一一日	黒川山御巣鷹山切荒し詫証文	大仁田村伝兵衛、他一五名	浜平村三名、黒川村一名、塩之沢一名、ならはら村伊右衛門	南牧村大仁田「今井政俊家文書」七五
24	（正徳三年）三月	浜平御巣鷹山・御用木荒し禁止請書	栖原村名主伊右衛門、浜平村山守庄兵衛、他四名	代官	「高橋真一家文書」一〇二
25	正徳三年九月	御巣鷹山取締請書	栖原村之内浜平庄兵衛、他二五名	割元八右衛門・覚右衛門	「神原・黒澤家文書」五七
26	正徳三年一一月	黒川山長そり御巣鷹山荒し詫証文	大仁田村・六車村・雨沢村たれ	山中領浜平村御鷹見衆たれ黒河山元たれ	南牧村大仁田「今井政俊家文書」七六他
27	正徳四年五月一日	みさこの尾根保守請書	栖原村之内浜平庄兵衛、他三名	両割元中	「神原・黒澤家文書」二六八
28	正徳四年五月	山境荒し詫証文	北相木村伝右衛門、他名主二名、長百姓五名	栖原村伊右衛門、中沢村組頭中	「栖原・黒澤家文書」二四九
29	正徳六年三月一九日	品塩御立山近所にて山荒し詫証文	中沢村次兵衛・庄右衛門、他五人組三名・証人一名	浜平村庄兵衛、他二名、同惣村中	「高橋真一家文書」番外
30	享保二年三月一一日	ミさこのをね御巣鷹山荒し詫証文	中越村七之助、他証人三名、栖原村角左衛門、他一名	浜平村庄兵衛、他二名	「高橋真一家文書」四八
31	享保三年正月二三日	かいと沢御巣鷹山近所へ野火詫証文	黒川村平助、他証人五名	浜平村庄兵衛、他二名	「高橋真一家文書」九五

これらのうち、現在のところ初見史料である正保元年（一六四四）の「手形」を掲示してみよう。

〔史料6〕（表23No.1）

手形仕事

一川うらなかいや山御すたか（山脱カ）と御事ハり（断）被成候上者、彼山え以来者出入申間敷候、我等之儀者不及申、たれ成共なかいや山え入申候者、みつけ次第御法度被仰付候共、少も御うらみと存間敷候、為後日手形仍如件、

正保元年
申ノ七月廿七日　　秋山
弥五右衛門（印）

はま平
三郎左衛門殿
ぬい之丞殿
久七郎殿
宮内右衛門殿

これは、「川うらなかいや山」が御巣鷹山であることを通告された「秋山」の弥五右衛門が、以後山入りをしない旨を誓約した証文である。「川うらなかいや山」は長岩御巣鷹山のことであり、おそらく弥五右衛門が同御巣鷹山を侵犯したのであろう。「秋山」は信州佐久郡秋山村のことであり、No.2も秋山村の弥五右衛門らが、No.1と同じ「川うらなかいや山御鷹山」において「御鷹山ニ而ハ無御さ候と偽候而、木をきり申候、あき山とそんし、なかいやにてくろび四五本きり申候而、さゝ板ニひき申候」と、黒檜を伐採し笹板に挽いたことに対する詫証文である。このほかにも、信州村々による御巣鷹山荒しを示す史料が幾つかみられるが、(29) No.7は佐久郡南相木村の名主・組頭からの浜平

山に侵入して伐木したことに対する詫証文で、「我等共、浜平山と拙者共やまさかいニ而、木二三本切り申候」とあり、No.21は佐久郡梓山村の名主・長百姓による詫証文で、「山境を越何ニ而挊不仕候、自今以後之義、右之通吟味仕、境を越挊いたさせ申間敷候」とある。また、次の史料は南牧領大仁田村による山荒し詫証文である。

〔史料7〕（表23No.12）

一札之事

一黒川山あらし申ニ付而、其元ゟ御ふしん（不審）被仰越候付而、此方相れんばん（連判カ）させ申候而指上申候、乍此上ハ、黒川山へ山取之者一円越申間敷候、自然参ぬすミ取申候者、何様之曲事を被仰付候共、御うらみと存間敷候、為後日仍如此候、

延寶四年たつノ
二月廿四日

大仁田村
金右衛門（印）
曲　泉　坊（印）

御たかミ衆様参
長右衛門様
拾左衛門様
新　兵　衛様
九郎右衛門様
はま平村各々様へ参

このように、黒川山を侵犯した大仁田村の金右衛門らの詫証文であるが、以後黒川山へ「山取之者」が入り盗伐をしない旨を誓約している。大仁田村による御巣鷹山荒しについては、前掲〔史料1〕でも述べられている。表示の御

巣鷹山荒しの多くは地元村々によるものであるが、右のように他国・他領からの御巣鷹山荒しもあったのである。
以上は、御鷹見による山内取締りの一斑であるが、次の史料のように、御鷹見自身が御巣鷹山での伐木を告発されたこともあった。

〔史料8〕（表23 No.3）

乍恐以書付申上候事

一於御鷹山、我等共木ヲ切り申候由、名主権助御手代衆江申上候所、則御見分被仰付候得者、権助一類五人、其外白井村之彦左衛門・おとも村新右衛門、此之者共見分仕候所、おとも村之新右衛門ハ□よりかへり申候所ニ、見分致候と申上候、白井村之彦左衛門ハ見分致候へ共、書付ニのせ不申候而、権助わかまゝ偽り申上候事、
一此度、御公儀様より御見分被仰付候所ニ、右之段申上候儀□□相違仕り候事、
一御鷹山ノ外わき山之儀ハ、のぐり沢入込ニきり申候、中津川□□何も御鷹山より外、其外之儀ハ、千《（先）》年よりきり申候、はま平計り之儀ニ而ハ無御座候所ニ、御鷹付而権助、御公儀様ありき《（歩）》・伝馬・ぶせん《（夫銭）》ヲ取可申と申上候所ニ、御前ニ而申分致シ候ニ付、其意趣を以様々之偽り申上候事、
一右之條々、御尋之上口上ニ而可申上候、仍如件、

承應三年午ノ
十月二日

平右衛門
重左衛門
新兵へ
宮内右衛門

御代官様

浜平の御鷹見四名から代官への上申書であるが、楢原村名主権助から御巣鷹山での伐木を訴えられた御鷹見たちは、権助の「わかま〻偽り」であると反論し、御巣鷹山以外の「わき山」では野栗沢村でも伐木しているとし、浜平村ばかりではないと主張している。この一件は、歩・伝馬・夫銭の負担問題も絡んでいたらしく、御鷹見たちは、歩・伝馬・夫銭の負担を拒否したことに対する権助の意趣返しであるとも述べている。

同様に名主権助と御鷹見が対立している事例として、No.6（第一部第一章〔史料4〕）が挙げられる。この一件では御鷹見が信州側に山を売ったことが問題にされ、御鷹見側は権助に騙されて証文に押印したと主張している。これらの事件から、ことの真相はともかく、御鷹見に不正があった場合には、名主が告発や見分を行なっていたことが指摘できる。それとともに、御鷹見も山稼に携わっていたことも窺える。

さて、ここで具体的にどんな行為が取締りの対象になったのかを確かめておこう。関係史料から摘記すれば、

「なかいやにてくろび四五本きり申候而、さ〻板ニひき申候」（No.2）

「於御鷹山、我等共木ヲ切り申候由」（No.3　史料8）

「やまさかいニ而、木二三本切り申候」（No.7）

「御巣鷹山、先年ゟ立来り候通り、さかい目ゟ内江入込、木壱本も切あらし申間敷候」（No.14）、

「御巣鷹山之義、常々御留山ニ被仰付候、弥猥ニ入込本木之義ハ不及申上ニ、枝木・下草成共かり取申間敷候」（No.15　史料10）

「御鷹山ニ而かれ木・下草成共切取申間敷候」（No.18）

「若他所ゟ参候而木之かわはぎ候共、成程吟味可仕候」（No.18）

「向後境目ゟ内ニ而、何木成共大小ニよらす壱本茂伐取申間敷候」（№22）

などとあるように、御巣鷹山での枯木も含む伐木の規制がまず挙げられる。そして、大木はもちろん枝木や下草の採取も規制されていた。但し、「あき山とそんし（存）」（№2）とか、「御鷹山ノ外わき山之儀ハ、のぐり沢入込ニきり申候、（中略）御鷹山より外、其外之儀ハ、千（先）年よりきり申候」（№3）とあるように、御巣鷹山以外の明山・脇山での伐木等は行なわれていたらしい。しかし、「御鷹山之儀ハ不及申ニ、御鷹山之近所ニて成共、木切申間敷候」（№4）、「我まゝ致、御鷹山之近所江成共さわり候ハゝ」（№18）などともあるように、御巣鷹山に支障があれば御巣鷹山の近所での伐木も禁止されたのである。また、「御巣鷹山之儀ハ不及申、其外山右之木立候所々山、自今以後一切荒シ申間敷候」（№16）、「御巣鷹山ハ不及申ニ、西沢武兵衛（武右衛門）様御登御用木御改被遊候、其外あき所ニ而も、山ニす□れ候木、無沙とさわり申間敷候」（№20）というように、御用木が存在する山も規制の対象であった。

こうした伐木（盗伐）は、「手前入用間切・屋道具」（№28）というような家作用材等のためといった理由も含まれるが、多くは間切（材木）として、あるいは板に加工して売り出すためと思われる。例えば、

「跡々ゟ板・材木を仕売ニ致シ、身命を送り来り候」（寛文八年）

「先年ゟ桶木・そき板取申候而、すきわいニ仕り申候」（宝永七年）

「笹板・桶木・紙すき舟抔取申候而、山かセきニ而渡世仕来申候」「前々ゟ山かセき仕渡世致申候、山中領之内江笹板・桶木等売申候」（正徳三年）

「古来ゟ山稼仕、山内ニ而笹板抔拵、下仁田市日を考、道法六里余之所少々宛セおひ出シ、市人に相払、其代物を以渡世仕来り申候」（享保四年）

などとあるように[30]、村々では板・材木を売り出し、特に板は「笹板」として売り出されていたのであり、№2に記さ

れている笹板も販売用であろう。

また、No.4（後掲〔史料9〕）には、「御鷹山之儀ハ不及申ニ、御鷹山之近所ニて成共、木切申間敷候、御鷹山之儀ハ不及申ニ、わき山へも火も付申間敷候、縦何方ゟも野火やけ参候共、見付次第欠着火ヲけし、御鷹山かばい可申候」とあって、伐木とともに「野火」の取締りが挙げられており、これは焼畑の規制を示すものである。No.31もかいと沢御巣鷹山近所での「野火」に対する詫証文であり、また「前方ゟ被為仰付候通り、山焼中間敷候」（No.16〔史料16〕）、「我等之やまつくり共ニ、御とめ被成候共」（No.11）とある「山焼」や「やまつくり」も焼畑のことであろう。(31)

以上のように、山稼や焼畑、そして狩猟などを生業としている村々では、御巣鷹山が設定されることによって、御巣鷹山への侵犯が厳しく取り締まられるとともに、その周辺を含めて利用上の規制を受けていたのである。(32)(33)

2　御巣鷹上納の変遷

以上のような日常的な山内取締りとともに、御鷹見の職務として御巣鷹の上納があった。御巣鷹の上納については、徳川家康の関東入国時分から始まったという言い伝えがあることは前述したが、次の史料は「御巣鷹おろし」があったことを示す初見史料である。

〔史料9〕（表23No.4）

手形之事

一黒川村之近所ニて、去年初而御巣鷹おろし被成候間、今ゟ以後弥々たしなミ、御鷹山ハ少も御無沙汰申間敷候、御鷹山之儀ハ不及申ニ、御鷹山之近所ニて成共、木切申間敷候、御鷹山之儀ハ不及申ニ、わき山へも火も付申間敷候、縦何方ゟも野火やけ参候共、見付次第欠着火ヲけし、御鷹山かばい可申候、惣別何方之御鷹山ゑも御無沙汰申間敷候、如何様ニも貴殿達被仰次第、少も違背申間敷候、若以来御無沙汰申候者、如何様めいわくニ罷成候共、少も御恨ニ存間敷候、為後日之手形進候、仍如件、

承應四年未ノ五月廿四日

黒川村　太郎左衛門(印)
茂右衛門(印)
彦右衛門(印)
三郎右衛門(印)
与左衛門(印)
由右衛門(印)
善十郎(印)
清八郎(印)
善七郎(印)
六之左衛門(印)
縫殿右衛門(印)
市右衛門(印)

長右衛門殿
十左衛門殿
新兵へ殿
助兵衛殿

（後欠）

これは、黒川村が以後御巣鷹山の管理を厳しくすることを誓約した御鷹見宛の証文であるが、同村の近所で、去年初めて「御巣鷹おろし」があったために取られた措置である。そして、前掲〔史料1〕の一ヶ条目に「春之彼岸ゟ六月迄者山廻を致、御巣鷹見出シ差上申候節ハ、御褒美頂戴仕候」とあるように、御巣鷹上納に対しては「御褒美」が

下付された。次掲〔史料10〕の第二条によれば、毎年本巣を二巣上納していたという。

さて、五代将軍徳川綱吉のもとで将軍家鷹場が廃止され、放鷹制度が縮小されたことは周知の通りであるが、次の史料はこれに対応した山中領（上山郷）の御巣鷹山の動向を示すものである。

〔史料10〕（表23 No.15）

差上ヶ申一札之事

一上野国山中領上山郷浜平村いたこや一ヶ所・鷹之巣山壱ヶ所・ながいや壱ヶ所、中沢村しなしう壱ヶ所・ふねが坂壱ヶ所、黒川山かいと沢壱ヶ所・ながそり壱ヶ所、塩之沢村よりなんもく（南牧）江、道筋人入道壱ヶ所、塩之沢村所日かけ壱ヶ所、かより村かさ丸壱ヶ所、都合拾ヶ所御鷹山ニ御座候、跡々ゟ拙者共御鷹見被仰付候、其外御巣鷹山壱ヶ所も無御座候御事、

一御巣鷹之儀者、前々年々本巣弐巣差上ヶ申候、其已後者、五年已前松田又兵衛様・間瀬吉太夫様御代官所ニ罷成、御鷹之義自今已後差上ヶ申義無用ニ仕候□若御用之節者重而可被仰付候由、御両所様御意ニ御座候ニ付、其已後者差上ヶ不申候、尤、重而御下知次第ニ差上ヶ可申候、其内御鷹見出シ申候而も、一円商売仕間敷候御事、

一御巣鷹山之義、常々御留山ニ被仰付候、弥猥ニ入込本木之義ハ不及申上ニ、枝木・下草成共かり取申間敷候、右之趣相背候ハヽ、御鷹見之義者不及沙汰ニ、其村名主・五人組迄、何分之曲事ニも可被仰付候、仍如件、

貞享弐年
丑ノ六月

一前々ゟ御巣鷹山荒シ不申候様ニ、常々被仰付候所ニ、右之通り御代官様江証文、此度差上ヶ申上者、我等共中

間ニて成ほと吟味仕、御巣鷹山荒シ不申候様ニ可仕候、為後日仍如件、

貞享弐年
丑ノ六月廿一日

浜平村御鷹見
庄兵へ
同　小左衛門
同　甚兵へ
同　安左衛門
中沢村　権四郎
同所　六兵へ
塩ノ沢村　伝之助
同　本明院
同　長三郎
黒川村　重右衛門
縫之助

是ハ、佐原三右衛門様御代官被遊候時書上ヶ申候証文之写シ、判形為致候覚、

これは、浜平村の御鷹見および御巣鷹山の所在する中沢・塩野沢・黒川村から代官に差し出された請書であるが、第一条で浜平村の御鷹見の管轄する御巣鷹山一〇ヶ所が書き上げられている。そして、第二条には、以前は年々二巣上納していたが、「五年已前（中略）御鷹之義自今以後差上ヶ申義無用」、すなわち天和元年（一六八一）に御巣鷹上納の停止が申し渡されたとある。天和二年には、鷹匠・鳥見などの罷免、鴻巣鷹部屋の廃止、翌三年には八王子の鷹

部屋の廃止などが実施されるが[34]、そうした放鷹制度の縮小策のなかで、上納の停止が指示されたものといえよう。

但し、御巣鷹山が廃止されたわけではなく、第三条にあるように、引き続き「御留山」として御鷹見の管理下に置かれたのであり、以後も御鷹見による御巣鷹山の取締りが行なわれたことは、表23に示した諸史料から明らかである。御巣鷹上納停止に関しては、前掲〔史料1〕でも同様に述べられているが、中山・下山郷の御巣鷹山に関しても次のような史料[35]がある。

〔史料11〕

差上申御巣鷹山手形之事

一 生利村之内 千之沢山 人穴山　弐ヶ所

一 椹森村之内 大和田峯　壱ヶ所

一 持倉村 魚尾村之内 椹森村 五葉ノをね あひノかや 天狗岩　壱ヶ所

一 塩沢村 高塩村之内 赤久縄山　壱ヶ所

一 山室村 八倉村之内 大栗山　壱ヶ所

橋倉村之内
一栢木幅山　壱ヶ所
山室村之内
一から松山
井出山　弐ヶ所
土屋村之内
一かくら山　壱ヶ所

合拾ヶ所

右者、御巣鷹山跡々ゟ拙者ニ被　仰付、御巣鷹見出シ差上ヶ申候処ニ、近年ハ御鷹指上ヶ不申候、何時成共被仰付次第ニ見出シ差上可申候、御巣鷹有之を商売仕間敷候、若盗取商売仕候者、何様之曲事ニも可被仰付候、

一大和田峯之儀者、先規ゟ下草取来、栂ノ木計立置申候、其外ハ御留山ニ而被仰付候、向後猥ニ入込枝木・下草成共苅取申間敷候、右之旨相背申候ハヽ、如何様之曲事ニも可被仰付候、為後日御鷹見・名主・山下名主・長百姓連判手形差上申候、以上、

一千之沢・人穴山之儀者、古来ゟ秩父領上吉田之内女形村甚右衛門御巣鷹相守候へ共、近年ハ御鷹上り不申、其上他領之儀ニ御座候故、甚右衛門判形不仕候、

上州甘楽郡山中領中山郷之内

元禄四年未閏八月

八倉村
御鷹見　ぬい之助
名主　兵　部
神原村
御鷹見　五郎左衛門

御代官様

名主
角　太　夫

（後略）

最初に中山・下山郷の一〇ヶ所の御巣鷹山が記されているが、「御鷹指上ヶ不申候」と、御巣鷹の上納が停止されていることがわかる。その年代については「近年」とあるだけであるが、上山郷と同時とみるのが自然であろう。また御巣鷹を盗み取り商売にすることが禁止されているが、この点は〔史料10〕の第二条のなかにも「御鷹見出シ申候而も、一円商売仕間敷候御事」とあり、上納停止のなかで、売買されることがあったことを示唆している。

享保元年（一七一六）に八代将軍となった徳川吉宗が、直ちに放鷹制度を復活したことも周知に属するが、山中領では早くも翌年三月に、南牧領とともに一〇巣程の御巣鷹上納が命じられ、同六月には幕府同心の御巣鷹山見分が通達され、同年内に実際に上納が行なわれた[36]。天和元年（一六八一）の上納停止から三七年を経ての再開である。次の史料は、具体的な御巣鷹探索の様子がわかる史料[37]である。

〔史料12〕

口上之覚

一檜沢村大入道山御鷹巣掛ヶ候ハヽ、夏至ゟ廿日迄之内見出シ次第不及御注進巣下仕、早々指上ヶ可申旨被仰付候趣、度々急度被仰渡候ニ付、随分情出シ山々ニ相詰、今朝迄見廻り申候得共、一円見出シ不申難儀仕候、半夏前後御巣鷹見立候しゆん（旬）ニ御座候所ニ、当月ニ入候而者雨天相続、殊ニ半夏前後わけて雨強ク、所々山川共出通路成兼候所ハ、峯つたへニ見廻り候得共、霧かゝり山々見へ兼、依之、羽ふりも見出し不申迷惑至極仕候得共、相見不申候ハ、来ル廿三四日迄之内、其訳御注進可申上旨被仰付候ニ付、無是悲（ママ）御訴申上候得者、明廿一日ニ右之御注進御役所へ罷出候様ニ被仰渡、奉得其意候、拙者共御後暗ク不情ニも仕候ハヽ、後日ニ御聞何分之御断御座候共、一言之儀申上間敷候、為後日一札如斯御座候、以上、

享保四年亥五月廿日

浜平
御鷹見　庄　兵　衛(印)
同　甚　兵　衛(印)
同　孫右衛門(印)
同　安左衛門(印)

御割元中

これは、大入道御巣鷹山での御巣鷹探索に関する割元宛の報告書であるが、この年は五月に入って雨天が続き、御巣鷹見立ての〝旬〟である半夏前後は特に雨が強く、見廻っても山々に霧がかかり、御巣鷹は発見できなかったようである。浜平御鷹見はこの旨を割元に報告し、割元から代官所へ報告するよう指示を受けている。なお、御鷹見が割元の下に位置付けられていることが、この史料からも指摘できる。

年代は前後するが、享保二年（一七一七）の御巣鷹上納に際して、代官役所から割元両名と楢原村名主に対し、「泊り・休之節ハ猫之用心能々可申付候、御用之事ニ候間、泊り・休之宿々ニ而問屋共へ申談、猫之用心致し候様ニ可申付候」と、江戸までの道中において宿泊や休憩の際には猫に用心するようにとの指示が出され、併せて、

上州甘楽郡楢原村之内
浜平

御用御巣鷹三居

右ハ、御巣鷹籠之上ニ、如此立札致し可差越候、以上、

というように、御巣鷹を入れた籠に付ける立札の雛型が示されている(38)。

享保七年(一七二二)三月には、代官朝比奈権左衛門から御巣鷹の上納が指示されている(39)。

〔史料13〕

甲斐国郡内領
上野国
下野国日光　但シ、去年者このり越候へとも、向後、このり越候ニ者不及候、
信濃
飛驒
駿河
遠州

右何茂一ヶ国ゟ一巣つゝ差越可申候、巣下シ之義者、卵わり候より十四五日程過巣下し可然候間、夫よりはやくハ無用ニ候、右之通之日積ニ而巣をろし、一番はやき巣之分差越可申候、尤このり見わけられ候ハヽ、差越間敷候、

一右之通ニ候間、夏至よりの日数之積り相止候事、

一前々者、巣見出し候節致註進候得共、不及其儀ニ候、且又、かいわり候儀、大様下より見積りニ而日数考可申候、若巣をろし致候節、巣鷹ちいさく候ハヽ、先相止、とくと一生出て候而おろし可然事、

以上、

寅(享保七年)二月廿七日

右之通御書付出候間、無間違相心得可申候、巣見出し候ハヽ、右日積を以一番はやき巣一巣差越可申候、尤、一

ヶ国ゟ一巣つヽ之積りニ候間、遠藤七左衛門御代官所上州大笹村ゟ御鷹上り候者、其段早々可申遣候間、差越候事無用ニ可仕候、随分精出シ巣見出し遣候様ニ可仕候、若油断仕巣かけ候而も其通ニ差置候ハヽ、御鷹見之者共可為越度候、以上、

寅三月十日　朝　権左衛門

右之通被仰渡奉畏候、随分無油断御巣見出し、御書付之趣を以御巣をろし仕、持参差上可申候、為其証文指上申候、以上、

寅三月　上州甘楽郡

朝比奈権左衛門様
御役所

右之通御書付御請書差上申候、随分油断不仕、御巣鷹見出差上可申候、以上、

寅三月十五日

上州甘楽郡山中領
楢原村之内
浜平
御巣鷹見
三右衛門
同　甚兵へ
同　孫右衛門
同　安左衛門

平原村之内八倉
御巣鷹見
孫三郎

野栗沢村
同断
七郎兵へ

朝比奈権左衛門様
御役所

同　甚左衛門　　甚左衛門　　平左衛門
弥四郎　平助
神原村　与頭　万助　　重助　　伊左衛門
同　佐右衛門　　戊兵へ　　角兵へ
忠左衛門

右ハ、印形致差上候扣写シ、
御役所へ一本、割本へ一本、

表24　御巣鷹上納褒美金・諸入用下付金（享保７年）

項　目	金　額	代　　永	備　　　考
御褒美金	金10両	15貫文	御巣鷹一連上納ニ付
餌雀24	銭300文	65文２分	5/16～5/19、道中４日分、１日６ずつ、１つニ付12文ずつ
御巣鷹籠代	銭620文	134文８分	こざ（莫蓙ヵ）・日覆共
御鷹道中雑用	銭４貫68文	１貫10文４分	5/16～5/28、道中往来昼食代、江戸逗留宿泊代
御扶持方	米１斗	131文４分	5/6～5/15、御鷹発見・巣卸し、番人２人扶持方、１日１人５合ずつ
合　計		11貫341文８分	

註　享保７年９月「覚」（「楢原・黒澤家文書」791）による。

このように、甲斐国（郡内領）を始め七ヶ国に対して一巣ずつの上納を求める触書を受けて、代官朝比奈権左衛門が山中領の御鷹見に対して上納の指示を出したことがわかる。雛が孵ってから巣卸までの凡その日数を示し、一番早く巣卸に適した日数に達した巣鷹を上納するように命じられているが、この時上州では、山中領のほか吾妻郡大笹村にも上納の指示が出されていたようで、早いほうを上納するとしている。

この時には、浜平から御巣鷹一連が上納されているが、五月六日に御鷹を発見し、同十五日に巣卸し、これを同十六日に御鷹見二人が江戸まで持参し、二十八日に戻っている。(40) この御巣鷹上納に対して幕府から、表24のような褒美金・諸入用が支払われている。

こうして、御巣鷹の上納に際しては御褒美金や道中入用等の下付があったのであるが、享保八年（一七二三）には、次のような廻状[41]が廻ってきた。

〔史料14〕

一巣鷹之義、只今迄ハ所々之御代官ゟ指上候得共、自今ハ巣元之百姓共之内、直ニ銘々巣鷹江戸御代官宅へ持参いたし、夫ゟ御鷹匠頭迄指出シ可申候、御吟味次第可被召上候、尤、御用済候ハ、勝手次第外売可仕候、御用之巣鷹壱居ニ付五拾里内ハ金三両宛、五十里以上ハ金五両被下候、直ニ江戸御金蔵ニ而相渡筈ニ候事、

一痛有之鷹并このりハ、持参候而も御買上無之候事、

一只今迄ハ、巣元ニて番人等附置候得共、向後相止、右代金之外ハ不被下候間、夫ニ而も望ニ存候者ハ、御代官宅へ持参可致候事、

（享保八年）
卯八月

右者、巣鷹之義ニ付御書付出候間、写シ遣之候、御巣鷹山在之村々江為読聞、御鷹見之者共奉得其意候旨、此廻状ニ奥書印形いたし可相返候、以上、

卯九月　河原清兵衛
役所御判

右廻状之趣為御読、委細承知仕候、以上、

御鷹見
三右衛門（印）
同　孫右衛門（印）
同　甚兵へ（印）
同　安左衛門（印）

黒沢治部右衛門殿

このように、一ヶ条目で御巣鷹の上納方法を改め、これまで代官を通じて上納していたのを、直接江戸の代官宅まで持参し、そこから鷹匠頭まで差し出し、買い上げるかどうか吟味するとしている。これまでは地元で代官の吟味を受け、上納するものと決定してから江戸まで運んでいたのを、直接江戸まで運んでから、御巣鷹として受け取るかどうか判断しようというのであろう（上納の対象から外れた巣鷹は、売り払っても構わないとも述べている）。これによれば、表24にある道中入用は自弁しなければならないことになるのであろうか。そして、受け取ることが決まった巣鷹一据について、五〇里以内は三両、五〇里以上は五両を下付するとあるが、これは表24にある御褒美金に代わる措置と思われる。また、三ヶ条目では地元での番人を廃止し、一ヶ条目に記された代金以外は支給しないとしている。表24によれば、番人扶持方として米一斗がみられるが、この支給をなくすというのであり、全体として御巣鷹上納に掛かる支出を抑制しようという姿勢が示されているといえる(42)。

三　御巣鷹山と御林

1　御用木の指定と保全

山中領においては、貞享年間に御用木の確認調査が行なわれ、その際に作成された同三年（一六八六）四月の「山中領御用木改帳」（以下、貞享改帳という）によれば、表25に示したように上山郷で五三本、中山郷で一〇本、下山郷で二一本の「御用木」（槻・杉・松・檜）が確認されているが、それらは慶長十七年（一六一二）に「御用木」に指定されたものという。所在場所から判明するように、御用木の多くは主に祠堂の森のなかの大木が指定されたものといえる。上山郷乙母村の檜三九本は例外として、他は一～三本の指定となっており、乙母村を含めても、大量の用材供給源とはいえないであろう。

これらの御用木について、右に述べたように貞享年間に確認調査が行なわれ、同三年四月に貞享改帳が作成される

宝暦9年			備　考
所在場所	樹種・数量	寸　法	
諏訪之森	杉2本	6尺～7.5尺廻	
八幡之森	檜26	3尺～5尺廻	＊内4本立枯
諏訪ノ森	檜1	6尺5寸廻	
	檜3		
	檜1		
八幡之森	杉1	1丈3尺廻	
			＊先年風吹折
諏訪森	松1	5尺廻	
天狗岩	松1	3尺廻	槻1本、立枯につき元文4年風折払木
十王堂	松2	4尺廻	
伊勢森	松1	2かい廻	
権現森	松1	3尺廻	
松葉山	松1	5尺廻	
冨士山天狗森	松3	3尺廻	
十二天之森	松3	4尺廻	
			杉1本、立枯につき元文4年風折払木
山神森	杉1		
			檜2本、元文3年伐出し
城山		3尺廻、2尺廻	

（「万場・黒澤家文書」15）、宝暦9年は上山郷「村差出明細帳」（「楢

出明細帳」の註記。

表25　慶長17年指定御用木の変遷

郷	村名	貞享3年			元禄5年		
		所在場所	樹種・数量	寸　法	所在場所	樹種・数量	寸　法
上山郷	楢原村		杉3本	1かい、2かい			
	乙母村	八幡ノ森	檜39	3尺～5尺廻			
	勝山村		杉1	1かい			
			檜5				
	新羽村		檜3	2尺廻			
		(主兵庫)	檜1	2尺廻			
		八幡	杉1				
中山郷	魚尾村	桜井諏訪森	杉1	1かい			
		上小越	松1	1かい			
		明神森	杉1	1かい			
		とうかの森	杉1	1かい			
		高谷木峠	松2	1かい			
	神原村	三津川	杉1	1かい半			
		大日宮	杉1	4尺			
	尾附村	拾羅せつ森	松2	1かい			
下山郷	麻生村	諏訪ノ森	松1	4尺5寸廻	諏訪森	松1本	4尺5寸廻
	柏木村	大寄	松1		大寄天狗山	松1	1かい
		十王堂	松2	3尺廻	大寄十王堂	松2	3尺廻
		伊勢森	杉1	3かい	中嶋村之内伊勢森	杉1	3かい
		同森	槻1	2かい	中嶋村之内同森	槻1	2かい
		道六神	松2	4尺	野栗大明神森	松1	4尺廻
					松波山天狗森	松1	6尺廻
	生利村	冨士山	松3	3尺廻	富士山天狗森	松3	3尺廻
					戸野村妙見ノ森	杉1	4尺廻
	万場村				八幡森	杉1	1かい
	森戸村	拾二天森	松3	4尺廻	天狗森	松3	4尺廻
	黒田村		杉2	1かい	釈迦堂前	杉1	1かい
					山神	杉1	1かい
	塩沢村		杉1	2かい	客座丹生ノ森	杉1	2かい
	小平村		檜1	1かい	城山	檜1	1かい
		天神森	檜1	3尺	天神ノ森	檜1	3尺廻
		城山	松2	2尺	城山	松2	2尺廻

註　貞享3年は「山中領御用木改帳」(「万場・黒澤家文書」310)、元禄5年は「御用木御改帳」

原・黒澤家文書」62)・下山郷「村指出明細帳」(「万場・黒澤家文書」82) による。

備考欄のうち、＊は貞享3年「山中領御用木改帳」の註記、それ以外は宝暦9年下山郷「村指

が、その奥書に「右是者、慶長拾七子年御用木御改帳ニ御書記御座候由ニ而、貞享三寅年、佐原三右衛門様御手代西沢武右衛門殿御改書上候木数ニ而御座候」とあり、当時の代官手代西沢武右衛門による調査であったとのことである。表25の備考欄に記したように、この段階で乙母村の檜三九本のうち四本が立枯となり、魚尾村の杉一本が風倒木となっていたという。また、この前年の十月に作成された老木の書上帳(43)によれば、

〔史料15〕

此度御改木御書上ヶ之事

①一欅、廻壱支（文カ、下同ジ）五尺、長七尺

右、尺之所ゟ枝付申候、夫ゟ段々枝付申候、彼ノ枝之内《木うろ》ニもかれ木御座候ニ付、うろ入候半や奉存候、右之木、万場西之方之大明神之森ニ御座候事、

②一杉、廻七尺、長

右之木、段々枝付申候、本ニくちめ《うろ》御座候、万場村八幡之森ニ御座候、

（中略）

御用木御改ニ付御書上之事

③一杉、廻七尺、壱本、しやかとうの前、壱本　黒田村

（中略）

④一杉、壱支五尺廻、長八尺、壱本、丹生森　塩沢村

右之木、八尺ゟ末者、段々大枝付申候而、のひ《うろ》無御座候、

（中略）

⑤一杉、五尺廻、長九尺、壱本、明けん森　生利村之内戸野村

（中略）

慶長拾七年子ノ九月下山之内柏木村・黒田村・小平村御書上、上り候由（カ）被仰付候間、下山之百姓大小寄合詮議仕候へ共、右之御書上覚申候者無御座候間、下山わき村迄詮議致、老木書上仕候、為後日仍如件、

貞享弐年丑ノ拾月廿四日

御代官様

とあって、慶長十七年の書上について知っている者がいないため、「老木」を書き上げたという。そして、これら「老木」のうち御用木と認定されたものを書き上げたのが貞享改帳（下山郷の部分）であろう。右に引用したなかでは、③・④は貞享改帳に登録されており、慶長十七年指定の御用木と認定されたのである。②・⑤については貞享改帳には記載がなく、認定されなかったものと思われるが、表25をみると元禄五年欄には載っており、今回の調査で御用木に指定されたものであろう（西沢武右衛門の調査の際に御用木の指定があったことは、後掲〔史料17〕からも知られる）。

さらに、上山郷浜平村では、次のような証文がみられる。

〔史料16〕（表23 No.16）

出シ申証文之事

一当村御巣鷹山并其外御山ニ、御用□（木ニカ）可罷成木御座候哉と、御代官様ゟ御改ニ御座候、けや木・つか・檜・もみ・黒松、右ノ木之内ニ而見出シ候通り者、御代官様書上ケニ仕候、けや木惣而黒木類之内ニ而大木御座候得而、御用木ニ可罷成木見出シ候ハヽ、早々可申上候、御巣鷹山之儀ハ不及申、其外山右之木立候所之山、自今以後一切荒シ申間敷候、若シ山荒シ申候ハヽ、御代官様ゟいか様之曲事ニ被為仰付候共、御恨ニ存間敷候、前

方ゟ被為仰付候通り、山焼申間敷候、右之通り少も相背申間敷候、為後日仍如件、

貞享弐年丑ノ八月十四日

浜平村
たれ〳〵

名主
伊右衛門殿まいる

このように、上山郷では貞享二年（一六八五）の調査に際し、「けや木・つか・檜・もみ・黒松」のうちで、「黒木類」の「大木」を「見出」＝発見することが指示されている。上山郷でも慶長十七年指定の御用木の確認は行なわれているので、それに加えて新規の御用木調査もなされたのではないか。しかも、「御巣鷹山幷其外御山」とあるように、御巣鷹山も含めた山内が調査の対象になっている。

その後、元禄五年（一六九二）に下山郷で作成された「御用木御改帳(44)」の奥書には、「右者、慶長拾七子年御改帳御公儀様ゟ出申候由ニ而、七年以前寅ノ年、佐原三右衛門様御支配之節御改、村中江御預ヶ被成候、右之御用木、年久敷儀ニ而村中ニ存候者無御座候、然共、大方先年之御改帳ニ御合候由ニ而、預り手形差上大切ニ相守申候、此外御帳面之木壱本も無御座候」と記されており、「七年以前寅ノ年」すなわち貞享三年（一六八六）の調査により村中預けとされていた御用木の再確認調査がこの年に実施され、改めてその保全が指示されている。下山郷で二三本の御用木が登録されており、貞享年間の調査時より三本増えているが（表25参照）、そのうち二本は〔史料15〕にみられる「老木」であることが分かり、前述のように、貞享年間の調査の際に御用木に指定されたものと思われる。

また、中山郷青梨村の御用木に関する次のような史料(45)もある。

〔史料17〕

口上書を以奉願候御事

一青梨山之内から沢山大日之森ニ杉之木、廻り壱丈五尺、長サふしの無御座候内八尺之かれ木壱本御座候、慶長十七子ノ年御用木之御改之御書付ニハ無御座候得共、佐原三右衛門様御代官所之節、御手代西沢武右衛門殿、六年以前、慶長年中御用木御改被遊候節、右大日之杉之木御用木ニ御座候哉と御詮議被成、御改置被遊候事、

一青梨村普門寺普請仕候ニ付、右之杉之木普門寺申請度由申ニ付、右之杉之木神木ニ御座候間、普門寺ニ被下候様ニ、青梨惣百性奉願候、以上、

元禄四年未極月九日

青梨村
名主代 助八郎(印)
伝右衛門(印)
助右衛門(印)
惣百性代 権兵へ(印)
新太郎(印)
庄五郎(印)
三十郎(印)

御代官様

此願書、平岡次郎右衛門様御手代小宮山勘平殿江、上州片山村ニ而上ケ申候得者、右之杉普門寺ニ被下候、以上、

未十二月日

これは、「青梨山之内から沢山大日之森」にあった杉に関する願書であるが、この杉は慶長十七年の御用木指定には含まれておらず、西沢武右衛門の調査の際に指定されたのであった。しかし、枯れてしまったため、同村普門寺の普請用に払い下げられたという。

元禄四～五年（一六九一～九二）に下山郷・中山郷で慶長十七年指定御用木の再確認調査があったが、上山郷では中沢村から浜平御鷹見衆に宛てた同五年七月晦日付の証文（表23№20）に、「中沢山　従千（先）年浜平御巣鷹山ニ御座候、毎年之通り立来り候御巣鷹山ハ不及申ニ、西沢武兵衛（右衛門）様御登御用木御改被遊候、其外あき所ニ而も、山ニす□れ候木、無沙とさわり申間敷候」とあり、「西沢武兵衛（右衛門）様御登御用木御改」が、〔史料16〕の貞享二年の御用木調査を指していることはいうまでもない。御巣鷹山はもとより西沢武右衛門の調査した「あき所」の御用木の保全を誓約した証文であり、この年には上山郷でも御用木の調査が実施されたのである。

このように、山中領では貞享二～三年、および元禄四～五年に御用木の調査が行なわれた。その目的は慶長十七年指定御用木の確認調査であるとともに、少なくとも上山郷の調査では、御巣鷹山も含めた山内全体を対象に「黒木類」＝有用樹の新規調査が行なわれたのであり、用材の資源量を把握しようとしたものであろう。貞享年間には、日野領上日野・下日野両村や西牧領本宿村でも御用木の調査が実施されていることが知られ[46]、山中領のみの調査ではなかったのである。幕府は、貞享二年に御林奉行を設置し、御林の現状調査を行い、御林の保護取締りに当たらせており[47]、こうした幕府の山林政策の一環として、山中領やその周辺における御用木調査も行われたといえよう。

なお、元禄七年（一六九四）には、下山郷に所在する御用木二本に関する次のような注進書[48]がみられる。

〔史料18〕

乍恐以書付御住（注）進申上候御事

下山郷ノ内
万場村八幡之神木

一杉壱本

但、元九尺廻り、長サ拾間余御座候而、元ゟうろニ而末迄くちめ御座候、一ノ枝迄長サ六尺御座候、それゟ

枝段々付申候、勿論ふし木ニ御坐候、

同郷ノ内
生利村妙見之神木

一杉壱本

但、元五尺廻り、長サ六間余御坐候而、元ゟうろニ而末迄くちめ御座候、一ノ枝迄長八尺御坐候、それゟ枝段々御坐候而、ふし木ニ御坐候、

右両所之森ニ而、慶長年中御用木御改被成候節、御書上之帳面ニ書記御坐候由ニ而、九年以前貞享三寅ノ年、佐原三右衛門様御手代西沢武右衛門殿御改被成候而、御用木御改帳ニ書上仕候、然所ニ、当月二日之嵐ニ而彼杉かへり申候間、奉得御下知度御披露申上候、以上、

上野国山中領下山郷之内万場村
長百姓
八右衛門
彦兵へ
（七名略）
生利村
名主代
左次右衛門
（七名略）

元禄七年
戌七月

御代官様

この二本の御用木は、前掲〔史料15〕の②・⑤に該当し、表25の元禄五年欄にも載っているが、同七年に至って嵐により倒木となってしまったのである。そのため、宝暦九年（一七五九）欄には記載がない。

表25の宝暦九年欄によれば、右の二本の外にも下山郷では、伐採や風折によって消滅したことが記されている。柏木村の場合、六本の御用木を書き上げた後に、「外御用木槻壱本、立枯ニ而、元文四未年風折ニ成、御代官石原半右衛

門様江御訴申上、御吟味之上御払木ニ被　仰付候」とあり、黒田村の杉一本についても同様な記載がある。一方、小平村の檜三本については、「外御用木檜弐本、元文三午年、御手山掛御役人様御出被遊、御伐出シ被成候ニ付、此段御代官石原半右衛門様江御住（注）進申上候」といった事情で御用木が減少したのである。

上山郷でも、乙母村の檜が一三本減って二六本になるなど、全体で五三本から三四本へと一九本が消滅しているが、楢原村の御用木に関して次のような史料(49)がある。

〔史料19〕

覚

一御用木三本之内
杉壱本、但シ、目通六尺七寸廻り長七間半
杉壱本、但シ、目通壱丈五寸廻り長八間
杉壱本、但シ、目通七尺五寸廻り長六間
但シ、右三本うらかれ

楢原村

右者、慶長拾七子ノ年、伊奈備前守様御代官所之節、御用木御記有之由ニ而、五拾四年以後貞享三寅年、佐原三右衛門様御代官所之節御吟味ニ而、御用木ニ罷成候、其節ゟ帳面ニ記指上来り申候、以上、

元文四年未二月

上野国甘楽郡楢原村名主　治部右衛門
組頭　数　馬(印)
長百姓　覚左衛門(印)
（長百姓四名略）

石原半右衛門様
御役所

如斯書上申候ひかへ

これは、御用木（杉）三本の現状を書き上げたもので、貞享三年時の杉三本に該当するものである。下山郷の動向とも合わせると、元文三～四年（一七三八～三九）にも御用木の調査が実施されたのかも知れない。さらに、宝暦九年時には杉二本となっており、右の三本のうち一本が失われたことが分かる。

2　用材供給源としての御巣鷹山

さて、山中領の村々では、笹板等の板や材木を売り出しており、その生産のために、しばしば御巣鷹山へ侵入しての伐木（盗伐）がみられたことは前述したが、一方で幕府による御用木の伐出しも行なわれた。万治二年（一六五九）の浜平村から奉行宛の訴状（第一部第一章〔史料4〕）の文面に、「去年中ハ浜平山へ御用木之木屋衆被参候」とあるのは、詳細はわからないが、木屋衆による御用木の伐出しが行なわれたことを示すものといえよう。

次いで、享保三年（一七一八）九月の口上書[50]に「先規之様子此度委ク承候処ニ、伊奈左門様御支配之節、両村（浜平・中沢）惣山之内ニ而間切り取候而、御江戸迄出シ申候由、金元江戸ニ而致候者も有之候由申候、其節之書物等にても御座候哉と相改候得共、しかと致候書物も見へ不申候」とあり、代官伊奈左門支配の時期とは寛文六～延宝九年（一六六六～八一）のことになるが、この時期に浜平・中沢両村から材木を伐り出し江戸まで輸送し、この事業には江戸の「金元」も加わっていたという。これも詳細は不明であるが、江戸の商人資本の参加が窺われる。

その後、元禄十六年（一七〇三）十月には、代官宛に次のような願書[51]が差し出されている。

〔史料20〕

乍恐書付ヲ以奉願上候御事

一御支配所上州山中領之儀、山方ニ而人多御座候所、近年打続米穀高直ニ而惣百姓悉困窮仕候、就夫、山中御山之儀、万場村八右衛門・小平村与右衛門・尾附村平太夫願書差上置、御用木御山入奉願候、此度所困窮仕候ニ付、弥々御用木御山入奉願候間、御山入被　仰付可被下候、御用木御入用ニ無御座候ハ、売木ニ成共被為　仰付、百姓御救被遊可被下候、若三人之者共ニ被為　仰付被下候得者、山中領惣百姓難有奉存候御事、

右之通、御意奉仰候、以上、

元禄十六年未十月

御代官様

このように、百姓の困窮を救うために、「御山」に入って御用木として材木を伐採することを願い出ている。差出人が記されていないが、万場村八右衛門ら三名の願い出を受けて差し出されたものである。御用木を必要としないなら「売木」でも認めて欲しいともあり、幕府による用材買上（御用木）が認められない場合の民間への販売の許可をも求めている。この出願に関係して、同年十一月九日付で、別所助右衛門という人物から、〔史料20〕にみえる万場村八右衛門・小平村与右衛門・尾附村平太夫に三浦屋甚三郎を加えた四名宛の次のような証文[52]がある。

〔史料21〕

証文之事

一上州山中領御林御材木、運上ヲ以売木ニ御願候ニ付、御願之通埒明候ハヽ、山出入用金此方ゟ差出、山方杣・日用出シ方共ニ無滞様ニ仕立、御材木江戸廻シ、問屋払方之儀ハ相談之上相払、金銀等差引仕立、徳用金ニ而高拾口ニ割、四口各へ相渡し、六口此方へ請取可申候、若損金致候ハヽ、右割合之通差出勘定相立可申候、仲間極証文之儀ハ、願相叶相談之上相究可申候、其節相互ニ非道成儀申分致間敷候、此御願申四月迄之内相叶候

ハ、、右之通相違致間敷候、四月以後之儀ハ、其節御相談之上割合等相究可申候、別紙願書壱通致判形相渡し申候、為後日証文仍如件、

元禄十六年未十一月九日　　　　別所助右衛門印

上野国山中領小平村
与右衛門殿
尾附村
平太夫殿
万場村
八右衛門殿
三浦屋
甚三郎殿

この証文の冒頭に「山中領御林」とあるが、この「御林」は正徳四年（一七一四）に設定される御林とは異なり、御巣鷹山を指すものである。また、この「御林」は「御山」とも表記されていることが（史料20・22）により指摘できる。ともあれ別所助右衛門は、出願が認められたならば、「山出入用金」＝伐出し費用を負担する、杣・日用も滞りなく準備する、材木の江戸輸送と問屋への引渡しは相談のうえで行なう、利益は八右衛門ら四名と助右衛門とで四対六の割合で分配する、などの諸点を約束している。この証文と同内容で、万場村八右衛門・小平村与右衛門・尾附村平太夫・三浦屋甚三郎から別所助右衛門宛の証文(53)も作成されており、両者で契約証文を取り交わしたことが分る。三浦屋甚三郎は、地元の商人であろうか。別所助右衛門は、資金や人員の調達を請け負っており、江戸在住とは断定できないが、資金力を持つ地元以外の者で、前述した「金元」と同様な存在ではないか。

なお、同年十一月九日付で、出願者のひとり尾附村平太夫から上山・中山・下山郷の名主衆中・惣百姓中に宛てた証文(54)によると、

〔史料22〕

一札之事

一山中領御山ニ而御用木御願申上候、就夫、村々ゟ茂御願之口上書御上ケ被下候、御願之通御用木被　仰付候共、又ハ売木ニ被　仰付被下候共、御役人様方御越被遊候節者、夫・伝馬又者水夫共ニ、我等共方ゟ相勤、御百姓衆ニやつかいニかけ申間敷候、為後日仍如件、

元禄十六年未十一月九日　尾附村　平太夫
平原村　忠左衛門

山中領上山郷
中山郷
下山郷
右名主衆中
惣百姓中

右之通一札、上山名主・百姓衆中へ、両人ニ而相渡シ置申候、

というように、村々からも口上書（〔史料20〕か）を提出したようである。そして、「御用木」であっても「売木」であっても、役人が見分に出向いた際の人足や伝馬・水夫について、百姓衆に負担させないことを約束している。(55)

さて、この御用木伐出し願いに関して、同年十二月に「上州山中甘楽郡御林御材木江戸廻直段帳」という帳簿が作られているので、次にこれを掲げてみよう。

〔史料23〕

上州山中甘楽郡御林御材木江戸廻直段帳

(a)一木数千五百本　槻、長三間木ゟ七間木迄　角・平物并末口物共ニ

但シ、御直段之儀者、秩父山縫之助御請負直段ニ五歩(分)引、長七間半ゟ半間上り段々弐割増シ、帳面之外寸間太木出来仕候ハヽ、一寸上り段々弐割増、木数三割迄過不足御免被遊可被下候、

(b)
一木数三万五千本　栂・樅、長弐間木ゟ四間木迄　角・平物共

但、御直段之儀者、遠州奥山野口屋甚八・手嶋屋次郎兵衛御請負直段ニ五歩(分)引、桧寸立取出申候ハヽ、

栂・樅直段弐割半増、

(c)
一木数五百本　桂、末口物、長四間木ゟ七間木迄

但、御直段之儀者、槻末口物ニ壱割引、

木数合三万七千本

但、木数三割迄、過不足御免被遊可被下候、

(d)
一木数七万本　栂・樅・姫子・桂・沢栗　長弐間木ゟ三間木迄

但、長弐間木壱尺角ニ廻、千本ニ付金弐拾八両宛御運上差上、売木ニ可被下置候、尤、三割迄過不足御免可被下候、

右之通、来申年(宝永元年)ゟ戌年迄三ヶ年ニ、山出江戸廻シ上納可仕候、御急用ニ付、来申六月ゟ極月迄、段々上納仕候分、右之直段ニ六割半増御勘定可被下候、但、御急用之分若満水仕、御材木紛失仕候ハヽ、山出・川流賃不残御改之上可被下候、御急用ニ無之分者、山出・川流賃半金可被下候、

本八丁堀四町目
下嶋屋　瀬兵衛

(中略)

元禄十六年未十二月

上州山中領小平村　与右衛門
同国同領尾附村　平太夫

この帳簿は、伐り出した材木の江戸輸送費用の見積書であり、尾附村平太夫・小平村与右衛門に下嶋屋瀬兵衛が加わり作成されたものである。下嶋屋瀬兵衛は、在所が本八丁堀四町目とあるので江戸の材木商であろう。別所助右衛門との関係など不明であるが、〔史料21〕にみえる「問屋」であろうか。

いずれにせよ、今回江戸に輸送する材木は、(a)槻一五〇〇本、(b)栂・樅三万五〇〇〇本、(c)桂五〇〇〇本に、さらに(d)栂・樅・姫子・桂・沢栗七万本である。このうち、(d)は幕府に運上金を納める「売木」とされているので、(a)〜(c)が「御用木」として幕府が買い上げる分であろう。そして、この伐出しは「来申年ゟ戌年迄三ヶ年ニ、山出江戸廻シ上納可仕候」とあるように、翌宝永元年（一七〇四）から三ヶ年計画で実施の予定とされている。また、(a)によれば秩父山で、(b)によれば遠州奥山でも伐出しが行なわれたことが窺える。

さらに注意すべきは、「御急用ニ付、来申六月ゟ極月迄、段々上納仕候分、右之直段ニ六割半増御勘定可被下候」とあり、宝永元年六月〜十二月に上納する分に関しては、「御急用」のため六割半増値段で勘定するとするなど、「御急用」であることが強調されている点である。この時期、「御急用」で大量の材木が必要な事態といえば何であろうか。考えられるのは、元禄十六年（一七〇三）十一月二十二日に発生した関東大地震からの江戸の復興であろう。但し、今回の材木伐出し計画は、既にみたように元禄十六年十月に出願され、しかも山中領の百姓困窮を救うのが目的であった。ところが、同年十一月に関東大地震が発生したために、復興用の材木の確保を目的とした「急御用」に切り替えられたのではないか。

ともあれ、右の伐出しは宝永元年から同三年までの三ヶ年計画であったが、同二年には小平村与右衛門らから次のような願書(56)が、代官に差し出されている。

〔史料24〕

乍恐以書付奉願上候事

一上州御代官所山中領御林之儀、先規ゟ山中領村々ニ而奉守、御役相勤罷有候、右山中領御林、古来ゟ終ニ材木山出不被　仰付候ニ付、段々茂り申候ニ付、年々風折・朽木御座候而、洪水之節者流失仕候、殊ニ山中領之儀者山方ニ而近年不作仕、惣百姓困窮仕候ニ付、右御林之内立枯・風折・ゆがミ木・雪折之分、為御救売木ニ被仰付被下候様ニと奉存候処、去未年(元禄十六年)、御用木ニ茂可罷成木品有之候ハ、、書付ヶ差上候様ニと被為　仰付候ニ付、山出シ御蔵納之積り帳面差上置申候、去申七月大水之時分茂、風折・根返り流失仕候、山中領百姓(為脱カ)御救当酉ゟ卯年迄七年之間、売木ニ被為　仰付被下候様ニ奉願候、御運上金長弐間木壱尺角ニ廻シ、壱万本ニ付金三百両宛之積り差上可申候、且又、御蔵納御用木被　仰付御用之節者、何分ニ茂被　仰付次第杣取仕差上可申候、御直段之儀者随分引下ヶ御請負可仕候、右之通被為　聞召訳、所助成之ため雪折・風折・立枯レ・ゆがミ木之分計被為　仰付被下候ハ、、難有奉存候、以上、

寶永弐年酉閏四月

上州山中領小平村　与右衛門

同国同領尾附村　平太夫

江戸南大工町奈良屋　喜左衛門

野田三郎左衛門様

この願書のなかで「去未年」＝元禄十六年の御用木の伐出しについて触れているが、その際に提出したという「山出シ御蔵納之積り帳面」とは、〔史料23〕を指すものであろう。そして、元禄十六年出願の三ヶ年季の途中であるが、「御救」「所助成」のために、正徳元年までの七ヶ年季の「売木」を願い出ているのは、元禄十六年の伐出計画が認められなかったために、再度願い出たのであろうか。今回は、与右衛門・平太夫とともに連署しているのは、材木商であろう江戸南大工町の奈良屋喜左衛門になっている。

次いで、宝永五年（一七〇八）十二月に、「山内御林檜木数・寸間并川長之様子」の取調べが行なわれ、次のような見積書(57)が作成されている。

〔史料25〕

覚

上州甘楽郡山中領
野栗沢村山内御林之内

寸立小ぶし
一檜三千五百本程
　内
　百五拾本程　長四間　目通五尺廻り
　千三百本程　長三間　目通四尺廻り
　弐千五拾本程　長弐間　目通弐尺廻りゟ
　　三尺五寸廻り迄

右御林ゟ上〆神流川迄、道法壱里、セき(堰)流シ、
神流川ゟ武〆八丁河岸迄、川長拾五里程、くだ(管)流シ、
八丁河岸ゟ利根川通、江戸両国橋迄、四拾六り程、筏流シ、

同国同郡
勝山村山内御林之内

寸立小ぶし
一檜五百本程

弐拾本程　長三間　目通三尺廻り
内
四百八拾本程　長弐間　目通弐尺廻りゟ弐尺五六寸廻り迄
右御林ゟ上ゞ神流川迄、道法拾八丁、しゆら（修羅）木出シ、
神流川ゟ武ゞ八丁河岸迄、川長拾六里程、くだ流シ、
八丁河岸ゟ江戸迄、右同前、
一檜《寸立小ぶし》七千本程　同国同郡乙父村山内御林之内
内
弐百本程　長四間　目通五尺廻り
三千三百本程　長三間　目通三尺廻り
三千五百本程　長弐間　目通弐尺廻りゟ弐尺五寸廻り迄
右御林ゟ上ゞ神流川迄、道法壱里半、谷川セき流シ、
神流川ゟ武ゞ八丁河岸迄、川長拾八里程、くだ流し、
八丁河岸ゟ江戸迄、右同前、
木数合壱万千本程
三百五拾本程　長四間　目通五尺廻り
千三百本程　長三間　目通四尺廻り
三千三百弐拾本程　長三間　目通三尺廻り
六千三拾本程　長弐間　目通弐尺廻りゟ三尺五寸廻り迄

右者、拙者御代官所上州甘楽郡山中領村々山内御林檜木数・寸間幷川長之様子、山本之百姓共吟味仕候所ニ、右書面之通大積り書出シ申候、木数・寸間大積り之儀ニ御座候間、少々過不足可有御座様ニ奉存候、以上、

(宝永五年)
子十二月

野田九左衛門
野田三郎左衛門

御勘定所

右者、上〆甘楽郡山中領村々山内御林檜木数御吟味被遊候ニ付、木数・寸間幷川長之様子大積り書上申候、木数・寸間大積り之儀ニ御座候間、少々過不足可有御座様ニ奉存候、以上、

子十二月

山中領小平村
与右衛門
同領尾附村
平左衛門

御代官様

このように、尾附村平左衛門・小平村与右衛門から代官に提出され、さらに代官から勘定所へ提出されたものであろう。(58)野栗沢村山内御林に三五〇〇本程、勝山村山内御林に五〇〇本程、乙父村山内御林に七〇〇〇本程、合わせて一万一〇〇〇本の檜が書き上げられており、檜の資源量を把握するための勘定所による調査であったことが指摘できる。そして、「御林」から江戸までの距離も記されており、伐出し・輸送に備えたものといえよう。ここでも「御林」と称しているが、前述のように御巣鷹山を指すものであろう。

右の木数見積書は、差出人が尾附村平左衛門・小平村与右衛門であり、宝永二年の御用木伐出し願いとの関連が考えられようか。元禄十六年の御用木の伐出しに際しても「御用木ニ茂可罷成木品有之候ハヽ、書付ヶ差上候様ニ被為仰付候」とあるのと同様に、年代は三年半余のちのことになるが、御用木の調査が実施されたのであろうか。この時

期に檜の資源調査が行なわれた目的は必ずしも明確ではなく、この調査に基づいて実際に伐出しが行なわれたのかどうかも分らないが、調査対象が檜であり、〔史料23〕では対象外であった檜を把握しようとしたものといえようか。

ところで、〔史料25〕には、木数を書き上げた後に、①御林から神流川まで、②神流川から武州八丁河岸まで、③八丁河岸から江戸両国橋までの距離とともに、それぞれの区間の材木の輸送方法が記されている。それぞれの区間に対して、①堰流し・修羅木出し、②管流し、③筏流しという輸送方法を用いる計画であったことが分る。②・③はすべて同じ輸送方法であるが、(59) ①では神流川までの距離が比較的短い勝山村御林からは修羅木出しで、他の二ヶ所からは堰流しとなっている。

次に用材の資源調査が行なわれたのは、正徳三年（一七一三）三月の日光御普請用槻の確保のための調査である。次いで、同年夏から翌年四月にかけて代官による山内見分が実施され、この代官見分に基づいて、浜平・中沢・乙父沢・野栗沢村の四ヶ村に、用材供給源としての御林が設定されることになる（次章第一節参照）。

おわりに

以上、上州山中領における御巣鷹山制の変遷と、それに関連して御林の在り方について、享保期以前に限って検討してきた。山中領における御巣鷹山は、最終的に三六ヶ所が設定されていた。それら個々の御巣鷹山の設定時期を明らかにすることは難しいが、一六〇〇年代末頃にはほぼ出揃っていたと思われる。そして、御巣鷹山の管理・保全と御巣鷹の発見・上納のために御鷹見が任命されていたが、御鷹見役は浜平・野栗沢村（上山郷の御巣鷹山を管轄）と八倉・神原村（中山郷・下山郷の御巣鷹山を管轄）の各村が村役として担っていた。浜平・野栗沢村では、御鷹見役を務める代償として高役が免除され、その分は上山郷村々が肩代わりしていた。

五代将軍徳川綱吉による放鷹制度の縮小策により、山中領の御巣鷹山では天和元年（一六八一）に御巣鷹の上納停止が申し渡された。ただし、御巣鷹山そのものは廃止されずに維持され、八代将軍徳川吉宗による放鷹制度の復活をうけ、直ちに御巣鷹の上納が再開されたのである。

いうまでもなく、御巣鷹山は御巣鷹の供給源として設定されたのであり、実際に御巣鷹の上納も行なわれた。その一方で、貞享期から御巣鷹山を対象とした有用樹（用材）の調査がみられ、また元禄十六年（一七〇三）には、地元の請負人に加え地元以外の江戸町人等の資本も参加した用材伐出し事業が計画されたが、こうした伐出し事業はさらに遡り寛文〜延宝期にも行なわれたことが窺え、御用木の伐出しは万治年間まで遡り得る。これらの状況は、資源調査の実施も併せ、御巣鷹山が用材の供給源として位置付けられていたことを示すものであろう(60)。

須田努氏は、天和〜元禄期は御巣鷹山規制が進行し、御巣鷹山制度の確立期であるとされている(61)。しかし、この時期にとりわけ規制が強化されたとは思われない点はすでに指摘したが（本章第一節2参照）、それとともに御巣鷹山に複合的な機能が付与されていたことを、御巣鷹上納停止期間においても御巣鷹山が維持された背景として、視野に入れておく必要があるのではないか。

詳しくは次章に譲るが、正徳四年（一七一四）以後は、浜平御林・中沢御林・乙父沢御林・野栗沢御林の四ヶ所の御林が存在することになるが、それ以前においては、御巣鷹山と御林が同義に使われていたことも指摘した。この点については、用材の供給源としての機能の強化に伴って、そうした面での御巣鷹山を御林と称するようになったのではないか。換言すれば、御巣鷹の供給源としては御巣鷹山、用材の供給源としては御林という呼称上の区別がなされていたのではないか、と推測しておきたい。以上の御巣鷹山と御林の関係を簡単にまとめれば、御巣鷹山は御巣鷹の供給源から、その機能を維持しながらも用材供給源としての機能を併せ持つことになり、さらには御巣鷹山とは別に用材供給源としての御林が設定された、ということになろう。(62)

また、正徳四年の御林設置と同時に、御林・御巣鷹山を含む「惣山」の支配が割元の職務とされ、それまで割元からは自立的に御巣鷹山の支配に当たってきた御鷹見が、〈割元―御鷹見〉という支配ラインに編成されたことは、用材供給源の確保という幕府の山林政策の山中領におけるひとつの帰結であると位置付けられよう。

註

(1)「御巣鷹山」については、始めは「御鷹山」と記されているが、延宝八年の史料(表23No.13)に「御巣鷹山」とあるのを初見に、以後殆ど「御巣鷹山」と表記される。一方、「御鷹見」については、正徳期以降「御巣鷹見」という表記も混じるが、殆どは「御鷹見」と記されている。そこで、本稿では「御巣鷹山」「御鷹見」で統一することにしたい。

(2) 中島明「「御巣鷹山」研究序説―山中領上山郷に例を求めて―」(『群馬県史研究』二、一九七五年)

(3)『群馬県史』通史編5(群馬県、一九九一年)三九六~四〇二頁(中島明氏執筆)、中島明著『群馬の林政史―ひとと森林のかかわり―』(みやま文庫、二〇〇四年)、『上野村誌(Ⅷ) 上野村の歴史』(上野村、二〇〇五年)

(4) 須田努①「山間地域(石高外領域)における「公儀」支配と民衆生活―御巣鷹山制度と御鷹見役をめぐって―」(『関東近世史研究』二四、一九八八年)。なお須田氏には①論文と関連して、同②「御鷹見役と生業―上州山中領・武州秩父郡大滝村を事例に―」(『群馬歴史民俗』一三、一九九二年)がある。

(5) 年未詳「上州甘楽郡山中領浜平・中沢・乙父沢・野栗沢四ヶ所御林絵図」(註(3)『上野村の歴史』所収)をもとに作成した。但し、御巣鷹山の名称表記は表22に合わせた。

(6) このため、同絵図にはこれら一一ヶ所の御巣鷹山の位置は示されていない。そこで、浜平御林・中沢御林については、別の御林・御巣鷹山絵図(註(3)『上野村の歴史』所収)により付け加えた。

(7)「神原・黒澤家文書」二七〇

(8)「万場・黒澤家文書」三一四(第二部第三章〔史料2〕参照)

（9）みさこの尾根御巣鷹山の指定に関しては、次のような史料がある（「万場・黒澤家文書」四一四）。

一札之事

一ミつまた向みさごの尾根、前々ゟ引巣之場ニ御座候ニ付、先月中　殿様御検分之節、引巣之場ニ御座候由申上候、勿論、前度白井ゟ出合之薪秣取場ニ御座候所と出入ニ罷成、于今埒明不申候得共、引巣之場紛無御座候間、此度御改間数請申候、弥大切ニ右境之通相守可申候、若山内不埒成義も御座候ハヽ、何分之御仕置御座候共、一言之義申上間敷候、為後日仍而如件、

正徳四年午
五月朔日

楢原村之内
浜平　庄兵衛（印）
甚兵衛（印）
伊左衛門（印）
安左衛門（印）

両御割元中

このように、みさこの尾根は以前から「引巣」の場所であったことから、今回の見分を機に御巣鷹山に指定されたのであった。

（10）註（2）中島論文、註（3）の諸文献。

（11）正徳三年（一七一三）時の一一ヶ所のうち日影長岩・日向長岩の二ヶ所が、ここでは「ながいや壱ヶ所」となっているため一〇ヶ所である。

（12）ここでは「千之沢山・人穴山　弐ヶ所」であるが、これが正徳三年時は一ヶ所に数えられている。そのため、一〇ヶ所と九ヶ所の違いになっている。

（13）群馬県多野郡上野村楢原字浜平「高橋真一家文書」一四五

（14）「神原・黒澤家文書」二〇〇

（15）「ぬいの助」は、元禄四年（一六九一）閏八月の御巣鷹山手形（後掲〔史料11〕）にも「八倉村　御鷹見　ぬい之助」とみえ、八倉村在住の「御鷹見」である。

（16）浜平「高橋真一家文書」二〇三　末尾に「御代官山本賀平太様」とあるが、この時の代官は池田新兵衛であり、山本は池田の手代である。

(17) 冒頭の「野栗沢村御巣鷹山拾ヶ所・浜平拾五□《(ケ)》所、合弐拾五ヶ所之御巣鷹山」とある部分は、野栗沢村が一五ヶ所、浜平が一〇ヶ所の誤記と思われる。前述したように、同年と推定される閏九月十一日の口上書（註(13)に同じ）に「野栗沢村ニ御巣鷹山拾五ヶ所、浜平村ニ拾ヶ所、合弐拾五ヶ所之御巣鷹山」とあるのが正しい。

(18) 註(4)須田①論文。なお、註(4)②論文において須田氏は、「山中領の御巣鷹山自体は、承応期から徐々に設定されていき、天和～元禄期にかけ、御巣鷹（鷹の雛）供給地として確立されていく」と述べているが、〔史料1〕〔史料10〕等によれば、天和元年（一六八一）には御巣鷹の上納が停止されている。

(19) 註(4)須田①②論文

(20) 浜平「高橋真一家文書」一六九

(21) 拙稿「上州山中領における御巣鷹山と山林政策の変遷（上）」（『徳川林政史研究所 研究紀要』四二、二〇〇八年）の註(27)で、この史料に「仕埋」している村が「上山郷楢原村之内六ヶ村」と記されているのは誤りであると述べたが、正確な原文は「上山郷楢原村迄之内六ヶ村」であり、「仕埋」しているのは〝上山郷の六ヶ村〟と解釈できるので、ここに訂正しておきたい。すなわち、「仕埋」している村は、御鷹見役を務める野栗沢村を除く上山郷六ヶ村であり、同じく御鷹見役をつとめる浜平を除く楢原村も「仕埋」しているのである。

(22) 浜平「高橋真一家文書」九七

(23) 浜平「高橋真一家文書」一九〇　中略部分は、次章〔史料21〕参照。

(24) 浜平「高橋真一家文書」二

(25) 浜平「高橋真一家文書」一四三

(26) 享保十七年（一七三二）と推定される子五月四日付で、野栗沢村が割元覚右衛門に、「乙父村・乙母村・新羽村・川和村・勝山村、右五ヶ村御巣鷹山村附ニ仕度願、去々年山守中江書付拙者共方ゟ差出候」と、同村では二年前に「五ヶ村」の「村附」願いを認める書付を割元に差し出したが、この度「村附被仰付候而者野栗沢迷惑之段書付認メ」と、「村附」を拒否する書付を作成したことに対し、「両様之願之段御不審ニ預り申訳ヶ無之」と割元に謝罪し、今回の書付の提出は取り止めることを述べた覚書（「神原・黒澤家文書」七五四）を差し出していることが知られる。〔史料3〕では従来通りの諸役仕埋を願っていることと矛盾することになるが、野栗沢村の姿勢が揺れていることが窺えようか。

(27) 浜平「高橋真一家文書」一六五

(28)「役儀」免除をめぐっては、次のような史料（浜平「高橋真一家文書」一七〇）もみられる。

手形之事

御巣鷹場ニ御座候付、何成共役儀不仕候、其上御巣鷹之儀ニ付、御公儀様江名主参候とも、先年ゟ人馬・遣銭共出し不申候、名主役ニありき被申候、其上たれ成とも、やく儀仕候と申候者御座候者、我等罷出可申開候、為後日手形如件、

承応二年
巳七月二日　中山　縫殿介(印)

平右衛門殿
拾左衛門殿
新　兵　衛殿

（後欠）

差出人の「中山　縫殿介」については、八倉村の御鷹見かと思われ、宛所は浜平の御鷹見である。ここでは、「御巣鷹場」であるので「役儀」が免除されていて、御巣鷹に関わることであっても名主に対する人馬や遣銭も負担していないことが述べられている。この証文が作成された背景は不明であるが、翌年十月に浜平の御鷹見が代官宛に差し出した上申書（後掲〔史料8〕）によれば、御巣鷹についての歩・伝馬・夫銭をめぐって楢原村名主権助と浜平の御鷹見たちが対立しており、この一件と関係するものであろうか。すなわち、楢原村名主が歩・伝馬・夫銭を徴収しようとしたのに対し、御鷹見たちが反発し、拒否の根拠として中山郷の御鷹見の場合も、そうした「役儀」が免除されていたことを確認したのではないか。

(29) 盗伐は信州側からのみ行なわれた訳ではないが、特に信州との関係では「山中領奥山之儀者、楢原村其外枝郷ゟ国境峯々迄嶮岨之場所ニ而、道法三四里有之、信州ゟハ平場続ニ而、通路自由成所茂有之、前々立木盗伐り候儀茂御座候ニ付」（次章〔史料6〕）、「右御林信州境ゟハ平地同前ニ而、自由ニ出入も致能場所ニ付」（次章〔史料22〕）などとあるように、御林の立地条件が信州側からは「平場続」「平地同前」であるために侵入しやすかったという。

(30)「神原・黒澤家文書」二六・四七、浜平「高橋真一家文書」三七、「万場・黒澤家文書」三一五による（それぞれ第一部第三章〔史料20〕、第二部第三章〔史料4・5・8〕を参照）。

(31) 山中領における焼畑については、永島政彦「生業構造の変化と焼畑耕作―神流川流域の事例から―」(『群馬歴史民俗』一三、一九九二年)参照。なお、火気の原因は焼畑だけではなかった。時代は下るが文久二年(一八六二)の乙父村枝郷神寄の出火始末書(群馬県多野郡上野村乙父「黒澤丈夫家文書」〈群馬県立文書館寄託〉六六四三)に「他村猟業体之もの之火縄落火ニ而も相起り候哉」とあり、また年未詳であるが、鍋割御巣鷹山での野火一件に関する酉五月の楢原村枝郷楢沢村惣百姓申口(「神原・黒澤家文書」六二一)に「楢沢之者計ニ無御座、商人川通り之者も下仁田へ通り申候、(中略)商人・市人などたばこ吸候而火玉落シ焼立申候哉と奉存候」とあるなど、猟師鉄炮の火縄の火や、商人・市人など通行人の落とした煙草の火が、出火の原因となることもあったことが窺われる。表23No.10(第一部第一章〔史料5〕)に「御鷹山之近所江、当村之清十郎火を落候処ニ」とあるが、これも煙草の火であろう。

(32) 狩猟について詳細な解明は史料的に難しいが、正徳四年(一七一四)の上山郷村鑑(「神原・黒澤家文書」二七〇)によれば、当時上山郷で八九挺の「御免鉄炮」があり、その内訳は「猟師筒」五二挺、「驚筒」三七挺とある。また、慶安四年(一六五一)の中山郷鉄炮書上(「神原・黒澤家文書」二〇〇)には、二〇挺の「せつしやうつゝ」(殺生筒)が書き上げられており、享保十五年(一七三〇)十月の中山郷青梨村鉄炮証文(「神原・黒澤家文書」七〇)に「前々ゟ猟師鉄炮二挺猟師共所持仕、則、猟師共ゟ別紙証文差上、猟業仕来申候」とあるのが知られることを、差し当たり指摘しておこう。

(33) 拙稿「上州山中領における山地利用とその環境―「切代畑」と御巣鷹山をめぐって―」(根岸茂夫・大友一雄・佐藤孝之・末岡照啓編『近世の環境と開発』思文閣出版、二〇一〇年)において、御巣鷹山と山地利用の規制について検討しているので参照されたい。

(34) 根崎光男著『将軍の鷹狩り』(同成社、一九九九年)七一〜七九頁、同著『生類憐みの世界』(同成社、二〇〇六年)四〇〜四五頁。

(35) 「神原・黒澤家文書」三四

(36) 註(4)須田①論文。註(2)中島論文によれば、享保年間には同二・三年に各二据、同五・七・八・九年に各一据の上納があったという。

(37) 「神原・黒澤家文書」三〇〇

(38) 浜平「高橋真一家文書」四九

(39)　浜平「高橋真一家文書」一七八
(40)　「楢原・黒澤家文書」七九一
(41)　「楢原・黒澤家文書」三八八
(42)　信州秋山郷においても、享保八年に江戸から五十里以内は一居につき三両、五十里以上は五両の代金で買い取る方式に変わり、扶持米の下賜が廃止になったという（荒垣恒明「巣鷹をめぐる信越国境地域の山地利用規制」湯本貴和編『山と森の環境史』文一総合出版、二〇一一年）。
(43)　「万場・黒澤家文書」三一一
(44)　「万場・黒澤家文書」一五
(45)　「万場・黒澤家文書」一三〇
(46)　群馬県藤岡市三波川「飯塚馨家文書」（群馬県立文書館寄託）一九三三、群馬県甘楽郡下仁田町本宿「神戸金貴家文書」（群馬県立文書館寄託）三〇九二
(47)　所三男著『近世林業史の研究』（吉川弘文館、一九八〇年）、一〇七～一〇八頁。農林省編纂『日本林政史資料』江戸幕府法令、六二～六三頁。
(48)　「万場・黒澤家文書」一四八　万場村八幡森の御用木については、戌（元禄七年）七月三日付で七七名が連署して、「昨二日朝ゟ今日夜明迄之荒《（嵐）》ニ、八幡森御用木之杉風ニ而たおれ申候ニ付、相談之上、枝・根を切申候而、道わきニ枝・根共ニつミ置申候、御披露ニ神流川水落次第村ゟ遣シ、御下知を請可申候、勿論、枝葉・根抔ニ而も一切取申間敷候」と、嵐にて倒木となった御用木の取扱いについて取り決めている（「万場・黒澤家文書」八三九）。
(49)　「楢原・黒澤家文書」三八九　文中に「慶長拾七子ノ年、伊奈備前守様御代官所之節」とあるが、伊奈備前守（忠次）は慶長十五年（一六一〇）に歿しているので、この点は誤りである。
(50)　「神原・黒澤家文書」一八七　この口上書（第二部第三章〈史料7〉）は、割元両名から代官に対して、①「御留山」境の明確化、②山守の設置の二点を提言したもので、これを受け代官は勘定所に対して、①境界を明確にして山稼を許可すべきこと、②山内取締りのため山守を設置すべきことを伺い出た。その結果、浜平・中沢の御林に「御免許稼山」が認められ、また山守が任命されることになった（次章および第二部第三章第一節参照）。

(51)「万場・黒澤家文書」二六四

(52)「万場・黒澤家文書」二六三

(53)「万場・黒澤家文書」二四四

(54)「万場・黒澤家文書」二四三

(55)「万場・黒澤家文書」四九四

(56)「万場・黒澤家文書」五三二

(57)「万場・黒澤家文書」五一〇

(58)この史料には年代が明記されていないが、野田三郎左衛門が山中領の代官であったのは元禄十四年～正徳三年（一七〇一～一七一三）であり、この間の子年は宝永五年（一七〇八）となる。

(59)③で「利根川通、江戸両国橋迄」とあるが、第二部第三章第三節1で触れる御林からの伐出しの際の触書には「上州山中領楢原村始、武州藤ノ木川岸、夫ゟ烏川・利根川・江戸川通、江戸深川迄」（天明七年、「楢原・黒澤家文書」一六三）とあるなど、ここでも利根川から江戸川を経由したのであろう。

(60)このような動向は、多少の時期的な違いはあるが、秩父山地の場合とほぼ同じといえる（貝塚和実「秩父山地における幕府の山林支配と生業―近世村落共同体の再検討⑴―」『徳川林政史研究所研究紀要』二三、一九八九年）。

(61)註（4）須田①論文

(62)拙稿「山稼の村と「御免許稼山」―上州山中領を事例として―」（『徳川林政史研究所研究紀要』昭和六二年度、一九八八年）および「上州山中領における「山守」制の成立と再編」（同上三四、二〇〇〇年）で、代官野田の山内見分の際に御巣鷹山を御林として把握しようとした旨を述べたが、本文中で述べたとおり、それ以前から御巣鷹山を御林と称することがあった。この点は、既に拙稿「上州山中領における御巣鷹山と山林政策の変遷（下）」（同上四三、二〇〇九年）で修正しておいたが、改めて確認しておきたい。

第二章　御林の設定と山守制の展開

一　御林の設定と山守設置構想

1　御林設定の経緯

本章では、山中領における「御林」の設定過程と御林を始め山内支配を担った「山守」の動向を追うことにしたい。山中領では、正徳三年（一七一三）に御林が設定され、享保四年（一七一九）に「山守」制が施行されるが、この御林支配の展開過程を追うことによって、前章で検討した御巣鷹山制に引き続き、幕府の山林政策と村々の対応関係を明らかにしてみたい。なお、「山守」は「御林守」とも記され、後述する享保十七年（一七三二）の再編以降は専ら「御林守」と称するようになるが、本書では「山守」で統一することにしたい。

山中領における御林設定の経緯について、まず元文五年（一七四〇）五月に、割元両名が代官石原半右衛門に差し出した御林謂書(1)をみてみよう。

〔史料1〕

（前略）

一正徳二〔三〕年巳ノ三月、日光御普請ニ付、御徒目付大平弥五兵衛様・御披〔被〕官前沢藤兵衛様御越、御山内ニ而御小屋掛り槻御改メ被遊、御帰以後、野田三郎左衛門様御支配之節、同年之夏悉御林御吟味ニ付、山元不残御召呼、大積之絵図被　仰付、右絵面ニ而百姓入間敷境ニ墨引被遊、池田喜八郎様江御引渡被遊候由、

一翌○〔年〕午四月中、池田喜八郎様四ヶ所御山内江悉御訳入御見分之上、境ニ可成場所谷峯名所を限境被極、国境・村境相改メ絵図仕立差上可申上旨、割元方江被　仰付、其節割元方〔尤、拙者共〕ゟ案内次第人足・馬指出、尤、差図次第弐拾弐ヶ村名主○〔茂差図次第〕罷出、御用可相勤旨、以御廻状被　仰付候ニ付、数日相掛り御上之御物入を以絵図仕立差上、此節ゟ百姓山与御林相訳り候、字名者御留山と書上可申旨被　仰付候、（後略）

これによれば、正徳三年三月、御徒目付大平弥五兵衛・作事奉行被官前沢藤兵衛の両名による日光御普請用の槻改めがあり、引き続き同年夏、代官野田三郎左衛門による山内見分があった。そして、翌四年四月に、野田に代わって代官となった池田喜八郎による山内見分が実施された。この池田の見分によって「百姓山」と「御林」の区分が決定され、御林は「御留山」と称することになったという。

以上は、御林謂書に述べられた御林設定までの経緯であるが、正徳三年三月の御徒目付・作事奉行被官による槻改めに関しては、同月に浜平から楢原村名主伊右衛門に宛てた「浜平山槻百五拾七本御改木数帳」(2)が残されており、槻改めの実施が裏付けられる(3)。この帳簿には「正徳三年巳二月、日光御用木為御改と、御徒目付大平弥五兵衛様・御披〔被〕官前沢藤兵衛様幷御棟梁方四人、浜平山江御越被遊、其節如此改置申候」とあり、槻の所在調査は二月に実施されたという。一方、三月には江戸市中に対し「上州山中領御林槻御材木出シ運送入札ニ申附候間、望之者共当月十三日明六ッ時ゟ五ッ時迄之内、柳原日光方小屋江参注文写取候様ニ、町中不残御触可被下候、以上」という触書(4)が出されており、槻の伐採・運送に対する入札実施が触れられている。

表26　御巣鷹山の林相区分（正徳３年）

〔上山郷〕

所在地		御巣鷹山	区分
楢原村	浜平	鷹巣山	A
		板小屋山	A
		日影長岩	A
		日向長岩	A
	中沢	品しう山	A
		舟か坂山	A
	黒川	かいと沢山	B
		長そうり山	B
	塩之沢	所日影山	B
		大入道山	B
乙父村	加寄	笠丸山	C
	住居付	高出山	B
		なべ割山	B
		所かや山	B
	乙父沢	姥神尾根山	A
		矢はつたわ山	A
乙母村		峯林	D
		姥ふところ山	C
		うる畑山	C
勝山村		岩崎山	B
新羽村	野栗	長畑ヶ山	D
野栗沢村		大なけし山	A
		岩くらす山	A
		くらかと山	A

〔中山郷・下山郷〕

所在地		御巣鷹山	区分
平原村	橋倉	柏木はヽ山	C
	山室	から松山	C
		大栗山	C
		出山	C
	土屋	笹沢かくら山	C
生利村		千之沢人あな山	C
塩沢村	高塩	あかくなわ山	C
舟子村 平原村 魚尾村	槻森 持倉	相かや天狗山	C
舟子村	槻森	大和田峯	＊

註　「万場・黒澤家文書」314による。
A：「くろ木御座候御巣鷹山」
B：「くろ木少々御座候御巣鷹山」
C：「雑木山」
D：「松林ニ而少々之山」
＊：大和田峯については「前々ゟ栂計立置、雑木ハ舟子村・小平村・相原村ゟ入相ニ薪ニ取来り申候」とある。

そして、閏五月朔日付で勘定所から代官宛に、「世上材木払底ニ付、今度上州山中領・武州秩父郡大瀧山御払ニ被仰付候間、望之者ハ代金差上買請候積り入札可仕事」との通達[5]が出されており、材木不足に対応して山中領・秩父大瀧山からの材木伐出しが計画され、請負の入札実施が指示されているが、同年夏の代官野田三郎左衛門による山内見分は、この伐出し計画に伴う見分であろう。そして、「野田三郎左衛門様御代官之節、山内御吟味之儀有之、先下仁田売無用ニ可仕旨被仰渡候」（次章〔史料8〕）、「野田三郎左衛門御代官所之節、七年以前巳年（正徳三年）ゟ山稼差留候ニ付」（次章〔史料9〕）などとあるように、見分の際に山稼ぎも禁止されたのであった。

さて、山中領では、同年閏五月に割元の一人黒沢八右衛門から代官宛に一通の書上[6]が提出されており、代官野田の山内見分に関連して作成されたものと思われる。この書上は、冒頭に浜平・中沢・乙父沢・野栗沢村の高辻・家数・人数が記され、この四ヶ村を「山稼仕渡世致来候」と述べるとともに、山中領内御巣鷹山三三ヶ所の林相が書き上げられている。それを表26に示したが、それぞれの御巣鷹山について樹木による区分がなされている。ここで、「山稼仕渡世致来候」といわれている浜平・中沢・乙父沢・野栗沢村の四ヶ村に存在する御巣鷹山は、いずれも有用な樹木が多いAにランクされている点に注意しておきたい。

同じ閏五月に、割元黒沢八右衛門および山中領村々村役人連署の代官に宛てた口上書（次章〔史料3〕）がある。この口上書は、御巣鷹山を「払山」にすることの可否を問われた村々の返答を記したものであるが、これも代官野田の山内見分に伴うものであろう。浜平・中沢・乙父沢・野栗沢村の四ヶ村以外の村々に所在する御巣鷹山二二ヶ所については、「是ハ、不残御巣鷹山ニ而御座候、御払ニ罷成候而茂、百姓山稼之障りニハ不罷成候」と、「払山」になっても「百姓山稼」に支障はないと述べている。これに対し、四ヶ村に関しては「御払」に支障のない山と、「百姓稼山」として残してほしい山に分けて記載されている（以上の山稼との関係は、次章参照）。

その後、前述のように、野田のあとをうけた代官池田喜八郎によって再び山内見分が実施され、御林が設定されるのであるが、その際に御林に指定されたのは、浜平・中沢・乙父・野栗沢村の四ヶ所であり、それぞれ浜平山・中沢山・乙父沢山・野栗沢山と称した（前章図5参照）。すなわち、これらの御林は、表26に示したAランクの御巣鷹山を持つ村々に設定されたのであった。

代官野田・池田の山内見分は、御巣鷹山（御林）からの用材供給を意図して実施された調査であったといえよう。ところが、林相調査や「払山」調査を経て、最終的には有用樹木の多い前述四ヶ所の「御林」指定になったといえる。そして、この四ヶ所の御林は、御巣鷹山を含み込んだ広い範囲に及ぶものであった。

2　正徳の山守設置構想

正徳三年（一七一三）には、前述のように、二月に御徒目付等による日光御普請用槻の調査、その後代官野田により、閏五月に御巣鷹山の林相調査などが実施され、翌年四月の御林設定となったのであるが、一方で正徳三年には、次のような願書[7]が割元黒沢八右衛門等から代官宛に差し出されている。

〔史料2〕

乍恐以書付奉願候御事

一上州山中領御巣鷹山、生利村ゟ浜平山迄道法拾里余之内ニ三十三所、所々ニ御巣鷹山御座候得共、御鷹見無之山も御座候、其上山続之他領ゟ最寄之御鷹山江隠入、立木盗取候場所も御座候、春秋野火入御巣鷹山障りニ罷成候、且又、御巣鷹山外ニ御用ニ可立木も御座候、是又自然と荒可申候間、拙者共右御山守ニ被　仰付、相応之御扶持方被下置候様ニ奉願候、御山境目等不分明ニ御座候所ハ御改ヲ請、所々口々ニ御高札立、番屋建又ハ

堀切等仕、無油断見廻、御山荒不申候様ニ可仕候、拙者共儀当領ニ由緒御座候、右之通奉願候、委細者御尋之上口上ニ可申上候、以上、

正徳三年巳

山中領万場村 八右衛門(印)

神原村 兵　蔵(印)

同 丈左衛門(印)

御代官様

この史料によれば、黒沢八右衛門ら三名は、御巣鷹山での盗伐や野火の取締り、御巣鷹山外に存在する有用樹木の管理などのために、自分たちを「山守」に任命してほしいと願い出ている。そして、この願書に付随して作成されたと思われる次のような史料(8)がある。

〔史料3〕

山中領御林相守候致方

一御林与百姓薪取山相続、境目不明成場所茂御座候ニ付、御改を請御林廻検地を致シ絵図仕、山本之名主・百姓ニ境判為致、惣百姓方ゟ証文被　仰付、可然奉存候御事、

一御林江入口ニ御高札を立、尤、馬足通路不致様ニ、つまり〳〵之道を堀切致シ、可然奉存候御事、

一御林茅山続之所ハ、春秋野火入申、御林損シ申候間、秋茅かれ候時分を見合、御林之方ゟ茅江火を附ヶ、幅拾間余茂焼払置申候而、野火入申間鋪奉存候、勿論、其節者人足少々入可申と奉存候御事、

一御林を他領ゟ盗取申候所ハ、御高札を立番屋致シ、壱軒ニ弐人宛番人を差置、制道致シ可申候御事、

一御林江惣而下役之者常々無懈怠附ヶ置、其上私共壱人宛壱ヶ月ニ十日替りニ無油断相改、制道致シ可申候御事、
一御林無油断相守候儀、春雪消冬雪積り不申候内、別而念を入可申奉存候御事、
一山中領御林三拾三ヶ所之儀、以前者御巣鷹山ニ御座候ニ付、浜平・野栗沢村之百姓、右之内御林弐拾四ヶ所御鷹見仕候、依之、上山郷楢原村迄之内六ヶ村ニ而諸役仕埋、内証ニ而仕来申候、御林八ヶ所者、御鷹見平原村之内八倉之百姓・神原村百姓之内ニ而仕候、八倉之儀ハ居村同百姓諸役内証ニ而仕埋申候、神原村之百姓者仕埋無御座候、御林千ノ沢人穴一ヶ所ハ、御巣鷹見先年武州秩父領女方村ニ而御巣鷹見仕候由、近年ハ御代官所相分り候ニ付、御巣鷹見無御座候、右御巣鷹山之儀、山中領絵図ニ仕御林名所付、御巣鷹見何れ之村ゟ仕候訳、銘々書記付ヶ紙仕候、右御巣鷹見申候者共之儀、只今迄之通り諸役仕埋ニ被　仰付、小屋番人同前之下役ニ被為　仰付置、可然奉存候御事、
右之通、無油断相守り申候ハヽ、御林茂随分立可申候、若御林盗取申候者御座候ハヽ、とらゑ注進早速可申上候、
已上、

（正徳三年）
巳ノ二月

山中領万場村
割元名主　八右衛門
同領
浪人
先割元　土屋兵蔵
同領同村
割元名主　丈左衛門

御代官様

これは、山守設置が実現した場合の職務規定とでもいえるものであり、〔史料1〕で述べた山内取締りの方策を具体的に示したものである。要点をまとめれば、次のようになろう。

①御林と「百姓薪取山」の境界の確定（第一・二条）

↓御林廻りの検地と絵図の作成、高札の設置や道の堀切。

②御林の保全（第三・四条）

↓野火や盗伐の防止と、そのための番屋の設置。

③取締りの組織と方法（第五・六条）

↓「下役」の任命と、山内巡廻。

さらに、第七条では御巣鷹山と御鷹見について、御巣鷹山三三ヶ所のうち二四ヶ所は浜平・野栗沢村で、八ヶ所は平原村枝郷八倉・神原村で、それぞれ御鷹見役を務め、一ヶ所については現在御鷹見は存在しないとしている。そして、「御巣鷹見申候者共之儀、只今迄之通り諸役仕埋ニ被　仰付、小屋番人同前之下役ニ被為　仰付置、可然奉存候」とあるように、従来の御鷹見を「下役」に編成しようという意図が示されている。

なお、ここでの「御林」が御巣鷹山を指していることは明白であり、前章第三節でみたように、御巣鷹山を「御林」とも称していたわけであるが、翌年、「御林」は浜平山・中沢山・乙父沢山・野栗沢山の四ヶ所とされた。一方、山守の設置構想は実現せず、四ヶ所の御林の取締りを始めとする山内支配は、「四ヶ所御林・三十六ヶ所御巣鷹山、割元両人江加役ニ被仰付候、（中略）刀御免ニ而相勤来り候得共、割元給米等茂無御座、其上加役ニ被仰付」(9)と、割元の「加役」として位置付けられ、給米も支給されなかったのである。

二　山守制の施行とそのしくみ

1　享保の山守制施行過程

それでは、享保年間に山守が任命された経緯をみてゆくことにしよう。享保三年（一七一八）九月、割元両名より代官宛に長文の御林見分報告書（次章〔史料7〕）が提出されているが、そのなかで「私共儀、池田喜八郎様ゟ地方之外山内御用共ニ、先つ相勤候様ニ被仰付候ニ付、随分当分迄吟味仕候へ共、所々御巣鷹山数多ク、幷御巣鷹御用、殊ニ浜平・中沢・乙父沢山内広大成儀ニ御座候へハ、不念も可有御座と奉存候、其上近年地方御用茂ク、家業も指置申候程之御事ニ御座候而難儀仕候、御山守等ニ而も御立被遊候様ニ仕度奉存候」と述べて、「地方御用」に加えて「山内御用」を務めてきたが、近年「地方御用」が多忙であるので、山内支配のために「御山守等」を任命してほしい、と要望している。

これを受けて代官は翌四年六月に勘定所へ伺書を提出するが（後述）、それまでの間に次のような動きがみられた。すなわち、享保四年六月に、黒沢八右衛門から代官宛に次に掲げる書付[10]が差し出されている。

〔史料4〕

覚

上州山中領楢原村枝郷中沢・浜平両村百姓共、山稼願之儀段々御訴詔仕候ニ付、御尋被成候者、稼山境相立候様ニ被仰付候共、山守等無之稼次第ニ致置候而ハ紛敷儀も可有之候、此度窺之上山稼被仰付候ハヽ、諸事為改山守

三人被仰付儀も可有之候、右山守給之儀ハ、両村稼山銭を以九人扶持之積り年々可差出哉之旨、御尋ニ御座候、
稼山境御立境内ニ而願之通山稼被仰付被下候ハヽ、山守給として九人扶持之積り、中沢　浜平ゟ年々急度相納可
申候、若相違之儀申上候ハヽ、如何様之越度ニも可被仰付候、右両村為惣代拙者罷出候ニ付、書付差上ヶ申候、
以上、

亥六月　　万場村　八右衛門

久保田佐次右衛門様
　御役所

如此証文御上候ニ付委被仰聞候、御証文之通り少も相違仕間敷候、両村惣代ニ罷出候ニ付如此ニ候、以上、

浜平　三右衛門（印）

享保四年亥六月

八右衛門殿

これは、代官からの尋問への返答であるが、代官は山守設置を勘定所に伺うことを前提に、三人を任命した場合、浜平・中沢の両村は「稼山銭」で九人扶持分の山守給を年々差し出すことができるかと問い、それを割元および浜平・中沢は承知したのであった[11]。但し、山守給は幕府から扶持米として支給されることになる（後述）。

割元両名が、前年九月に御林見分報告書を提出し、山守の設置を要望してから、人数や山守給について調整がなされたのであろう。そして、六月に勘定所に伺いを立てる前に、右のような確認がなされたものと思われる。なお、山守給は三人で九人扶持とあるので、一人につき三人扶持ということになる。

また、同じ六月付で次のような書上[12]もみられる。

〔史料5〕

「

覚

一御留メ山境信刕・武州大峯通、依場所掘切又者鹿籬結置、
　右場所江者、御留山之内ニ而風折・下木・枝葉ニ而も」猥ニ取申間敷と書記提を立、
一御留メ山之内江信刕・武刕ゟ毎（ママ）野火焼キ来り候間、雪消候時節を考、拙者共指図仕り、御境目五六間通尾根焼致置、野火来り不申候様ニ可然哉と奉存候、右尾根焼并野火焼キ来り候節者、山中領最寄之村ゟ、拙者共指図次第人足指出候様ニ被仰付、可然奉存候、前々も野火之節者、浜平・中沢計ニ而ふせき兼申ニ付、最寄之村々ゟも出シ来り候、
一信州・武州ゟ御留メ山江入荒シ候者も有之、捕候ハヽ、其者如何仕置御注進可申上哉、御承知奉願候、
一信刕・武刕御留メ山境最寄之村々江、拙者共申談候御用之節も有之候儀も可有御座候間、今度三人之者御扶持被下置候趣ヲ、両国之御代間（官）様江殿様ゟ被仰遣置被下候様ニ奉願候、
一浜平之内ニ、かや家ニ而随分軽拙者共家立置、板木改候節又ハ山廻之節罷有候様ニ、拙者共入用ニ而立置申度奉存候、勿論、大峯通之御境并此度被仰付候稼山と御留山、拙者共相改候間ニも、節（節々カ）名代之者相廻り候様ニ仕度候間、名代之者不断罷有候たわニも萱家（ママ）家之小屋立置申度奉存候、右屋鋪之儀者、浜平之地主と相対ニ而、拙者共居屋敷之小作年貢ニ相極メ、我等作り申度奉存候、
一御留メ山と稼山境踏切道有之候場所ニも、そだ木ニ而開木戸致置、拙者共相改ニ入候外ハ、一切通路無之様ニ仕候而可然哉と奉存候、
一浜平・乙父・野栗沢村稼山之内ニ、前度御披（被）官様・御徒目付様御見立候槻、并山中領村々御巣鷹山之外百姓薪

山之内ニ而も御用ニ可立けや木相改置、可然哉と奉存候、尤、浜平・乙父沢・野栗沢村山ニ而御披(被)官様・御徒目付様御見立候けやきハ、其節奉行様江被仰上候木数ニ可有御座候間、御定杭を立置可然哉と奉存候、

一今度御免被遊被下候木品、浜平・中沢ニ而壱ヶ月切之板木取揃次第、拙者共三人立合相改メ、こつくい(極印)之判銘々打候而、両谷之者せおい出し売払ニ参候節、右之こつくい判を以白井御関所ニ而相改、こつくい無之板木ハ出シ不申候様ニ、白井御番頭江被仰付可然哉と奉存候、尤、こつくい判鏡差上可申候、

一月限ニ相改候板木之員数、壱ヶ年分宛帳面ニ仕、年々御役所江上可申哉と奉存候、

一浜平稼山之内ミさこの尾根・鷹之巣山・板小屋山三ヶ所之御巣鷹之儀者、只今迄之御巣鷹山境之外ニ所々ゟ二三十程つゝ立置、尤、慥ニ境ニ可相見谷峯ヲ限り境ニ仕り、絵図いたし境判取指上ヶ申候而可然哉と奉存候、

一惣而御山之儀ニ付、此末御窺之儀有之節ハ、早速申上ヶ御下知を奉窺度奉存候、

一御留メ山信州・武州境拙者共相廻り候節者、場所ニゟ水無御座候所数多御座候ニ付、水・米持、彼之尾根境ニ廻り申候ニ付、拙者共下人計ニ而者水・米等も持おくり兼候ニ付、毎度相廻候節ハ、両谷之者三四人召つれ申候、此以後も境廻り仕候節ハ、両谷ゟ人足三四人宛召つれ候様ニ仕度候、

一前度池田喜八郎様ゟ、覚右衛門・八右衛門御留山境・奥山国境之深山相廻り候節ハ、用心之ためニも御座候間、山刀ヲ指、猟師鉄炮打候者少々召つれ相廻り、尤、御山御用ニ付而ハ、山刀指候様ニ被仰付置、此上ニも三人之者之儀ハ、殿様ゟ御免被下候様ニ奉願候、以上、

(享保四年)亥六月　　八右衛門

久保田佐次右衛門様
　御役所

この史料は、山守設置に当たっての提言と要望を述べたもので、前述のように、山守設置を願い出た割元が、代官が勘定所に伺い出るのに際し意見を徴されて差し出したものではないか。以下、各条目を簡単にまとめれば、

(1)御留山境に堀切・鹿垣の設置、および高札の設置
(2)御留山への野火の防止
　→境目付近の尾根焼、最寄村々よりの人足供出
(3)御留山荒しの逮捕
(4)信州・武州最寄村々を支配する代官への山守設置の通知
(5)浜平内に小屋の設置
　→板木改・山内巡廻用、名代駐在用
(6)御留山と稼山の境界にある道に「開木戸」の設置
(7)槻の調査、調査済み槻に「御定杭」の設置
(8)御免許稼の管理
(9)御免許稼の代官所への報告
(10)御巣鷹山の管理
(11)「御山」の管理
(12)山内巡廻時の水・米運搬人足の浜平・中沢よりの徴用
(13)山内巡廻時の「山刀」の携行

となろう。境界の明確化、野火の防止、山荒しの逮捕といった御留山＝御林の管理・保全(1)〜(3)、(6)、山内巡廻の

ための対応(5)・(12)・(13)、御免許稼の管理(8)・(9)などについて具体的に書き上げられているが、前節でみた正徳三年（一七一三）の職務規定案〔史料3〕と基本的に同趣旨といえよう。但し、〔史料3〕では言及している「下役」については、右の史料では触れられていない。

こうした経緯を経て、代官は六月付で勘定所へ伺書（次章〔史料9〕）を提出するが、それは①浜平・中沢に対する山稼の許可（御免許稼山）、②山内取締りのための山守の設置、という二点について指示を仰いだものである。これに対して勘定所は七月に、①については「古来之通山稼可被申付候」と、②については「信州境幷此度免許之稼山改として山守三人申付、弐人ハ三人扶持つゝ、壱人ハ弐人扶持、従当亥七月御物成之内を以為取之、年々御勘定可被相立候」と、それぞれ指示を出した。②に関しては、山守設置を認めるとともに、それに伴う給与とその支給方法についても指示している（①に関しては次章で詳しく扱う）。

こうして、享保四年（一七一九）七月に勘定所によって山守の設置が認められ、山中領に山守制が施行されることになったのであるが、山守に任命されたのは万場村の黒沢八右衛門、神原村の黒沢覚右衛門、楢原村の黒沢治部右衛門の三名であった。このうち、黒沢八右衛門と黒沢覚右衛門の両名は割元を務めており、黒沢治部右衛門は「免許之稼山」の地元楢原村の名主である。そして、山守給は黒沢八右衛門と黒沢覚右衛門は三人扶持、黒沢治部右衛門は二人扶持とされた。〔史料4〕の段階では、三名とも三人扶持とすることが想定されていたと思われるが、最終的には割元を兼務する点が考慮され、差が付けられたのであろう。同じく〔史料4〕で、浜平・中沢の「稼山銭」で賄うとされていた山守給についても、幕府から扶持米として支給されることになったのである。

七月の山守任命を受けて、八月に山守三名から就任請書(13)が代官に差し出されている。これも長文になるが、次に掲げておこう。

〔史料6〕

覚

今度、上州山中領御林山守役拙者共被　仰付、殊為御給米、八右衛門・覚右衛門義ハ三人扶持、治部右衛門義者弐人扶持、当亥七月ゟ被下置之旨被　仰渡、難有仕合奉存候、然上ハ、我意を不立、三人無腹蔵申合、及心程随分入念、御後闇儀無之様ニ大切ニ相勤可申候、

一楢原村枝郷中沢・浜平両村之儀、古来ゟ山稼ニ而渡世仕来候処、近年稼相止候ニ付段々困窮及飢候故、山稼之儀無断絶願上候ニ付御聞届被遊、御慈悲を以此度願之通被　仰付、中沢ハ家居ゟ竪九拾町余・横三拾七町程、山神落合・駒寄・釜か渕・舟か艫与申所を限り、浜平ハ居村ゟ竪九拾町余・横三拾四町程、はやつむじ・死小屋・舟か艫与申所を限り、境塚を築傍示を立、境内ニ而山稼為仕、境外御留山江堅入不申様ニ、常々吟味可仕之旨奉畏候、稼山之内成共、御用ニ可立槻・栂・樅類ハ、木数相改別紙証文差上ヶ候通り、向後両村之者共綺不申様、堅可申付候、

一稼山之内御巣鷹山三ヶ所之儀者、何茂有来御巣鷹山礎ゟ三町四方之所、稼山ニ為仕間敷候、尤、御巣鷹山江ハ猶以綺申間敷旨可申付候、

一両枝郷稼山之儀、百姓共稼次第ニ仕候而ハ、段々伐すかし末々可為難儀候間、拙者共勘弁仕、空地等之場所江ハ苗木植立、末々共ニ伐不尽様ニ随分吟味可仕候、両枝郷稼木数之儀、壱ヶ月ニ笹板三百束、木履木六百足分、槫木弐百本、小桶木弐百分つゝ為稼、拙者共立合相改、銘々極印打荷主江相渡、其時々帳面ニ記置、毎年至極月改帳差上可申候、且又、下仁田町江荷物差出候節ハ、於白井御関所極印鑑ニ引合、束数幷極印相違無之候ハ、相通シ可申候、御定束数之外一切不差出様ニ常々吟味可仕候、尤、白井御関所番江兼而申合置、紛敷荷物

於有之ハ、早速拙者共立合吟味之上可申上候、
一山中領奥山之儀者、楢原村其外枝郷ゟ国境峯々迄嶮岨之場所ニ而、道法三四里有之、信州ゟハ平場続ニ而、通路自由成所茂有之、前々立木盗伐り候儀茂御座候ニ付、左様之儀為無之、通路可成所ハ堀切・鹿垣等結、信州・武州ゟ通路不成様ニ可仕旨奉畏候、且又、信刕・武州ゟ毎春野火有之、度々山内江燃入立木焼枯候儀も有之候ニ付、最寄近キ村々江兼而申付置、野火有之節ハ、早々右之場所江拙者共召連走着、山内江燃入不申様ニ可仕旨奉畏候、
一乙父沢・野栗沢村幷山中領村々御巣鷹山之外百姓稼山之内ニ茂、御用ニ可立槻・栂・樅類ハ、百姓共綺不申様ニ急度申付吟味可仕候、尤、村々御巣鷹山之儀者、猶以入念大切ニ申付、落葉・下草ニ而茂取り不申様ニ急度可申付旨奉畏候、右木品御改之通帳面ニ記差上ヶ置、若風折等御座候ハヽ、御注進可申上候、
右者、此度山中領御林守、拙者共ニ被　仰付候ニ付、御林改方・諸事勤方可入念旨、書面之通被　仰渡奉畏候、万一御林木盗伐候者御座候ハヽ、誰ニ而茂無用捨急度可申上候、尤、非義申掛ヶ問敷候、若不念之仕方茂有之候ハヽ、如何様之越度ニ茂可被　仰付候、此上御林之儀ニ付存寄茂出来仕候ハヽ、追々相窺可申候、以上、

享保四年亥八月

上州甘楽郡楢原村
御山守　黒沢治部右衛門
同　神原村　黒沢覚右衛門
同　万場村　黒沢八右衛門

久保田佐次右衛門様
御役所

このように、前文に山守給の規定と就任に当たっての総括的な誓約文言があり、以下五ヶ条にわたって具体的な職務内容が記されているが、その内容は、

(1)「御免許稼山」(稼山)と「御留山」の管理、および有用樹木の保全
(2)稼山内に所在する御巣鷹山の管理
(3)御免許稼の取締り
(4)「奥山」の取締り＝盗伐・野火の防止
(5)御巣鷹山・稼山の有用樹木の保全、および御巣鷹山の管理

このようにまとめられよう。前掲〔史料5〕とも合わせて、山守の職務内容の詳細が知られるが、山守は「御免許稼」の取締りをはじめ、「御林改方・諸事勤方」に当たったのである。

また、九月には山守就任に対して、野栗沢村から山守三名宛に請書[14]が差し出されているが、①御留山での枝葉等の採取禁止、盗伐者の捕縛・注進、山稼の停止、②百姓薪山であっても有用樹木の伐採禁止、③秩父領大滝山からの出荷荷物の通過禁止、④御巣鷹山の保全、⑤御留山への野火の防止、という五ヶ条について遵守を誓約している。

2　山守制のしくみ

目代の任命と浜平会所の設置

まず、山内支配のための機構についてであるが、享保四年(一七一九)十月の次の史料[15]をみると、浜平に「会所」が設置され、「目代」が駐在するしくみであったことがわかる。

〔史料7〕

一札之事

一此源蔵儀、慥成者ニ御座候ニ付、拙者共証人ニ罷立、御林目代ニ指置、為御給金当十月ゟ来十月迄、壱年分ニ新金四両弐分宛被下候筈ニ相定申候、其末被指置候内ハ、何年ニ而茂此証文ヲ以、右之通ニ可被下候、右御給金之内当分新金弐両被下、慥ニ請取之候、

一宗旨之儀ハ、代々禅宗ニ而、当村東福寺旦那ニ紛無御座候、

一右源蔵勤方之儀、浜平御会所ニ居住仕、浜平・中沢御留山毎月相廻り境等相改、猥成儀茂有之候ハヽ、早速御注進可仕候、尤、御境目計ニ無之、山内へ茂分ヶ入相改可申候、右御留山外ニ浜平ニ御巣鷹山三ヶ所御座候、此度御立出シ之境内麁末成儀茂御座候ハヽ、是又早速御注進可仕候、右御留山・御巣鷹山大切ニ相守、一切見逃仕間敷候、

一此度御吟味之上被仰付候山稼板木之儀、御会所御張紙之通、御極印無之山出シ仕候者茂有之候ハヽ、急度相改荷物おさへ置、御注進可仕候、

一両谷之百姓、御留山近所ニ小屋かけ山稼仕候ハヽ、其小屋へ参、何々谷峯ニ而山取仕候段委細相改、其最寄御留メ山相廻り改可申候、

一両谷之百姓ニ組合、山稼ヶ間敷儀一切仕間敷候、両谷之百姓方ゟ少分之物ニ而茂音物ヶ間敷儀、一切受納仕間敷候、惣而御会所へ無用之人寄、昼夜ともニ仕間敷候、

一御役儀ニ付、御威光ヲ以奢・我侭・非道成儀、堅ク相慎可申候、

右之通被仰付奉畏候、御留メ山・御巣鷹山無懈怠相廻り堅ク改、見逃等仕間敷候、相背候ハヽ、何分之御断請申候共、一言之儀申上間敷候、若又勤方御意ニ入不申候ハヽ、何時ニ而も御暇可被下候、御給金月勘定ヲ以返済仕、

早速立退可申候、為後日一札如件、

享保四年亥十月

神原村
証人　源　　蔵(印)
同　　次郎左衛門(印)
　　　助左衛門(印)

黒沢八右衛門様
黒沢覚右衛門様
黒沢治部右衛門様

これは、目代に就任した神原村源蔵の請書であるが、第一条に、源蔵が目代に任命され、一年分の給金四両二分のうち二両を受け取ったとある。第三条には、目代は「浜平御会所」に居住し、御留山を毎月巡廻し、御留山・御巣鷹山の管理に当たるとあり、第四・五条は「御免許稼」の取締規定、第六・七条はいわば目代の倫理規定といえる。このように、山守のもとに目代を置き、浜平に会所を設けて目代を常駐させる体制がとられたのである。(16)なお、後述するように、目代は二名任命されていたと思われ、源蔵のほかにも存在したことが想定される。

山守給とその支給方法

すでに述べたように、山守には山守給として、割元を兼務する黒沢八右衛門と黒沢覚右衛門には三人扶持、黒沢治部右衛門には二人扶持の扶持米が支給された。そして、この扶持米は、享保四年七月の勘定所の指示によれば「御物成之内を以」(17)、すなわち年貢米のなかから受け取ることとされた(前述)。次に掲げるのは、扶持米の請取に関する史料である。

〔史料8〕

覚

合米七石四升　　但シ、斗立

此米拾九俵壱升　　但シ、三斗七升入

此訳

米弐石六斗四升　　八右衛門
俵ニ〆七表（俵、下同ジ）五升

米弐石六斗四升　　覚右衛門
俵ニ〆七表五升

米壱石七斗六升　　治部右衛門
俵ニ〆七表五升

右者、当亥七月朔日ゟ同極月晦日迄、右三人御扶持方米、書面之通ニ候、小幡領神成村ゟ相渡ル筈ニ候間、於下仁田町可被請取候、尤、請取手形江戸役所へ可被差出候、以上、

亥（享保四年）十月十日　　金子弥平次印

八右衛門殿
覚右衛門殿
治部右衛門殿

〔史料9〕

請取申御扶持方米之事　　ひかへ

一米七石四升　　但、斗立
　此表（俵）拾九表（俵）壱升　但、三斗七升入

右者、山中領万場村八右衛門・神原村覚右衛門・楢原村治部右衛門、右三人御扶持方米、於下仁田町ニ其村　御
城米之内慥請取申候、為後日如件、

享保四年亥十一月廿日　　　　　　山中領万場村
　　　　　　　　　　　　　　　　黒沢八右衛門
　小幡領神成村
　　御名主中

八右衛門
覚右衛門
治部右衛門

〔史料10〕

御扶持方頂戴之覚

合米拾五石三斗六升　但、斗立
此俵四拾壱俵壱斗九升　但、三斗七升入

三人扶持
　五石七斗六升
　此俵拾五俵弐斗壱升

三人扶持
　五石七斗六升
　此俵拾五俵弐斗壱升

弐人扶持
　三石八斗四升
　此俵拾俵壱斗四升

右者、当七丑正月ゟ極月迄、日数三百八拾四日分、私共御扶持方米、武刕児玉郡大《(太)》駄村ゟ被下置、慥ニ奉請取候、以上、

享保六年丑十月

上州甘楽郡山中領
御山守　黒沢八右衛門
同　黒沢覚右衛門
同　黒沢治部右衛門

朝比奈権左衛門様
御役人中

右、如此差上申候写シ、

右三点の史料のうち、〔史料8〕は代官手代の金子弥平次から山守三名に対して、扶持米を小幡領神成村の年貢米のうちから渡すので、下仁田町で受け取るようにとの通達であり、山守のひとり黒沢八右衛門が、神成村名主宛に差し出した扶持米の受領書が〔史料9〕である。そして、右の二点と年代は異なるが、山守から代官に宛てた扶持米受領書が〔史料10〕であり、〔史料8〕で「請取手形江戸役所へ可被差出候」とある請取手形に当たるものである。

山守給の支給に関する通達・受領書について、残存する史料を表示したのが表27である。享保四年は山守制が施行された七月からの半年分であるが、同五年以降は一年分の扶持米である。ただし、同六年分のように、閏月があると一月分増えている。享保四年分の扶持米は神成村の年貢米から下仁田で受け取っているが、同五・六年分はともに、武州児玉郡太駄村の年貢米のうちから甘楽郡坂原村のうちの法久村で受け取っている。山中領村々は、検地帳によれば田方は皆無である。従って、米の生産がある周辺村々の年貢米が、扶持米に当てられていたのである。なお、前掲〔史料4〕では、山守給は浜平・中沢の両村で負担することが予定されていたが、実施段階では幕府からの扶持米と

して支給されることになったのである。

山内巡廻とその費用

前掲〔史料7〕によれば、目代は御留山を毎月巡廻し取締りに当たるとされているが、前掲〔史料5〕には、第一二条に山守自身が山内を巡廻する場合について、武州・信州境を巡廻の際には下人に水や米を持たせるが、下人だけでは人手不足なので、以前のように浜平・中沢から三、四人の人足を徴用したい、と記されている。また、第五条には山守が板・木改めや山内巡廻時に利用するための「かや家」を浜平に建てるとともに、名代が日常の山内巡廻等のために利用する「小屋」も設けたいとあるが、これは浜平会所の設置と目代の常駐として具体化されるとともに（前述）、「浜平・中沢　御林小屋名所覚」[18]（年未詳）によれば、山内には浜平山で「水岩」「ありが峠」、中沢山で「すみ水」「おうれん」、両山の境の「ふなども」の合わせて五ヶ所の「小屋」が設置されていたらしい。

〔史料5〕は山守就任に当たっての要望等を述べたもので、すべてがそのまま実現したかどうかは詳らかではないが、年代未詳ではあるが「山中領山守共年中御林見廻候度々飯米・味噌・野菜代入用積」[19]によると、具体的な巡廻の方法が知られる。この史料は、標題からわかるように、一年間の御林巡廻に必要な費用を見積もったものであるが、これによると算出の基礎となる人員数は、「御林守」三人、「目代」二人、「案内者」三人、「御林守共《供》者」三人、「人足」一二人の合わせて二三人からなり、人足は飯米・味噌・夜

典　　拠
万場309・509
楢原1260、神原105、万場309
楢原876、神原344、万場309
万場507
楢原271
楢原1228
楢原273・966・1192
楢原1227・1258
楢原265
楢原1214・1211・1213
楢原1212・236
楢原1232・1245・1231
楢原1229・97
楢原1230

家文書」、「楢原」は「楢原・黒

表27　山守給米（扶持方）支給一覧

年　　次	給米（扶持方）	野扶持米	給米渡し	山　守　名
享保４年７～12月分	7.04石		小幡領神成村	八右衛門･覚右衛門･治部右衛門
享保５年１～12月分	14.2 石（355日分）		武州児玉郡太駄村	八右衛門･覚右衛門･治部右衛門
享保６年１～12月分＊	15.36石（384日分）		武州児玉郡太駄村	八右衛門･覚右衛門･治部右衛門
享保７年１～12月分	14.16石（354日分）			八右衛門･覚右衛門･次部右衛門
享保12年１～12月分＊	15.36石（384日分）		高山村	覚右衛門･八右衛門･治部右衛門
享保14年１～６月分	7.12石（178日分）			八右衛門･覚右衛門･治部右衛門
享保14年７～12月分＊	6.18石（206日分）	1.89石	神成村・本庄宿	八右衛門・治部右衛門
享保15年１～６月分	5.34石（178日分）	1.89石		八右衛門・治部右衛門
享保15年７～12月分	5.31石（177日分）			八右衛門・治部右衛門
享保16年１～12月分	10.62石（354日分）	1.89石	神成村	八右衛門・治部右衛門
享保17年分＊	11.52石	1.89石	神成村	治部右衛門・勝右衛門
享保18年分	10.65石（355日分）	1.89石		治部右衛門・勝右衛門
享保19年分	10.61石（354日分）	1.89石	神成村	治部右衛門・勝右衛門
享保20年分＊	11.52石（384日分）	1.89石		治部右衛門・勝右衛門

註　＊は、閏月のある年。典拠のうち「万場」は「万場・黒澤家文書」、「神原」は「神原・黒澤澤家文書」をいう。

表28　山内巡廻費用の年間見積額

費目	見積量	代　　金	備　　考
白米	5.67石	金４両、永50文	１人１日７合５勺積
味噌	0.85石余	金１分、永180文余	金１分に13貫目
野菜		金３分程	
計		金５両１分余	他２両、日代２人給金

具・雨具等の運搬を担うとされている。そして、この人員は二手に分かれ、三月中旬より十月中旬までの間、四度ほど巡廻する。この間、目代　人、人足一人の二人一組が二手になって、毎月巡廻する。一廻りの日数は七日ほどの見積もりである、と記され

ている。

このように、山内巡廻には山守自身の巡廻と目代による巡廻があったのであるが、前者の三手は一組が「山守」「案内者」「御林守共者《(供)》」各一人ずつと人足で編成され、後者の二手は一組が「目代」一人と人足で構成されていたと思われる。なお、人足一二人は、山守各組に四人ずつ付属し、そのなかからさらに二人が、目代に付属したのであろうか。また、この人足は〔史料5〕で要望し、浜平・中沢からの徴用が認められた人足であろう。

この人員による山内巡廻に必要な年間経緯は、表28のように見積もられている。飯米・味噌・野菜代の合計は五両一分余で、ほかに目代二人の給金二両が掛るという。そして、これらの経費は「右入用、只今迄山守三人自分入用を以勤来候由御座候」とあり、山守の自己負担で賄われていたという。山守の自己負担とされた山内巡廻の費用であるが、享保十四年（一七二九）七〜十二月分の代官役所宛の扶持方請取に、「米壱石八斗九升　是ハ、御林相廻り候節野扶持、当七月ゟ被下置、奉受取候」とあって、同年より御林巡廻費用として「野扶持」が支給されるようになる（表27参照）。[20]

山刀・鉄炮の携行

前掲〔史料5〕の第一三条で黒沢八右衛門は、山内巡廻の際に山守が「山刀」を携行することを認めてほしいと願っている。それは、正徳四年（一七一四）に御林が設定され、割元が「御山御用」をも勤めることになった際に、「御山御用」について「山刀」を指すことを許されたので、今度も認めてほしいというのである。そして、次のような史料の存在から、「山刀」の携行は認められたことがわかる。[21]

〔史料11〕

覚

一我等・覚右衛門・治部右衛門刀御免之儀、又々関東御組頭神谷武右衛門様江、当月十二日ニ御代官久保田佐次右衛門様御窺之上、同十六日ニ佐次右衛門様御宅ニ而、三人江刀御免之由被仰渡候、御取次金子弥平次殿也、

黒沢八右衛門

享保五年子四月廿九日

このように、勘定組頭神谷武右衛門に伺ったうえで、享保五年（一七二〇）四月十六日に、山守三名に帯刀を認める旨の申渡しがあったという。こうして、「四年以前、久保田佐次右衛門様被仰上、神谷武右衛門様御懸りニ而、私共三人御用ニ付名字・刀御免之段、先代官被仰渡、朝比奈権右衛門様御支配之節茂、御門前并御廻村先ニ而茂、刀差し御用相勤来候(22)」ともいわれているように、山守は「山内（御山）御用」に関して、幕府から扶持を受け、名字・帯刀を許された身分であった。

さらに、鉄炮に関して、享保八年（一七二三）の鉄炮預り証文(23)をみてみよう。

〔史料12〕

差上申証文之事

一鉄炮壱挺　玉目弐匁八分　上州甘楽郡万場村 持主 黒沢八右衛門

一鉄炮壱挺　玉目三匁　同国同郡神原村 持主 黒沢覚右衛門

一鉄炮壱挺　玉目弐匁八分　同国同郡椚原村 持主 黒沢治部右衛門

〆三挺

右者、拙者共儀、楢原村之内中沢・浜平、乙父村之内乙父沢、野栗沢村御林守被仰付、右御林相廻り候節、殊之外深山難所ニ御座候付、山内ニ泊り候而相廻り候節者、荒熊・猪・狼御座候故、幸拙者共先規威筒所持仕候付、池田喜八郎様御代官所之節奉願候得者、御林相廻り候節者、右鉄炮為持可申旨被仰付、為用心之持候處、去寅四月、惣躰村々鉄炮御封印被遊候節、朝比奈権左衛門様ゟ拙者共所持之鉄炮ニ茂御封印被成、御預ケ置被成候、依之、御林相廻候節難儀仕候付奉願候得者、今度御封印御免ニ被遊候間、御林相廻り候節者、為用心持可申旨被仰渡奉畏候、然上者、右鉄炮大切ニ仕、持主之外他人ハ不及申、親子・兄弟ニ而も貸申間鋪候、右鉄炮ニ而猟業者勿論、畜類防に事寄悪事仕出シ申候者、何分之曲事ニ茂可被仰付候、為後日証文指上申所如件、

享保八年卯

上州甘楽郡楢原村
持主　黒沢治部右衛門
長百姓　角左衛門
同　半四郎

同国同郡神原村
持主　黒沢覚右衛門
長百姓　文五郎
同　甚蔵

同国同郡万場村
持主　黒沢八右衛門
長百姓　武左衛門
同　善兵衛

川原清兵衛様
御役所

このように、山守三名は、深山難所の御林を泊り掛けで巡廻するための護身用として、それぞれ一挺ずつの鉄炮所持を認められていた。認可されたのは代官池田の時というので、正徳四年（一七一四）の御林設定の際であろう。ところが、享保七年（一七二二）四月に、村々の鉄炮とともに封印されてしまったため、御林巡廻に難儀するとして願い出て、今回改めて所持をみとめられたとのことである。

三　御林見分阻止一件と山守制の再編

1　御林盗伐と見分阻止一件

前節でみたような経緯で成立した山守制のもとで、御林取締りを始めとした山内支配が遂行されたのであるが、享保六年（一七二一）に中沢御林が荒らされるという事件が起こった[24]。この一件では、山守が信州北相木村のしわざと認定したのに対し、浜平が中沢の者のしわざであるとして取調べを要求しているが、結果は不明である。その後、享保十二年（一七二七）に、浜平が山守による御林見分を阻止するという事件が発生した。これは、山守が信州より盗伐を受けた中沢御林を見分し、その際に浜平御林も見分したところ、切株を少々発見した。そこで、さらに入念に調査しようとしたところ、浜平が見分を阻止したという一件で、次の史料[25]は山守が代官にこの間の経過を報告した上申書である。

〔史料13〕

乍憚以書付御披露申上候

一楢原村枝中沢御林境ニ而信州ゟ御林木盗取候ニ付、去ル七月御披露申上候砌、浜平御林之儀場広ニ御座候付無覚束奉存、拙者共名代之者ニ目代指添、御林為相改候所ニ、伐かぶ少々浜平御林ニ而見出シ候ニ付、依之、名代ニ遣候者弥念ヲ入山内可改段申候得者、浜平ゟ案内ニ罷出候者共、いか様之所存ニ御座候哉、此外御案内申儀不罷成段申案内不仕候付、無是悲（ママ）罷帰候段名代之者申候付、難心得奉存、中沢御林境信州山共ニ絵図被仰付候ニ付、此節浜平御林委細ニ相改之上絵図ニ仕、御披露可申上と奉存候所ニ、此砌大洪水ニ而万水（満）仕暫ク通路相止、漸々頃日水落候ニ付、当七日ニ楢原村迄拙者共出会、浜平之者共呼寄、中沢山絵図被仰付候ニ付、浜平・中沢両谷御林委細ニ相改、伐かぶ不残書記指上候間、前々之通案内仕候様ニ申渡候得者、浜平之者共申様ハ、浜平御林之儀ハ不及申、中沢御林共ニ拙者共ニ見分為致候儀罷成間敷と、かさつ成儀申候ニ付、心得違之段情々為申聞候得共、一円得心不仕候得者、如何様之儀浜平之者共可申上も難計奉存、右之趣先達而御披露申上置候、此上浜平之者共心得違之段得心為仕、絵図出来指上ヶ申度奉存候得共、得心之儀難計奉存候、近日殿様南蛇井村へ御廻村之御沙汰御座候間、委細御披露申上御下知可奉請候、以上、
享保十二年未八月九日
山中領
御林守
黒沢治部右衛門
黒沢覚右衛門
黒　沢　玖　内
鈴木平十郎様
御役所

この史料によれば、中沢御林境で信州より盗伐があり、山守はそれを七月に代官へ報告したが、その際、名代に目

代を差し添えて浜平御林も調査したところ、切株を少々発見した。そこで、名代が念を入れて調査しようとしたところ、浜平の案内者が案内を拒否したため、名代は調査を諦めて帰った。山守は不審に思い、八月七日に楢原村に集合し、浜平の者を呼び寄せ、両谷御林を詳しく調査し切株を記録して代官へ報告するので、これまでのように案内するよう申し渡した。ところが浜平では、浜平御林はいうまでもなく中沢御林も見分させない、といって説得に応じない。そこで、代官に指示を仰いだのである。(26) 八月七日に楢原村に寄り合った山守と浜平との交渉については、次の史料で(27)もう少し詳しく知ることができる。

〔史料14〕

口上書

一此度拙者共四人、御山守三人ゟ浜平へ御使ニ罷越候所ニ、とね平ニ而浜平権平・伊兵衛ニ逢候ニ付、何方へ参候哉と相尋候へハ、右両人之者申様ハ、我等共義ハ浜平ゟ御山守三人之衆中へ使ニ参候、使之趣ハ、御山守衆中沢御林御見分被遊候由承候ニ付、三つ又ニ浜平ゟ人足出シ待請罷有候而、縦御手ニ懸り候共、中沢御林山内へ通シ申義不罷成候、と申御使ニ参候と右両人申候、

一三つ又へ拙者共参候得ハ、浜平藤左衛門・茂兵衛・源十郎・馬之助、四人火をたき罷有候ニ付、拙ハ(者カ)共尋申様ハ、いか様之訳ニ而貴殿達此所ニ居申候哉と申候得ハ、右四人申様ハ、我等共義ハ、御山守衆中沢山内御見分ニ御通り候ハヽ、通シ不申候而、浜平へ申遣浜平惣百性不残出合、縦御手ニ懸り候共通シ不申候筈之相談ニ而、夕部ゟ今夜中番致罷有候、と右四人申候、

一浜平へ拙者共参着、長百性寄合罷有候所ニ而拙者共申様ハ、御山守三人ゟ御使ニ参候趣ハ、浜平山内見分致候間、前度之通案内致候様ニ被仰候と申候へ者、浜平御林山内之義ハ不及申、中沢山内共ニ御見分為致候義不罷

成候、併、古キ伐かぶ不残御改書付浜平へ被下候ハヽ、案内可仕候、無左候而ハ、浜平・中沢両山御見分為致候義罷成間敷と申候、右申上候通少も偽無御座候、以上、

享保十二年未八月

尾附村 平兵衛(印)
柏木村 五郎兵衛(印)
楢原村 孫四郎(印)
同 三右衛門(印)

黒沢覚右衛門殿
黒沢八右衛門殿
黒沢治部右衛門殿

この史料は、山守から浜平に派遣された使者の報告書であるが、条目ごとに大意をとれば、次のようになろう。

(1) 使者四人は、浜平に向かう途中で、浜平の者二人に遭う。浜平の二人は、「中沢の三つ又(三俣)に人足を出し、中沢御林内へ入ることを阻止する」と山守へ通告するための使いであるといった。

(2) 使者四人が三俣に行くと、浜平の者四人が火を焚いていた。浜平の四人は「中沢御林見分拒否の相談のため、昨夜より今夜中番をしている」と、使者の問いに答えた。

(3) 使者四人が、浜平の長百姓寄合の席で「山守の使いで来たが、浜平山内を見分するので、これまで通り案内するように」というと、浜平側は「浜平御林は申すまでもなく、中沢山内も見分させない。しかし、古い切株の調査書を浜平に下付してくれるならば案内する。そうでなければ両山の見分は阻止する」といった。

このように山守の使者と浜平側との遣り取りが記されている。日付は定かではないが、七日に山守が寄合を開き、後述のように九日には見分を諦めるので、その間のことと思われる。浜平では、見分拒否を山守に通告するとともに、前夜より両村の入口に当たる三俣に番人を置いて、実力で見分を阻止する態勢を整えていた。見分拒否の理由は明確に述べられていないが、御林内の切株を調査されるのを嫌っている様子が窺える。

次の史料(28)によって、さらに事情を窺ってみよう。

〔史料15〕

乍恐別紙以書付御訴申上候

一浜平三右衛門其外之者共、去八日ニ楢原村江私共寄会候所江罷出、三右衛門申候ハ、久保田佐次右衛門様御支配之節御願申上、船とも御林境ゟにたのそり迄、横五百間御林之外百姓稼山ニ被遊被ト、絵図茂八右衛門書替差上候間、今度右之場所ヲ境直シ百姓稼山ニ致候ハヽ、山内之案内可仕候、無左候而者、私共を中沢迄茂通シ申間敷と、理不尽成儀申掛候御事、

（中略）

右申上候通、御林と百姓稼山境之儀、池田喜八郎様御見分之上境御立置被遊候通、御内寄会ニ而茂御吟味之上被仰付候、依之、久保田佐次右衛門様亥ノ秋(享保四年)中御廻村之節浜平迄御越被遊、惣百姓ニ御林之儀被仰渡、御林境之御証文御取被遊候、然所ニ、此度三右衛門其外之者共徒党致、私共を中沢山共ニ留メ中、去九日迄中沢分三俣ニ浜平ゟ大勢罷出昼夜相詰、夜ル者(ママ)かゝり火を焼、相待罷有候ニ付、楢原村より罷帰候、此上如何様之工仕、狼藉可致茂難計奉存候得者、御山守難相勤奉存候間、前々之訳御訴申上候、委細之儀者口上ニ可申上候、以上、

万場村
玖　内

享保十二未年
鈴木平十郎様
御役所

この史料は、万場村の玖内が浜平の不法を訴え出たものであるが、玖内は山守のひとり黒沢八右衛門の隠居名である。冒頭に、浜平の三右衛門等が、八月八日に楢原村の山守寄合にやってきたとある。御林見分は、浜平が三俣に大勢詰めて実力阻止する構えをみせたので、九日に実施を断念して引き上げたという。そして、直ちに代官に報告したのが前掲〔史料13〕であろう。

〔史料15〕によれば、浜平の三右衛門は、「御免許稼山」設定時に黒沢八右衛門が絵図を書き替えたので、今回その境界を訂正して百姓稼山にするならば案内する、と主張したという。中略部分で玖内は、稼山設定と絵図提出の経緯を述べ三右衛門の主張に反論しているが、前述の切株の件と照らし合わせると、切株の所在する場所が御林と百姓稼山のどちらに入るかが、表面には出ない争点になっているように思われる。なお、玖内が最後に「御山守難相勤奉存候」と、山守辞職を仄めかしている点に注意しておこう。

さて、この一件に関しては、享保十二年八月に、浜平の長百姓四名・惣百姓代二名から「名主黒沢治部右衛門」宛の次のような内容の史料(29)も残されている。すなわち、第一条で浜平御林について、七年以前に信州川上村より盗伐があった時、浜平では山内を案内して切株を書き上げた。しかし、浜平御林は「けんそ」で「悪所」も多く、見残した切株または御林設定以前に盗伐を受けた切株もあるので、今後不始末を問われるのではないかと思い、今度古い切株をすべて注進すると申し出たところ、以前川上村より盗伐があった時に注進しているので、不始末にはならない。しかし、代官に伺って、古い切株を調査して報告するように命じられたならば、そのようにするとのことであるので、浜平では納得した、としている。第二条では中沢御林について、浜平御林と同前であり、今後信州よりの盗伐を発見したならば早速訴える旨が記されている。そして、最後に黒沢治部右衛門の言うとおり浜平では納得したので、黒沢覚右衛門・黒沢八右衛門が山内見分を行なう際には従来どおり案内する、と述べている。これは、切株の扱いについて、浜平側が納得して差し出した証文であり（史料の標題も「浜平惣百姓方へ被仰渡埒明ケ申候趣之事」である）、これによって御林見分阻止一件は解決したかにみえる。しかし、この証文の宛所は黒沢治部右衛門のみで、しかも肩書が「名主」になっているのは不可解である。山守全員の了解を得たものではなく、黒沢治部右衛門と浜平との間だけの了解だったのではないか。事実、後述するように、翌年四月の段階でも未解決のままであった。ともあれ、切株の所在場所が御林の内か外かということが重要な問題であったことが、こうした史料の存在からも指摘できよう。

2　山守の交替と新体制への移行

山守の辞職願い

御林見分をめぐって、山守と浜平との間で以上のような対立が起こり、結局山守は見分を実施できなかった。そうしたなか、山守の辞職問題が発生する。まず、享保十二年（一七二七）八月、万場村の玖内から次のような辞職願い(30)が出される。

〔史料16〕

乍恐以書付奉願候御事

一享保四亥年、久保田佐次右衛門様御支配之節、野栗沢村、乙父村枝乙父沢、楢原村枝浜平・中沢、右四ヶ所之御林、拙者共御山守ニ被仰付候ニ付、相守罷有候得共、私儀老衰仕、其上近年病者ニ罷成、別而去正月中ゟ今以相煩罷有候得者、御山内相廻候儀茂不罷成難儀仕候、御山内当御用先御願申上兼候得共、気分段々重罷成、余命之程茂難計奉存候、御慈悲ニ御山守御免奉願候、委細之儀者口上ニ可申上候、以上、

享保十二年未八月　　　　万場村　玖　内

鈴木平十郎様
御役所

このように、玖内は老衰と病気を理由に辞職を願い出たのである。隠居の身であるから、実際年を取っていたかも知れないが、この理由をそのまま信じてよいものであろうか。御林見分阻止一件のあった八月と同じ月であり、必ずしも前後関係は定かではないが、代官へ一件の報告（史料13）等を済ませたあと、右の辞職願を提出したのではないだろうか。前掲〔史料15〕の最後に、山守辞職を仄めかしていたことを考慮すれば、見分阻止一件の影響といえるのではないか。

翌十三年四月には、黒沢覚右衛門が「近年、拙者儀病身ニ罷成候得共、冥加と奉存相続候程ハ、去年迄御山内自身ニ相廻候処、今年ニ至候得者分ヶ而煩重ク、山坂歩行曾而不罷成、最早何分ニ茂御役儀相勤兼候間、御慈悲ニ御山守り役御赦免被下置候様ニ奉願上候、然者、去年中御窺相立候中沢・浜平御山内之儀、御吟味相済不申候得共、乍憚、此一儀ハ八右衛門・治部右衛門与別心なく申合、此上何分ニ茂御吟味可奉請候、いまた落着不仕候内如斯御願申上候儀、如何敷奉存候得共、私義名主・割元役共ニ相勤来候ニ付、訳ヶ而御用繁ク萬端差跨キ、其上病身ニ罷成候故、何分ニ茂相勤り不申ニ付、不及是非御山守役儀御訴詔申上候、幾重ニ茂御免被下置候様奉願上候」[31]と、玖内と同様に病身を理由に山守辞職を申し出たのである。なお、右の引用文中で、去年伺いを立てた中沢・浜平御山内の件の吟味が済んでおらず、未だ落着していないと述べており、前年の見分阻止一件が未解決であることがわかる。

さらに、同年十月には、黒沢玖内と黒沢治部右衛門が連名で、老身になり山内巡廻が困難であるとして辞職を願い出、[32]翌十四年（一七二九）二月には、黒沢覚右衛門が再び辞職を願い出ている。[33]この時には「御給米御増被下置候ハ、相勤可申哉之旨、此度御尋被為遊候得共」と、代官から山守給の増額が打診されたが、覚右衛門は「此上御増シ給米被下置候而茂、病身ニ紛無御座」と、辞意の固いことを伝えている。

享保十五年（一七三〇）五月の黒沢玖内の上申書[34]によれば、「覚右衛門病身故御免之御願申上候得ハ、御免シ被下候」とあることから、黒沢覚右衛門の辞職はこれ以前、おそらく同十四年に認められたらしい。前掲表27によれば、同年の後半から覚右衛門の給米の記載がなくなる。また、同上申書で玖内は「同苗八右衛門病身ニ罷成、山内相廻り候義不罷成、私義ハ老衰仕歩行不罷成候得ハ、父子勤兼申候」と、父子とも山守の職務遂行は困難であると述べ、「無是非当秋中、御代官江御免之御願可申上奉存候」と、さらに辞職を申し出る意向を示している。

新体制への移行

このように、山守から再三にわたり辞職願いが出されるなか、享保十五年九月に、黒沢玖内から代官に次のような口上書[35]が提出された。

〔史料17〕

口上ニ而申上候

乙父村 黒沢勝右衛門

川和村 清左衛門

新羽村 兵　庫

右三人之者、上山郷之内者ニ而、浜平・中沢・乙父沢・野栗沢村御林江最寄能、道法も近御座候、尤、楢原村治部右衛門方へも道近御座候得者、急御用等之間も合申候間、此者共之内御林山守被仰付、乍恐可然哉と奉存候、以上、

　戌（享保十五年）九月　　　　万場村　玖　内

　　後藤庄左衛門様
　　　御役所

辞職願いが認められないなか玖内は、御林最寄で黒沢治部右衛門方にも近いという理由で、乙父村名主黒沢勝右衛門ら三名を、代わりの山守として推薦したのである。さらに、同年十一月九日には、「御林守」黒沢玖内と「割元」覚右衛門の連名で、乙父村名主黒沢勝右衛門・同村名主半助・同村長百姓伝兵衛・川和村名主清左衛門・新羽村名主織右衛門の五名を「玖内跡役」に推薦している(36)。そして、享保十六年十二月になって、

〔史料18〕

一万場村八右衛門儀、願之通御林守年内限差免候間、可得其意候、
一乙父村勝右衛門儀、右八右衛門代御林守役申付候間、来子（享保十七年）正月ゟ念入可相勤候、八右衛門並三人扶持被下之候間、可得其意候、
一奈良原村治部右衛門儀、来正月ゟ乙父村勝右衛門与申合、御林守相勤可申候、八右衛門者願ニ付御林守指免、為代勝右衛門御林守申付候間、可得其意候、
右之通可相心得候、此度呼出可申渡候得共、月迫故先以書付申渡候、勝右衛門者、来正月十五日前、役所江可罷出候、此書付其節持参可相返候、以上、

亥（享保十六年）十二月廿二日　後　庄左右（ママ）衛門御印

押切
御判

甘楽郡山中領
八右衛門
勝右衛門
治部右衛門

というように、八右衛門（玖内）の山守退役と乙父村名主勝右衛門の山守就任が、代官後藤庄左衛門から申し渡された[37]。また、勝右衛門に対しては、翌年正月十五日以前に役所への出頭が命じられているが、翌年正月に玖内が記した覚書[38]には「同十七年子正月、於江戸後藤庄左衛門様直ニ御免被仰付候、附、乙父村勝右衛門御召出ニ付、後藤庄左衛門様江一所ニ罷出候而、我等跡役勝右衛門方江被仰渡候」とあり、玖内も勝右衛門に同道して江戸に赴いたらしい。こうして、山中領の山守制は、割元二名と楢原村名主の三名体制から、割元一名と楢原村名主の二名体制を経て、楢原村名主と乙父村名主の二名体制へと移行したのである（表27・29参照）。

御林下守の設置

山守の辞職問題が起こるなか、一方では山内支配の機構にも変化があった。享保十四年二月、山守の黒沢治部右衛門・黒沢覚右衛門は、代官に対して次のような意見を上申している[39]。

〔史料19〕

乍恐以書付申上候

一此度御林御吟味ニ付、浜平御巣鷹見四人之者共ニ御給金被　下置、御林守下役ニ可被仰付段、御尤奉存候、併共、野栗沢村ニ茂浜平同前之御巣鷹見之者十人、前々ゟ相立罷有候処ニ、浜平御鷹見江斗御給金被　下置候而ハ、乙父沢・野栗沢弐ヶ所御林政道ニ付、差支ニ茂可罷成哉与奉存候間、浜平御鷹見三右衛門・甚兵衛・孫右衛門三人、外壱人分之御給金、野栗沢村ニ而十人之御鷹見之内江被　下置、右両所ニ而四人、御林守下役ニ被為　仰付候ハヽ、向後共四ヶ所御林政道相立可申与、乍恐奉存上候、以上、

享保十四酉二月

甘楽郡山中領
御林守 黒沢次部右衛門
黒沢覚右衛門

鈴木平十郎様
御役所

これによれば、浜平の御巣鷹見四人に対し給金を払って「御林守下役」に任命する方針が代官から示され、山守両名はこれに賛意を示すとともに、野栗沢村にも御巣鷹見が一〇人いるので、浜平四人分の給金のうちから野栗沢村に回し、両所にて四人の「御林守下役」を任命すれば、四ヶ所の御林の取締りがうまくゆく、と述べている。前述したように、正徳年間に、御巣鷹見を山守の「下役」に組み込もうとした構想(40)があったが、その再現ともいえよう。しかし、次の史料をみると、この意見はそのまま実現しなかったようである。

〔史料20〕

以口上書御願申上候

一浜平・中沢両所江御給米被下置、御林下守被仰付

山守名
黒沢治部右衛門・黒沢八右衛門
黒沢治部右衛門・黒沢八右衛門
黒沢治部右衛門・黒沢八右衛門
黒沢治部右衛門・黒沢勝右衛門
黒沢治部右衛門・黒沢勝右衛門
黒沢治部右衛門・黒沢勝右衛門
黒沢治部右衛門・黒沢勝右衛門
黒沢治部右衛門・黒沢勝右衛門
黒沢治部右衛門・黒沢勝右衛門
黒沢治部右衛門・黒沢勝右衛門
黒沢治部右衛門・黒沢勝右衛門
黒沢治部右衛門・黒沢勝右衛門
黒沢治部右衛門・黒沢勝右衛門

家文書」358）による。
とある。

表29　浜平・中沢御林下守給米支給一覧

年　　次	給　米　高	給米代金
享保14年７～12月分	3.5石	
享保15年分	7.4石（20俵、１俵３斗７升入）	
享保16年分	7.0石（20俵、１俵３斗５升入）	
享保17年分	7.0石（20俵、１俵３斗５升入）	
享保18年分	7.0石（20俵、１俵３斗５升入）	
享保19年分	7.0石（20俵、１俵３斗５升入）	
享保20年分	7.0石（20俵、１俵３斗５升入）	代金４両２分、鐚800文
元文元年分	7.0石（20俵、１俵３斗５升入）	代金４両２分、鐚406文
元文３年分	7.0石（20俵、１俵３斗５升入）	代金６両、鐚581文
元文４年分	7.0石（20俵、１俵３斗５升入）	代金12両２分、鐚561文
元文５年分	7.0石（20俵、１俵３斗５升入）	代金10両
元文６年分(寛保元年)	7.0石（20俵、１俵３斗５升入）	代金９両１分、鐚438文
寛保２年分	7.0石（20俵、１俵３斗５升入）	代金７両

註　「享保十四年酉年ゟ　浜平・中沢惣百姓江被下候御給米渡シ帳」（「楢原・黒澤
　　享保16年分請取（「楢原・黒澤家文書」1214）には「米七石四斗　此俵弐拾俵」

候由、依之、右両所之者各々御召連、野栗沢村御林御見分可被成旨被仰渡候得共、野栗沢村之義ハ、各々御越候ハヽ、人足幷御林御案内之もの野栗沢村ニ而差出可申候間、追而御窺仕候内ハ、浜平・中沢之者御召つれ候儀、御延引可被下候間、然上者、人足幷ニ御案内之者指出シ、御用之筋遅滞仕間敷候、以上、

享保十四年酉閏九月

御林守　黒沢治部右衛門様

同　黒沢八右衛門様

このように、「下守」が任命されたのは浜平と中沢であって、野栗沢村には設置されなかったらしい。右の史料は差出人の記載を欠くが、内容から判断して、野栗沢村から差し出されたものであろう。野栗沢村では、同村の御林見分の際に、浜平・中沢の下守を同道するという山守の申渡しを拒否しているのであり、下守設置の打診に対しても拒否し、結局は浜平・中沢で務めることになったのであろう。

次の史料は、浜平御林に関する返答書の一部である。(41)

〔史料21〕

乍恐返答書差上ヶ申候

（中略）

一浜平山之儀者、信州・武州・南牧境迄、従先年拙者共御吟味仕り候而、御山大切ニ仕り候処ニ、池田喜八郎様御代官所之節御山御吟味被遊、久保田佐次右衛門様御代官所之節亥ノ年（享保四年）より御林ニ御立、御役人三人御立被遊候得共、浜平御林之儀者けんなん（嶮難）けんそ（嶮岨）、殊ニ場広ニ御座候得者、先前之通り拙者共相改メ御山大切ニ仕り候、鈴木平十郎様江右之通り申上ヶ候得者、去酉ノ（享保十四年）八月より御林御下守り被為仰付、壱年ニ御米拾表（俵）宛被下置、依之、御役人下知を請ヶ、御林之内江弐人宛組五組ほとづゝ、壱月ニ三度宛相廻り、御林大切ニ仕り候、御林之内ニ三晩程宛泊り、又者雨天之節者四夜茂五夜茂泊り、やう〱居村江罷帰り申候御事、

一信州川上村ニて、春時分秣場江野火附ヶ申候得者、若御林御近所江もれ火抔茂無心元奉存、拙者共壱弐人宛おね通りニ相つめ、油断なく御山大切ニ仕り候御事、

一御林村附江前月（毎）罷越、其村々之名主・年寄江、御林江紛レ不入様ニと吟味仕り候、

享保拾五戌ノ八月

後藤庄左衛門様

御代官様

（傍線筆者、下同ジ）

これによれば、傍線部分にみるように、下守は享保十四年八月に任命され、給米として一年に一〇俵が支給された。

そして、二人ずつ五組にて、一月三度ずつ、三日ほどの泊まり掛けで山内巡廻を行なっているとある。これは浜平の下守についてであるが、宝暦九年（一七五九）四月の上山郷村差出明細帳[42]に「楢原村之内浜平・中沢百姓共下守ニ被仰付、為御給米と米廿俵惣百姓頂戴仕、御林見廻り相勤申候」とあるように、中沢にも一〇俵の給米が支給されており、浜平・中沢で二人ずつ任命されたのである。表29は、浜平・中沢の下守に支給された給米の一覧である。

正徳三年（一七一三）の御徒目付・作事奉行被官による槻改めの結果を、享保二十年（一七三五）三月に確認した覚書[43]には、割元として神原村覚右衛門・万場村八右衛門、御林守として楢原村黒沢治部右衛門・乙父村黒沢勝右衛門、御林下守として浜平で二名（彦兵衛・孫右衛門）、中沢で二名（弥左衛門・伝兵衛）、それに野栗沢村の御巣鷹見三名・当番名主一名が連署しており、再編後の山守制と山内支配のしくみが窺われる。

但し、同じ享保二十年三月の史料（次章〔史料20〕）に、浜平の長百姓のうち御林下守・御巣鷹見として彦兵衛・孫右衛門・甚兵衛・李兵衛とあり、中沢の長百姓のうち御林下守として弥左衛門・伝兵衛とある。さらに同年同月の史料[44]には、浜平の彦兵衛・孫右衛門・甚兵衛・李兵衛の四名が御林下守、中沢では弥左衛門・伝兵衛が御林下守とみえていて、浜平の下守の人数が四名になっている。これは、後掲〔史料22〕に「下守浜平・中沢惣百姓三拾八人ニ而相勤来候所」とあるように、下守は村として負担する役であり、御巣鷹見を務める長百姓が下守をも兼務し、交替で二名ずつ実務に当ったということであろう。

なお、目代がどうなったのか必ずしも明らかではないが、右の享保二十年の覚書等に目代の名はみえないので、山守制再編の過程で廃止されたものと思われる。

3　その後の改編

享保十四年（一七二九）八月に下守制が導入され、同十六年から山守が楢原村名主・乙父村名主の二名体制に移行して以後の改編について、以下において簡単に触れておこう。

宝暦三年（一七五三）十月、代官伊奈半左衛門から次のような申渡しがあった。[45]

〔史料22〕

申渡覚

上州甘楽郡山中領楢原村枝郷浜平・中沢并野栗沢・乙父沢御林四ヶ所御林守之儀、去冬迄ハ楢原村名主治部右衛門・乙父村名主勝右衛門、下守浜平・中沢惣百姓三拾八人ニ而相勤来候所、勝右衛門儀致変死候ニ付、向後御林守之儀伺之上、左之通申付候、

一治部右衛門義、浜平・中沢御林弐ヶ所御林守申付候、尤、下守之義も是迄之通り申付候間、萬端申合、御林見廻り之節ハ、前々之通り御林守上下弐人、下守四人、都合六人ニ而、四月ゟ九月迄壱月ニ壱度宛、日数七日之積り見廻り可申候、右日数野扶持之義者、只今迄之通り壱人ニ付七合五勺宛被下置候、然共、見廻り間遠ニも有之間、下守共之内、其間ニ折々三人程つゝ申合見廻可申候、

一御給米御扶持方之義、治部右衛門江三人扶持、浜平百姓弐拾壱人・中沢百姓拾七人江三斗五升入弐拾俵、是迄之通り被下置候、

一御林見廻り候節食事致支度候小屋之儀、是又只今迄之通り相心得、火之元随分念入可申候、且又、野栗沢・乙父沢御林見守村附申付候ニ付、向後掛差免候間、村継馬申付間敷候、

右者、山中領楢原村枝郷浜平・中沢御林弐ヶ所見廻り之儀、書面之通り申付候、尤、右御林信州境ゟハ平地同前ニ而、自由ニ出入も致能場所ニ付、万一怪敷義も有之候ハヽ、支度小屋ニ逗留致相糺可申候、若疑敷者紛入候ハヽ、捕置、早速住（ママ）進可致候、其外御林枝葉等迄随分心附、下守共江も申含、諸事不抜様ニ見守大切ニ相勤可申候、

酉
十月

右之通被仰渡、逸々承知奉畏候、依之、御請印形差上申候、以上、

宝暦三年酉十月

山中領楢原村名主
御林守　黒沢治部右衛門

浜平
年寄　平左衛門（印）
同　兵三郎（印）
同　甚兵衛（印）
同　杢兵衛（印）
平蔵（印）
万右衛門（印）
佐助（印）
（一五名略）
中沢
年寄　伝兵衛（印）
同　庄助（印）

伊奈半左衛門様
御役所

同　作右衛門（印）
丑之助（印）
（一四名略）

冒頭に述べられているように、山守黒沢勝右衛門が変死するという事態に伴う申渡しである。一ヶ条目に、黒沢治部右衛門を浜平・中沢両御林の「御林守」に命ずる、「下守」については従来通り申し付けるとあり、三ヶ条目に野栗沢・乙父沢の「御林見守」は「村附」を申し付けるとある。このことから、これまでは黒沢治部右衛門が浜平・中沢御林、黒沢勝右衛門が乙父沢・野栗沢御林と分担していたことが窺えるとともに、勝右衛門変死後は後任を任命せず、黒沢治部右衛門は浜平・中沢御林を管轄し、乙父沢御林は乙父村、野栗沢御林は野栗沢村でそれぞれ管理することになったことが知られる。これによって、宝暦九年（一七五九）四月の上山郷村差出明細帳[46]には、「御林守」黒沢治部右衛門について「享保四亥年、久保田佐次右衛門様御支配所之節、御扶持方三人扶持頂戴仕、刀御免ニ而、浜平・中沢御林守相勤申候」と記され、また乙父沢御林・野栗沢村御林については、「右御林、七年以前酉年（宝暦三年）、村中江被　仰付相守申候、尤、御給米壱人半扶持被下置候」とあって、両村にはそれぞれ給米として一人半扶持が支給されていたという。実際、次のような扶持米請取書[47]が残されている。

〔史料23〕

請取申御扶持米之事

一米合五石三斗壱升　但、京升也、　黒沢治部右衛門

一同壱石八斗九升　右同断、　野扶持米

一同七石　右同断、　浜平・中沢御給米

一同五石三斗壱升　右同断、　乙父村・野栗沢村

右者、御林守相勤候ニ付、書面之通御扶持米・御給米御渡被下置、慥ニ請取難有頂戴仕候、然上者、前書村々江無相違早速割渡可申候、依之、請取書奉差上候所如件、

文政四年巳九月　上州甘楽郡楢原村 御林守 黒沢治部右衛門（印）

川崎平右衛門様
御役所

このように、「御林守」黒沢治部右衛門への扶持米を始め、野扶持米、浜平・中沢の「下守」への給米、そして「村附」で御林管理に当たる乙父・野栗沢両村への給米が、それぞれ支給されていることが分かる。

その後、文政八年（一八二五）十月に、代官山本大膳に対し次のような請書(48)が差し出されている。

〔史料24〕

差上申御請書之事

上州甘楽郡山中領村々御林之義、同国甘楽郡楢原村枝郷浜平・中沢弐ヶ所、同国乙父村壱ヶ所、野栗沢壱ヶ所、都合四ヶ所有之、同郡神原村覚太夫・万場村八右衛門・楢原村治部右衛門先祖江、享保四亥年中御林守被仰付相勤罷有候所、覚太夫祖父覚右衛門・八右衛門祖父八右衛門者病身ニ而見廻り等相勤兼、先年御林守役御免相願候所、願之通り退役被仰付ニ付、其以来乙父村・野栗沢村名主・惣百姓江見守被仰付、治部右衛門ハ先祖ゟ引続相勤罷有候へ共、一体嶮岨場広之義ニ付、此上御取締りとして、右覚右衛門跡相続罷有候神原村名主覚太夫江も、

同様御取締方被仰付候間、得其意諸事申合、不取締之義無之様出情見廻り可申旨、被仰渡承知奉畏候、依之、御請印形奉差上候、以上、

文政八年酉十月十日

当御代官所
上州甘楽郡
神原村名主
覚太夫
同郡乙父村
名主
庄兵衛
惣百姓惣代
百姓代
伝兵衛
同郡野栗沢村
名主代
重左衛門
年寄
郡次
惣百姓惣代
百姓代
治郎兵衛
楢原村
黒沢治部右衛門

山本大膳様
御役所

これによれば、享保四年（一七一九）の山守制発足以来の変遷を述べ、勝右衛門の変死については言及を避けているが、黒沢治部右衛門と乙父村・野栗沢村による「見守」という現状に対し、「嶮岨場広」な御林の取締りのため、かつて山守を務めた黒沢覚右衛門の子孫である覚太夫に「御取締方」を命ずるというのである。後の天保五年（一八

三四）五月の代官蓑笠之助に宛てた注進書に、[49]「楢原村御林守黒澤治部右衛門・同下守役人・同州同郡神原村御取締役黒澤覚太夫奉□（申カ）上候」とあり、差出人の筆頭に「御林取締役神原村　黒澤覚太夫（印）」とあることからも、黒沢覚太夫が「御林取締役」として活動していることが知られる。

この「御林取締役」と「御林守」との位置関係は必ずしも明確ではないが、同四年三月に乙父村の百姓九〇名が名主・惣役人に差し出した連判証文に、[50]「神原村黒澤覚太夫江取締役厳敷被仰付候御廻状ニ付、村方一同奉恐入候、右御林之義、村内役人・惣百姓江見廻り被仰付、御扶持頂戴罷有、少茂不取締之義無御座候」とあることから、乙父村は引き続き「扶持」を受け取っており、また明治元年（一八六八）十一月に、乙父・野栗沢両村名主が岩鼻県民政役所に対し、「乙父村字乙父沢山御林壱ヶ所・野栗沢村字太尾御林壱ヶ所、（中略）右御扶持方之義、乙父村中江壱人半、野栗沢村中江壱人半、御給米として両村惣百姓江被下置、御林麁末之義無之様相勤罷在候、今般　御一新ニ付、右御林見守之義、両村惣百姓江被　仰付、先規通り御給米奉頂戴候様仕度、此段奉願上候」[51]と、両村への給米支給の継続を願っていることからも、両村による御林管理は継続されており、「御林取締役」は浜平・中沢御林も含めて、御林全体の「取締役」という位置付けであったと思われる。

おわりに

以上、山中領における御林の設定と山守制の変遷を辿ってきた。山中領では正徳四年（一七一四）に、御巣鷹山とは別に四ヶ所の御林が設けられたが、これは前年からの代官による山内見分を経て設定されたものである。代官の山内見分は、直接には幕府の材木払底への対策として、御巣鷹山を対象に有用樹（用材）の資源調査を目的に実施されたといえるが、林相調査等を経て、最終的には資源量が豊富と看做された浜平・中沢・乙父沢・野栗沢村の四ヶ村に、用材供給源としての御林が設定され、それぞれ浜平山・中沢山・乙父沢山・野栗沢山と称したのである。また、御林設定の過程で割元から山守の設置構想が出されたが、この時には実現せず、御林の支配は割元の職務の「加役」とされたのであった。

その後、享保四年（一七一九）に山守が任命されたが、その職務は「御留山・御巣鷹山并惣山之御山守」[52]ともいわれるように、御林や御巣鷹山を含む「惣山」の支配であり、もっと端的にいえば「山内御用」であった。そして、山内御用に対する待遇の面からみれば、正徳の御林設定時には割元の加役とされ無給であったが、享保には山守として自立した職務となり、有給（扶持米支給）になった。また、正徳にも帯刀を許されていたが、享保では名字・帯刀を認められた。経済的な待遇面での改善に限らず、身分的な上昇をも含むものであったといえよう。正徳・享保の二段階を経て、割元は地方御用に加えて、山守として山内御用をも担うことになり、山中領支配に大きな影響力を持つことになったと思われる。

このように、割元と山守は不可分の関係であったが、その後享保十二年（一七二七）頃から山守の辞職問題が起こる。これには、浜平の御林見分阻止一件が影響していたと思われ、同十四年には黒沢覚右衛門が辞職した。同十七年十二月に至って黒沢玖内（八右衛門）の辞職も認められ、代わって乙父村名主の黒沢勝右衛門が、黒沢治部右衛門とともに山守を務めることになった。ここに、山守は割元とは一線を画した存在となった。浜平による御林見分阻止一件は、浜平自身による御林荒しを隠蔽する意図が窺われるが、実力行使をしてでも見分を阻止しようとしたのは、浜平の自立性の強さを垣間見せる一件ともいえよう。この一件を機に、割元は山内御用から離れることになり、割元による地方・山内両御用の一元的掌握は、永くは続かなかったのである。

その後、黒沢勝右衛門の変死後は後任が任命されず、同人が管轄していた乙父沢御林・野栗沢御林は、それぞれの村の「村附」すなわち村請にて管理されることになり、また神原村名主の黒沢覚太夫（覚右衛門の子孫）が「御林取締役」として山内支配に復帰するなどの変遷を伴って、御林の支配が推移したのであった。

註

（1）「神原・黒澤家文書」一一八

（2）「楢原・黒澤家文書」一四一　表紙には「正徳三年巳二月十三日」とある。

（3）この調査で、浜平御林では槻一五七本、乙父沢御林では槻九本、野栗沢村御林では槻一〇本、合わせて槻一七六本が改め出されたという（「万場・黒澤家文書」三〇九）。翌年の池田喜三郎による調査では、さらに浜平山で槻三二本、中沢山で槻一九本、乙父沢村東沢で一〇四本が改め出されたという（「神原・黒澤家文書」一一八）。但し、実際に伐出しは行なわれなかった。

（4）新宿区立新宿歴史博物館編『武蔵国豊島郡角筈村名主　渡辺家文書』第一巻所収。山中領においては、同年二月の次のような証文（「神原・黒澤家文書」五二）がみられる。

相定申証文之事

一今度、従山中領御用木出申付、拙者共四人相談仕、御請負之御願申上候筈相究、遣金之儀者、四人共御願叶不申候内ハ、銘々自分遣ニいたし江戸江罷出、御願申上候筈御座候、相叶利金御座候ヘハ、右四人ニ而四つニ割取申筈相究申候、若損金御座候而茂、四人当分（等カ）ニ引請何分茂相済埒明可申候、御公儀江御願申上候名代之儀ハ、四人之内条左衛門・平左衛門相究、万一名代仕候者間違等も御座候而及難義候者、相残弐人何分茂情出シ申訳仕、滞候者御訴詔申上埒明、少茂未熟仕間敷候事、

一御用木御請負之願相叶被　仰付候者、相勤候中名代出候者少茂我を立申間敷候、万事四人相談ニ而相究可申候事、品ニより了簡相分り、何レ共難致決定儀有之節者、何レ成共多分之利相究可申候、尤、如何様之儀有之候共、仲ヶ間ニ而はりあいヶ間敷儀不仕、言分ン申間敷候、無拠遣金有之節者入用帳面ニ記、右四人江割懸ヶ当分（等カ）ニ出し可申候事、

一拙者共不巧者付、秩父坂本六右衛門相頼手代分ニ致、江戸江茂召連、六右衛門道中万事遣金之義、四人ニ而当分（等カ）ニ出シ賄申筈ニ相究候、御請負埒明利分御座候得ハ、十分一六右衛門方江礼金ニ相渡、残金四人ニ而四つニ割取申定ニ相究申候上ハ、相互ニ少茂相違仕間敷候、為後日仍如件、

黒澤八右衛門(印)
十屋兵蔵(印)
黒澤条左衛門(印)
十屋平左衛門(印)

正徳三癸巳年二月

このように、黒沢八右衛門ら四名による御用木の伐出し請負を目論んだ協定が結ばれているが、二月には槻改めが実施されており、これに合わせて計画されたのであろう。さらに、同年三月十一日付で、神原村角右衛門・尾付村平左衛門・万場村八右衛門・神原村兵蔵の四名が、「名古屋太右衛門・同七十郎」の両人に対し、御用木伐出し請負が認められた場合には両人を「金元」に頼み、「山入諸色入用金」を全額負担してもらい、「徳用」の五割を支払う旨の証文（「万場・黒澤家文書」三二六）を差し出している。実際に伐出しは行なわれなかったが、右のような地元の者による御用木の伐出し請負計画があったことが知られる。また、同年三月には、楢原村名主らから代官に対し、次のような証文（前章表23№24）が差し出されている。

差上申一札之事

一山中領楢原入浜平所之御巣鷹山御林、去ル比御見分之砌、御手代中右御用ニ付山元江御越、山内御案内被成候處ニ、御巣鷹山御林荒シ候様子ニ御見及被成候由、依之、此度早速御吟味茂可被仰付處ニ、御用木山出之御沙汰有之候ニ付、当分御延引被遊候、委細追而御詮義可被仰付旨、被仰渡承知仕候、尤、此上御巣鷹山御林江入込、立木等ハ不及申、枝葉ニ而もむさと伐取申間敷候旨、被仰渡奉得其意候、且又、此度御見分之御用木之義、猶以大切ニ相守可申候旨、急度被仰渡奉畏候、為其一札差上申所、仍如件、

(正徳三年)巳ノ三月

楢原村名主　伊右衛門
浜平村山守　庄兵衛
同　甚兵衛
同　伊左衛門
同　平兵衛
同　安左衛門

御代官様

これによれば、今回の槻改め以前に、代官手代による「御巣鷹山御林」の見分があり、「御巣鷹山御林荒シ」が発見されたが、

そこに槻伐出しの通達があったため、吟味は延期になったという。なお、右の史料の差出人のうち浜平の五名に「山守」とあるが、彼らは御鷹見であり、彼らを「山守」とする史料は管見の限り他にはみられず、ここに「山守」と記された理由は詳らかではない。享保四年に任命される「山守」とは異なることはいうまでもない。

(5) 新宿区立新宿歴史博物館編『武蔵国豊島郡角筈村名主　渡辺家文書』第一巻所収。

(6) 「万場・黒澤家文書」三一四

(7) 「神原・黒澤家文書」五五

(8) 「万場・黒澤家文書」三八二

(9) 「神原・黒澤家文書」八六　この史料は、後欠のため年未詳ではあるが、記載内容から享保八年頃と思われる。

(10) 「万場・黒澤家文書」三一四

(11) 同月付で同内容の浜平・中沢および楢原村名主から代官宛の証文もみられる（「万場・黒澤家文書」四〇六）

(12) 「万場・黒澤家文書」三六三　但し、「　　」部分は、欠損のため「上州甘楽郡山中領浜平・中沢山稼書物一巻」（「万場・黒澤家文書」三〇九）所収の写本にて補った。

(13) 「万場・黒澤家文書」三六二　山守就任に際して作成されたと思われる「起請文前書」の写（「万場・黒澤家文書」三六一）も残されている。

(14) 「神原・黒澤家文書」九九-二　なお、この請書によれば、御留山では「不依何儀ニ山稼ヶ間敷義仕間敷候」と、山稼ぎの禁止が謳われているが、一方で「猟師之外出入仕間敷候」とあり、これは逆に猟師が御留山に入って猟を行なうことは許されていたことを示唆している。

(15) 「万場・黒澤家文書」三三六

(16) 享保四年十月付で、「山守」三名から白井関所番頭に宛てた源蔵の関所手形（「万場・黒澤家文書」一三四）によれば、「此源蔵儀、拙者共召抱、御林目代ニ浜平御会所ニ差置申候、右之源蔵、女房共ニ差遣シ申候、御関所無相違御通シ可被成候」とあり、源蔵は女房とともに浜平会所に赴任したのであった。

(17) 〔史料8〕は「万場・黒澤家文書」三〇九所収、〔史料9〕は同五〇九、〔史料10〕は「楢原・黒澤家文書」八七六

(18) 「楢原・黒沢家文書」三〇三

(19)「神原・黒澤家文書」五七九
(20)「栖原・黒澤家文書」二七三
(21)「万場・黒澤家文書」七二九
(22)註(9)に同じ。
(23)「神原・黒澤家文書」三三九
(24)「神原・黒澤家文書」三二〇
(25)「神原・黒澤家文書」三五〇
(26)「中沢百姓申口」(「神原・黒澤家文書」三五六)によれば、「中沢惣百姓之義ハ、山内御見分申請度存候得共」とあり、中沢では見分に反対していたわけではなかったらしい。
(27)「神原・黒澤家文書」三四九
(28)「万場・黒澤家文書」三三一
(29)「神原・黒澤家文書」三五一
(30)「万場・黒澤家文書」三八九
(31)「神原・黒澤家文書」六二
(32)「万場・黒澤家文書」三九〇
(33)「神原・黒澤家文書」七八
(34)「万場・黒澤家文書」三九一
(35)「万場・黒澤家文書」三二九
(36)「万場・黒澤家文書」三三〇
(37)群馬県多野郡上野村乙父「黒澤丈夫家文書」(群馬県立文書館寄託)四五二六
(38)「万場・黒澤家文書」三一六
(39)『群馬県史』資料編9〈近世1〉一五七号
(40)「栖原・黒澤家文書」一〇六

(41) 浜平「高橋真一家文書」一九〇　中略部分は、前章〔史料4〕参照。
(42)「栖原・黒澤家文書」六二
(43)「万場・黒澤家文書」三〇九より。
(44)「栖原・黒澤家文書」一二五
(45)「栖原・黒澤家文書」二六八
(46) 註(42)に同じ。
(47)「栖原・黒澤家文書」一二九三
(48) 乙父「黒澤丈夫家文書」八一二
(49)「栖原・黒澤家文書」三五六
(50) 乙父「黒澤丈夫家文書」四一五三
(51) 乙父「黒澤丈夫家文書」五一八
(52) 註(14)に同じ。

第三章　「御免許稼山」制と「売木」の展開

一　「御免許稼山」制の成立

1　山稼の村

享保元年（一七一六）、御林奉行見分賄入用の負担割当をめぐって、上山・中山両郷と下山郷とのあいだで争論が起こった。次に示すのは、その際の下山郷村々の願書である[1]。

〔史料1〕

乍恐以書付奉願候御事

一今度御林御奉行様御賄ニ付、上山郷内所入用御座候由、下山郷ゟ此度之入目割元衆御積りニ而、金子指加可致と申所ニ、高割ニ可致と申御訴訟致候、

一下山郷之義、前々ゟ百姓仲間入用等余村江割合不申候、古殿様御支配之節、国境論秩父領と申組候節、御検使高室平十郎様・瀧野十右衛門様、下山郷へ御越御逗留被遊候御賄并入目等、上山郷・中山郷へ者割賦不申候而、下山郷ニ而遣申候、右出入之節、秩父領御代官様・古殿様御手代様御立、下山郷・秩父領上吉田村両所

江御着之御賄・内所入用ともニ、下山郷ニ而遣申候御事、

（一ヶ条略）

一下山郷・中山郷・上山郷、古高辻者少々甲乙ニ御座候所ニ、御検地ニ而下山郷者、上山郷・中山郷二ヶ郷程之高辻ニ罷成候而難儀仕候、右三ヶ郷高辻幷家数・人数、一郷切之道法、別紙ニ書付ニて申上候、下山郷大高之人数、小高之上山郷・中山郷之人数、大方同前之儀者、山稼ニ而渡世致来候御事、

一上山郷・中山郷之義ハ、分内広御座候而、耕作之間ニ、笹板・間切・白はし・さや木・鳥もち・うす木幷炭・薪、下仁田町・小鹿野町へ出し売候而渡世仕候、下山郷之義ハ、山稼も無御座候而、野栗沢・乙父沢・浜平・中沢山へ者道法五里ゟ七八里隔、何ニ而も下山郷之義介ニ罷成候義無御座候、

右申上候百姓仲間内所入用之義ハ、御賄之節其郷名主・長百姓、其外御用相勤候もの、水夫等之入用ニ御座候、然とも、此度者上山郷御逗留之日数も御座候間、割元衆御積りニ而金子指加可致と申候所ニ、入用之金子高もしらせ不申、一往（応）之相談も無御座、上山郷・中山郷ゟ申上候、内々ニ而相談之上金子出し合申候ハヽ、上山郷今度之難義ハ御座有間敷候所、末々如何様之存寄御座候哉、中山郷・上山郷御訴申上候間、下山郷前々之様子御耳ニ立申度奉願候、委細之義ハ口上ニ可申上候、以上、

享保元年申ノ十二月

柏木村
名主 利右衛門（印）
長百姓 市左衛門（印）
（長百姓一一名略）
同
惣百姓代 九郎右衛門（印）

三郎兵衛(印)

御代官様

○以下、麻生村・生利村・万場村・塩沢村・森戸村・黒田村・小平村・舟子村の名主・長百姓・惣百姓代、合わせて七四名連署。

（傍線筆者、下同ジ）

この願書のなかで下山郷は、元禄の国境争論の際の諸費用を上山・中山郷には割賦しなかったことを主張するとともに、曾ては三郷とも高辻はほぼ同じであったが、元禄検地によって下山郷の高辻は上山・中山両郷を合わせたほどに増加したと述べている。そして、高辻・家数・人数等の具体的な数字を「別紙」に書き上げたのである。この「別紙」によって作成したのが第一部第一章の表5であるが、元禄検地後の下山郷の高辻は一一六三石余で、確かに上山・中山郷を合わせた高辻一一七七石余にほぼ匹敵する。一方、家数・人数は三郷ともそれほど大きな差はない。このことから下山郷は、上山・中山郷の主張する御林奉行見分賄入用の高割負担に反対であると訴えているのである。ここでは、訴訟について述べることが目的ではないので詳述は避け、次の点に注意しておきたい。すなわち、傍線部分にあるように、下山郷に比べて小高の上山・中山郷が、下山郷に等しい人口を擁しているのは「山稼」のためと述べられている点である。この点は「別紙」の最後で、「右申上候通り、古高之場所新御検地ニ而高甲乙罷成候得共、当分人数之渡世仕候義者、山稼之村々御座候故と奉存候、然上、百姓仲間入目ニ者、山元組合之一郷と道法ヲへだて候耕作計之村と者、高下可有御座義ニ奉存申候」と、下山郷が「耕作計之村」であるのに対し、上山・中山郷は「山稼之村々」であるとの表現にもよく表わされている。そこで、もう一度第一部第一章の表5をみれば、そうした「山稼」への依存度は、上山郷においてより大きかったことが想像されよう。

以上の訴訟とは直接の関係はないが、それよりやや遡った正徳三年（一七一三）に、次に掲げる書上[2]が割元から代官に差し出されている。

〔史料2〕

覚

一浜平（楢原之内）　高辻六石四升六合　家数弐拾五軒　人数百拾九人

一中沢（同村之内）　高辻七石壱斗四升　家数拾七軒　人数五拾七人

一乙父沢（乙父村之内）　高辻七石弐斗八升（六合脱カ）　家弐拾壱軒　人数六拾壱人

一野栗沢村　高辻拾壱石六斗九升壱合　家数五拾四軒　人数弐百八拾人

右四ヶ所之百姓ハ、御巣鷹山之外ニ而山かせき仕、渡世致来候、

（中略）

一浜平・中沢・乙父沢・野栗沢村四ヶ所之外村々ニ而ハ、山稼致渡世仕候村者、山中領ニ無御座候、

一山中領村々薪・秣之儀、御巣鷹山之外ニ而取申候、但シ、大和田峯計雑木薪ニ取来り申候、以上、

正徳三年巳閏五月　万場村 八右衛門

御代官様

この史料は、代官の山内見分の際に提出されたものであるが、冒頭に楢原村の枝郷である浜平・中沢、乙父村の枝郷である乙父沢、それに野栗沢村の高辻・家数・人数が書き上げられ、この四ヶ所は「山稼致渡世仕候村」と述べら

れている。既に、上山郷村々の山稼への依存度が高いであろうとの予想を述べたが、〔史料2〕によれば、上山郷のなかでも特に浜平・中沢・乙父沢・野栗沢村の四ヶ所が、山稼を生業とする村すなわち〝山稼の村〟と認識されていたことが知られる。

右の〔史料2〕の中略部分には、山中領の御巣鷹山の林相が書き上げられていて、それを表示したのが前章の表26であるが、それぞれの御巣鷹山について樹木による区分がなされ、浜平・中沢・乙父沢・野栗沢村に所在する御巣鷹山は、いずれも有用な樹木の多いAランクに位置付けられている。同じ正徳三年閏五月には、〔史料2〕のほかに、割元黒沢八右衛門および山中領村々村役人連署の次のような口上書(3)が代官宛に差し出されている。

〔史料3〕

御尋ニ付口上

楢原入南方
一三拾弐ヶ所　浜平中沢御巣鷹山并百姓稼山

此内

弐拾壱ヶ所　樅・栂・槻・桂
　　　　　　黒松・沢栗・栃

内四ヶ所　御巣鷹山
拾七ヶ所　百姓稼来候、

是ハ、御払ニ罷成候而も、百姓山稼之障ニ不罷成候、

拾壱ヶ所　木品右同断

内弐ヶ所　御巣鷹山
九ヶ所　百姓稼来候、

是ハ、百姓稼山ニ御残置候様ニ奉願候、
惣山三分壱程残り候積り奉願候、

（中略）

一弐拾弐ヶ所　　御巣鷹山　　生利・塩沢・舟子・魚尾
平原・新羽・勝山・乙母・乙父
楢原　〆拾ヶ所村附

是ハ、不残御巣鷹山ニ而御座候、御払ニ罷成候而茂、百姓山稼之障りニハ不罷成候、然共、御用ニ可立木数も多無御座候、過半雑木ニ而御座候、此村々薪木伐尽百姓困窮仕候間、少々御運上差上、百姓薪山ニ奉願候、

右之通山訳被　仰付、御払ニ罷成候様ニ奉願候、不残御伐払ニ罷成候而ハ、古来ゟ山稼ニ而渡世仕来候村々大勢之百姓、身命送り可申様無御座候間、御慈悲之御了簡奉願候、以上、

正徳三年巳
閏五月　　楢原村名主
伊右衛門（印）
浜平長百姓
庄兵衛（印）

○以下、浜平・中沢・黒川・塩ノ沢の長百姓、乙父村名主、乙父沢・住居付長百姓、勝山村・新羽村・野栗沢村名主・長百姓、平原村名主・長百姓、持倉長百姓、魚尾村・尾付村名主、舟子村名主・長百姓、椹森村・塩沢村・生利村長百姓、乙母村名主・長百姓、および万場村割元八右衛門、合わせて五三名連署。宛所を欠く。

この口上書は、御巣鷹山を「払山」にすることの可否を問われた村々の回答を記したものであるが、中略のあとの部分で、二二ヶ所の御巣鷹山については、「払山」になっても「百姓山稼」に支障はないと述べている。これに対し、冒頭の浜平・中沢に関しては、「御払」に支障のない山と「百姓稼山」として残してほしい山とに分けて記載されて

いる。中略部分には乙父沢・野栗沢村について同様に記されており、四ヶ村について表示すれば表30のようになる。
ここで注目されるのは、四ヶ村に限り御巣鷹山のほかに「百姓稼山」の記載がある点、その「百姓稼山」をも含めて「払山」の対象になったため、それでは百姓の「山稼」の支障となるので「山訳」を願っている点である。すなわち、四ヶ村にはこれ以前から「山稼」のための「百姓稼山」が設定されていたといえるのである。この点に関し、次の史料[4]をみてみよう。

〔史料4〕

乍恐以口上書を御訴詔申上

一従先規、浜平之義者山中山入りニ而、耕作仕り申候而も猪・猿ニ食レ候ニ付、桶木・そき板少々取り塩・茶ニ代替、渡世ニ仕り候所ニ、白井村ニ而諸事之荷物被留、迷惑仕り申候、依而、惣村困窮仕り、無是悲(ママ)御訴詔申上候御事、

一浜平村、屋数弐拾八軒ニ而、高六石四斗(升)六合ニ御座候、当十四年巳前丑ノ(元禄十年)年御検地之節、池田新兵衛様　御尋被遊被下候様者、右之小高ニ而渡世も成間敷由、被為仰渡被下候ニ付、先年ゟ桶木・そき板取申候而、すきわいニ仕り申候、其上御書付を差上ヶ申候、委細之義者、御尋之上口上ニ而可申上候、御慈悲ニ御了簡被遊被下候ハ、、難有奉存候、以上、

宝永七年寅ノ
十一月廿八日

浜平村　庄兵衛(印)
甚兵衛(印)
与右衛門(印)

表30　御巣鷹山・百姓稼山の箇所数と樹相（正徳3年）

	御巣鷹山幷百姓稼山		御巣鷹山	百姓稼来候	払山の可否	樹　　相
浜平・中沢	32	21	4	17	○	樅・栂・槻・桂・黒松・沢栗・柏
		11	2	9	×	同上
乙父沢	13	8	1	7	○	檜・樅・栂・槻・桂・沢栗・柏
		5	1	4	×	同上
野栗沢	14	8	1	7	○	檜・栂・樅・槻・沢栗
		6	2	4	×	同上
10ヶ所村附			22		○	過半雑木

註　10ヶ所村附は、生利・塩沢・舟子・魚尾・平原・新羽・勝山・乙母・乙父・楢原の各村。
「万場・黒澤家文書」313による。

両御割本様

安左衛門（印）

（後略）

これは、宝永七年（一七一〇）に浜平と白井との問で山地利用をめぐって争論が起こった際の浜平の願書である。この願書の第一条に、白井が浜平の荷物の通過を差し止めたとあるが、このことは白井関所で浜平から出荷された荷物（桶木・そぎ板）の検査が行なわれていたことを示している。また、第二条によれば、元禄検地の際に代官から渡世向きについてお尋ねがあり、それに対し以前から桶木・そぎ板の採取を生業としている旨を返答したとあり、元禄検地時に生業に関わる何らかの調査がなされたことを窺わせる。山中領に隣接する武州秩父領大滝村では元禄七年（一六九四）に「百姓稼山」制が施行されており、同領中津川村でも元禄十年の検地に際して「百姓稼山」が認められているが(5)、こうした点を勘案すれば、山中領でも大滝村・中津川村同様に、元禄検地時に浜平・中沢・乙父沢・野栗沢村に「百姓稼山」が設定されたと考えることができるのではないか。それ故に、「山稼致渡世仕候村」すなわち〝山稼の村〟といわれたのである。

なお、〔史料2〕が提出される前月に浜平は、「笹板・桶木・紙すき舟抔取申候而、山かせきニ而渡世仕来申候」「御巣鷹山を相除、外之山ニ而前々ゟ山かせき仕渡世致申候、山中領之内江笹板・桶木等売申候而、御年貢上納仕、其余ニ而穀物・塩・茶抔調候而、身命送来申候」（後掲〔史料5〕）と、山稼として笹板・桶木等を販売して生計を立てている旨を述べていて、御巣鷹山以外の山での具体的な山稼の在りようが若干窺える。ほかに箸木・鞘木・鳥黐の生産・販売も行なわれていた（後述）。

ここで、「山稼」の意味を確認しておけば、山中領外（下仁田市等）へ販売することを目的に、笹板（そぎ板）や桶木等の林産物を採取・生産することであり、単に林産物の採取のみをいうのではなく商品生産の過程として捉えられる。先に引用した〔史料2〕に、「右四ヶ所之百姓ハ、御巣鷹山之外ニ而山かせき仕、渡世致来候」「四ヶ所之外村々ニ而ハ、山稼致渡世仕候村者、山中領ニ無御座候」とあり、〔史料3〕にも「古来ゟ山稼ニ而渡世仕来候」とあるように、浜平・中沢・乙父沢・野栗沢村の四ヶ村は、特に山稼を渡世すなわち生業とする村であったといえる。

さて、前述したように、山中領では正徳三年（一七一三）から翌四年にかけて、代官による山内見分が実施され、その過程で「野田三郎左衛門様御代官之節、山内御吟味之儀有之、先下仁田売無用ニ可仕旨被仰渡候」（後掲〔史料8〕）、「野田三郎左衛門御代官所之節、七年以前巳年（正徳三年）ゟ山稼差留候ニ付」（後掲〔史料9〕）などとあるように、山稼が禁止されたのであった。そして、前述したような林相調査や「払山」の調査などを経て、御林四ヶ所が設定された。こうしたなかで、〔史料3〕にみられるように、浜平等四ヶ村の稼山の確保を願っているのであるが、浜平・中沢・乙父沢からも、次のような願書[6]が差し出されている。

〔史料5〕

乍恐以書付御訴詔申□

一山中領楢原村之内浜平村高辻六石四升六合、家数廿五軒、同所中沢村高辻七石壱斗四升、家数拾七軒、乙父村之内乙父沢村高辻七石弐斗八升六合、家数拾壱軒、右村々儀者、麦畑家居廻りニ少々御座候得共、雰下故麦一

円実入不申、一毛作りニ御座候、秋作之儀茂、岩山・深山ニ御座候得者実取兼申候、殊ニ猪・猿夥敷出テ作物荒シ申候故、渡世不罷成候ニ付、笹板・桶木・紙すき舟抔取申候而、山かセきニ而渡世仕来申候事、
一石村々儀者、御巣鷹山を相除、外之山ニ而前々ゟ山かセき仕渡世致申候、山中領之内江世板・桶木等売申候而、御年貢上納仕、其余ニ而穀物・塩・茶抔調候而、身命送来申候事、
一御巣鷹山之儀者、前々ゟ相守り大切ニ仕、一円荒シ不申候ニ付、外之山内ニ而前〻之通、山かセき仕候様ニ奉願候、御慈悲ニ被為仰付被下置候ハヽ、難有奉存候、以上、
正徳三年巳ノ五月

このように、浜平等三ヶ村は、笹板・桶木・紙すき舟等を採取して山稼を渡世としている（第一条）、以前から山稼を渡世とし笹板・桶木等を販売している（第二条）と述べて、従来通り山稼ができるよう願っている（第三条）。そして、正徳四年（一七一四）七月には、次のような請書[7]が差し出されていることから、一部の山稼の再開が許可されたことが知られる。

〔史料6〕

差上申一札之事
一浜平・中沢惣百姓、前々ゟ山稼致渡世仕来候所ニ、山内御吟味ニ付当分山稼不什難儀致候ニ付、右之山内ニ而川くるミニ而箸木、朴ニ而さや木、もちの木ニ而鳥もち仕候而、渡世之足合ニ致度と御願申上候得者、先はし木・鞘木・鳥もちの儀者、前々之通り被仰付難有奉存候、尤、御絵図境之内ニ而、何れ之木ニ不寄、三品之外之木江きず抔一切付ヶ申間敷候、箸木・鞘木・もち仕候共、御絵図境之内ニ小屋掛ヶ申間鋪候事、
一御絵図境之外山ニ而も、槻・栃之木一切伐申間鋪候事、

一御絵図境之外山ニ而も、そき板・間切取申候而も、御割元御吟味請、其上売出シ可申候事、
右之通、自今以後相守可申候、若相背候ハヽ、何分之曲事ニも可被仰付候、為後日仍如件、
　正徳四年午七月
　　　　　　　　　　　　　　　　　　　　　　　　楢原村之内浜平
　　　　　　　　　　　　　　　　　　　　　　　　　庄　兵　衛(印)
　　　　　　　　　　　　　　　　　　　　　　　　　甚　兵　衛(印)
　　　　　　　　　　　　　　　　　　　　　　　　　伊左衛門(印)
　　　　　　　　　　　　　　　　　　　　　　　物百姓代
　　　　　　　　　　　　　　　　　　　　　　　　　平　兵　衛(印)
　　　　　　　　　　　　　　　　　　　　　　　中沢
　　　　　　　　　　　　　　　　　　　　　　　　　安左衛門(印)
　　　　　　　　　　　　　　　　　　　　　　　　　九左衛門(印)
　　　　　　　　　　　　　　　　　　　　　　　　　喜　兵　衛(印)
　　　　　　　　　　　　　　　　　　　　　　　物百姓代
　　　　　　　　　　　　　　　　　　　　　　　　　権左衛門(印)
　　　　　　　　　　　　　　　　　　　　　　　　　庄右衛門(印)
　　　　　　　　　　　　　　　　　　　　　　　楢原村名主
　　　　　　　　　　　　　　　　　　　　　　　　　伊右衛門(印)
右之通、此度御代官様江一札差上申候、以上、
　午七月
　　御割元中

　これは浜平・中沢の請書であるが、乙父沢からも同内容の請書が差し出されている[8]。このように、箸木（川胡桃）・鞘木（朴）・鳥𣏐（𣏐の木）の三種については、従来通りの稼ぎが認められ、「御絵図境之内」すなわち御林内での採取も許可された（第一条）。また、「そき板」「間切」も御林外で採取し、割元の吟味を受けるという条件で、生産・

販売が許可されたのである（第三条）。表31は、正徳五年（一七一五）十二月の「浜平・中沢 笹板・間切改帳」によって、山稼品の出荷員数をみたものであるが、この史料には表紙に割元両名（黒沢八右衛門・黒沢角右衛門）の名があり、〔史料6〕の第三条で規定された割元による山稼品の吟味記録と思われる。浜平・中沢とも、笹板や沢栗・樅等の間切、手桶や水桶用の桶木を生産・販売していたことが分かるが、笹板が圧倒的に多く、山稼の主体であったことが指摘できる。

2 「御免許稼山」制の成立とそのしくみ

前項でみたように、禁止された山稼の一部再開が正徳四年に認められたのであるが、享保期になって山稼をめぐる新たな展開がみられる。そこでは、山稼の全面再開を求める浜平と中沢の動向が焦点になるのであるが、両村の山稼は「御免許稼山」という

表31　浜平・中沢山稼品出荷員数（正徳５～享保元年）

	正徳5.12改		正徳6.閏２改		正徳6.4改		享保元.9改	
	浜平	中沢	浜平	中沢	浜平	中沢	浜平	中沢
笹　板	774束	351	585	539	1,363	1,588	1,759	1,770
沢栗間切	４丁							
樅間切（一間木）	１丁		2				1	1
厚朴間切								10丁
黒桧木					20挺	2		
黒松手桶（木）	３桶分	2						
黒松水桶		１桶分		４つ分				
黒松桶				７つ分				
沢栗水桶		１桶分						
黒檜水桶					１つ			
黒桧木手桶					３つ			
黒桧小桶（木）					１つ	６つ分		14つ
黒桧木水風呂					１つ	2		
手　桶			２つ分					

註　「万場・黒澤家文書」３による。

かたちで実現する。以下では、この「御免許稼山」制の成立までの経緯と、そのしくみを検討してゆきたい。

享保三年（一七一八）九月、割元両名は四ヶ所の御林を見分し、代官宛に次のような報告書を提出している。(9)

〔史料7〕

乍恐以口上書申上候

一此度、浜平・中沢・乙父沢・野栗沢御留山境内私共参候而、日数六日罷有所々致見分、武州秩父境・信州境不残見廻り候所、少茂荒シ候場所茂無御座候御事、

一浜平・中沢・乙父沢・野栗沢、去ル巳ノ年中（正徳三年）、池田喜八郎様御見分被遊候節、御留山と百姓稼山境通路之場所ニ印書付置候得共、最早損シ申候ニ付此度も印立置、境内ニ而前々御免之朴の木・川胡桃・もちの木三品之外ハ、風折・立枯・下木等ニ而も、一切取申間敷と書付致シ置候御事、

一浜平・中沢笹板商売致候儀、山中領計りニ而ハ近年世柄悪敷、別而笹板買候者も無御座、下仁田町売ハ先御代官様御留メ被成候ニ付、下仁田江出シ候儀も不罷成、作り畑ハ前度申上候通少々之儀ニ而、耕作計りニ而中々相続可申村方に無御座候得者困窮仕候、此度惣百姓渡世之様子見申候所ニ、至極困窮仕候、其上、当秋作夏旱りニ而栃の実なとも当年ハ無御座、殊ニ猪・鹿・猿出申候而、男女・子共（供）共畑所々ニ小屋懸ヶ昼夜追申候得共、猿なとハ五六拾つゝ一度ニ出申、女・子共（供）追候をハ一円用ひ不申、一度ニも畑壱枚程つゝハ不残荒シ申候得者、山稼笹板なと取り不申候ハヽ、当分之様子ニ而ハ、村居立兼可申哉と奉存候、御願ニ最早罷出候儀も、路金支度不罷成候間、困窮之様子委細申上くれ候様ニと、惣百姓願申候御事、

一先規之様子此度委ク承候処ニ、伊奈左門様御支配之節（寛文六～天和元年）、両村惣山之内ニ而間切り取候而御江戸迄出シ申候由、金元江戸ニ而致候者も有之候由申候、其節之書物等にても御座候哉と相改候得共、しかと致候書物も見へ不申

候、年久敷以前板木売候書物も少々御座候間、写候而奉入御披見候、前々ゟ笹板など取代替致渡世候ニ、紛無御座候様に奉存候御事、

一浜平当分家数弐拾四軒、人数八拾六人ニ而御座候、潰レ百姓三人、其外奉公ニ罷出、前度之屋数・人数も余程へり申候御事、

一中沢当分家数拾五軒、人数六拾八人御座候、潰レ百姓弐軒、其外奉公ニ罷出、屋数・人数余程へり申候御事、

一浜平・乙父沢・野栗沢御留山之外ニ而、御徒目付大平弥五兵衛様・御被官前沢藤兵衛様、正徳三巳年御改之槻、此度致見分印木立置申候、且又、浜平・中沢・野栗沢・乙父沢御留山外百姓薪・屋道具取り候山内ニ而茂、御用ニ可立木品立置候様ニと御意被遊候ニ付一札取申候、追付差上可申候御事、

一当領御巣鷹山不残見分仕絵図致シ、山元之村々ゟ一札取申候、絵図請書仕境ニ判形取揃、追付差上可申候、勿論、竿及ひ候程之所ハ間数立（縦）横相改申候、前度大積りニ而申上候ゟハ余程之相違御座候、当月二日ゟ廿三日迄、日数廿日余山内相廻り、少も不念不仕山内相改申候へ共、何れ之場所ニも荒シ候場無御座候御事、

右申上候通、浜平・中沢・乙父沢・野栗沢山内御留山之内、荒シ候場無御座候、外百姓薪・屋道具取候山ハ段々木も尽き、御用ニ立不申候木ニ而ハ、山中売之板木も少々取申候得者、①今以しかと御留山境之被　仰付茂無御座候、御留山境被　仰付御立被遊奉願候、此上山元之村江被　仰付候計りニ而ハ猥之儀茂難計奉存候、私共儀、池田喜八郎様ゟ地方之外山内御用共ニ、先つ相勤候様ニ被仰付候ニ付、随分当分迄吟味仕候へ共、所々御巣鷹山数多ク幷御巣鷹御用、殊ニ浜平・中沢・乙父沢山内広大成儀ニ御座候所へハ、不念も可有御座と奉存候、②其上近年地方御用茂ク、家業も指置申候程之御事ニ御座候而難儀仕候、御山守等ニ而も御立被遊候様ニ仕度奉存候、此上、若御支配御代り茂御座候而、御吟味御座候節間違も、末々御座候得者如何ニ奉存候、何レニ茂私共不念ニ不罷成候様

ニ奉願候、委細之儀者口上ニ可申上候、以上、

享保三年戌九月　　山中領万場村　八右衛門
　　　　　　　　　神原村　覚右衛門

久保田佐次右衛門様
　御役所

このように、八ヶ条に亙って見分報告をしているが、この報告書で特徴的なのは、山稼を禁止されて以後の浜平と中沢の状況を詳細に述べている点である（第三〜六条）。御林の設定された四ヶ村のうち、特に浜平・中沢の困窮が問題となっている様子が知られるが、それだけこの両村の山稼（笹板等の下仁田売り）への依存度の高さが窺える。

そして、八ヶ条の見分報告のあとに、今後の御林取締り上の提言として、傍線を付した部分にみられるように、①「御留山」境の明確化、②山内取締りのための山守設置の二点を述べている。①については、御林設定の際に絵図が作成された訳であるが、実際には境界に不明確な部分があったのであろう。②については、「地方御用」等が多忙で「山内御用」が不行届になる恐れがあるとして、山守の設置を願い出ている。同月、乙父村・野栗沢村は割元宛に御林の取締り等に関する請書[10]を差し出しているが、これは右の報告書の第七条にある「一札」のことと思われる。

一方、右の報告書が提出された直後の同年十月、浜平は割元宛に山稼の許可を願い出[11]、つづいて翌四年三月には、次のような願書[12]を代官宛に差し出している。

〔史料8〕

乍恐以書付奉願候

一上州甘楽郡山中領楢原村枝郷浜平之儀、高辻六石四升（六合脱カ）有之、此反別山畑・切代畑合弐町九反歩余御座候、此度

御見分請申候通、高山麓故岩之はさま抔ニ少々宛之切代畑有之、粟・稗之類作り申候得共、雰深キ場所殊に日当り悪敷稔不申、年々種代ならてハ取不申候、殊更深山之際故猪・猿夥敷出、少々稔有之作物をも荒シ候故、猶以作徳之儀曾而無御座候、依之、栃・楢之実山内ニ而惣百姓ひろい置年中之夫食ニ仕、今日之露命つなき罷有候、尤、雰深キ場所故蚕之儀者不仕、渡世可仕様無御座候ニ付、古来ゟ山稼仕山内ニ而笹板抔拵、下仁田市日を考、道法六里余之所少々宛セおひ出シ市人に相払、其代物を以渡世仕来り申候所ニ、先御代官野田三郎左衛門様御代官之節、山内御吟味之儀有之、先下仁田売無用ニ可仕旨被仰渡候故難義仕候ニ付、其節ゟ御訴詔申上候内、御代官替りニ而池田喜八郎様御支配ニ罷成、依之、段々御訴詔仕候内、又候御代官所御替り被遊候ニ付、御前様へ御訴詔申候、右之通り故当分迄山稼不仕、至極困窮及偈(渇)命迷惑ニ奉存候間、此上百姓共稼山ニ可被仰付場所境を御立、百姓山之内ニ而前々通山稼仕、下仁田ニ而相払候様に奉願候、当年ニ至り小分之百姓数之内茂兵衛・甚右衛門・吉右衛門・善之丞、右四人之者義ハ相潰レ、妻子共散々ニ罷成奉公ニ罷出申候、其外之者共儀も相続難仕躰ニ罷成候間、御慈悲を以前々通り山稼仕候様に惣百姓奉願候、以上、

享保四年亥二月

上州甘楽郡山中領上山郷楢原村之内浜平
庄兵衛印
甚兵衛印
（一七名略）

御代官様

○楢原村名主・割元両名の奥書略。

中沢からもこれと同内容の願書[13]が出されているが、これらの願書にみられるように、浜平・中沢は古来より山稼の

村であること、代官野田によって下仁田出荷が禁止され困窮していることなどを述べ、傍線部分のように百姓の稼山の境界を定め、百姓山での山稼（下仁田売り）の再開を認めるよう願っている。〔史料7〕の割元報告書では、特に浜平・中沢の困窮の様子を具体的に述べているが、山稼の再開許可のことについては直接触れていない。しかし、御林境の明確化の要求は、浜平・中沢の百姓山確保＝山稼再開要求を踏まえたものであることは想像に難くない。

浜平・中沢両村から右の願書を受け取った代官久保田佐次右衛門は、この問題への対処案を記した次のような伺書(14)を勘定所に提出した。

〔史料9〕

覚

一拙者御代官所甘楽郡山中領楢原村枝郷中沢・浜平両村之儀、古来ゟ山稼ニ而渡世仕来候処ニ、野田三郎左衛門御代官所之節、七年以前巳年（正徳三年）ゟ山稼差留候ニ付難儀仕、池田喜八郎支配之節茂無断絶相願候由、喜八郎茂申送り候、今以度々百姓共相願候ニ付、山内之様子・渡世之仕方致吟味候処ニ、中沢村高七石余、切代畑反別四町歩余之所ニ、家数拾六軒、人数男女共八拾九人、浜平村高六石余、切代畑反別五町歩余之所ニ、家数弐拾五軒、人数男女共八拾六人有之、深山之麓山之腰を切代畑ニ開高ニ結候村方ニ而、日請悪敷山中きり（霧）深ク候故、一毛作り之切代畑稔不宜、農業を以渡世不罷成、葛之根・栃楢之実を夫食ニ仕、①山稼ニ而相続仕来候段無紛相見へ申候、稼差留段々致困窮暮兼候趣茂無相違様子ニ有之候間、山稼只今迄之通差留置候ハヽ、及飢可申奉存候、依之、境を建山稼被仰付可然哉ニ奉存候間、山内遂吟味候処、両村附山々広太成山内ニ而御座候ニ付、居村ゟ道法を極、中沢ハ家居ゟ竪九拾町余・横三拾七町ほと、山神落合・駒寄・釜ヶ渕・舟ヶ艫と申所を限り、浜平ハ家居ゟ竪九拾町余・横三拾四町程、はやつむじ・死小屋・舟ヶ艫と申名所を限り、境塚を築傍示を立置、境内ニ而山稼仕候様ニ為致、尤、境内ニ而茂御用ニ可立槻・栂・樅類ハ、木数相改両村之者共方ゟ証文取置、雑木計相稼候様ニ可申付候、然共、百姓共稼次第ニ仕置候而ハ、段々伐すかし末々難儀可仕候間、壱ヶ月ニ笹板三百束、ぼくり（木履）木六百足分、槫木弐百本、小桶木弐百分宛為稼候得者取続可申間、此積り之通申付、改之儀者焼印を為打、白井御関所ニ而焼印鑑引合、毎月員数吟味為致可然奉存候、中沢・浜平両村共ニ、右御関所道一筋之外通路之道筋曾而無之候、

一右両村附奥山之儀、栖原村其外枝郷ゟ信州境峯迄、嶮岨之場所登りニ而道法三四里ほと有之、峯通廻り候而ハ拾三四里有之候、信州ゟハ平場続之様ニ而、峯こへ人馬共ニ通路自由成所も有之、前方茂立木少々盗伐候事も有之由、其上信刕ゟ野火度々有之山内江燃入候得共、居村ゟ道法遠走着消候儀遅成、立木焼枯候由申之候、依之、②国境改幷此度之境改旁山守三人申付置可然奉存候、左候ハヽ、信州境通路自由成所々致掘切、又ハ鹿垣結置通路致難成様ニ、此度山稼御免之場所茂境猥ニ不成様ニ、三人之山守ニ為改可申候、山内嶮岨場広ニ而、度々相廻り候節、三人之者計ニ而者改届兼候間、下人茂召連人数多相廻り候様ニ可申付候、左候へハ、飯米等之入用茂有之候間、割元両人ニ者三人扶持宛、栖原村名主ニ者弐人扶持、御扶持方被下置候様ニ仕度奉存候、於然者、御留山〆り可申と奉存候、

右両枝村山稼之儀、池田喜八郎支配之節茂遂見分申上候由、此度茂去年・当年再応手代差遣吟味仕候処ニ、右之通両枝郷之者至極困窮仕、捨置候ハヽ、及飢可申躰ニ付、則、山形絵図を以存寄之趣申上候、如何可被仰付候哉奉窺候、以上、

享保四年亥六月　　久保田佐次右衛門

御勘定所

御付紙

書面之山中領中沢・浜平両村之儀、近年山稼差留及困窮、潰百姓茂有之由ニ候間、伺之通傍示相立、古来之通山稼可被申付候、勿論、御用ニ可立木品ハ相除、壱ヶ月限之木数之外不伐出様ニ急度申渡、山内猥無之様ニ可被申付置候、

一山中領林之儀、留山ニ成候上ハ、信州境幷此度免許之稼山境改として山守三人申付、弐人ハ三人扶持つゝ、壱人ハ弐人扶持、従当亥七月御物成之内を以為取之、年々御勘定可被相立候、断ハ本文ニ有之候、以上、

亥七月

このように、代官は割元の報告書や村々の願書を受けて、浜平・中沢の山稼許可は必要と判断し、具体的な方針を二ヶ条にまとめて示した。すなわち、第一条では、浜平・中沢が困窮しているので、これ以上両村の山稼禁止措置を続けるのは不適当との判断から、境界を定めて山稼を許可すべきであるとしている（傍線①）。つづいて第二条では、山内取締りのため山守を任命すべきであるとしている（傍線②）。この二点の伺いは、先に割元が代官に宛てた報告書のなかで提案していた二点（〔史料7〕傍線①②）に対応するとともに、浜平・中沢の訴えも踏まえたものである。

代官の伺いに対し、勘定所はどのような判断を示したのであろうか。それは〔史料9〕の最後の部分にある「御付紙」によって明らかである。すなわち、二点の伺いに対する回答は、①浜平・中沢には古来の通り山稼を申し付ける、②信州境・「免許之稼山」境改めのため山守三名を申し付けるというもので、それぞれ伺いの通りということである。これにより、浜平・中沢の山稼の再開が認められることになったのであるが、それは「山稼御免之場所」「免許之稼山」などとあるように、稼ぎの形態は「御免許稼」であり、稼山は「御免許稼山」とでもいうべき制度である。また、この時「御免許稼」および山内取締りのために山守が設置されたのであるが、この点は前章で述べたとおりである。

浜平・中沢は、同年八月に代官に対し「御免許稼山」の請書を差し出すとともに、翌月には新たに任命された山守三名に対しても請書を差し出した。さらに同月、両村は稼ぎの対象となる品目・員数についての請書を差し出している。また八月、代官から山守三名および白井関所番理右衛門に対し、「御免許稼山」制を具体化するための申渡しがあった。こうして、浜平・中沢では、正徳三年（一七一三）以来禁止されていた山稼が、享保四年（一七一九）に「御免許稼山」制というかたちで再開された。

では、ここで〔史料9〕や右に述べた請書・申渡し等により、「御免許稼山」制の内容を整理しておこう。

①稼山の範囲は、浜平は家居より縦九〇町余・横三四町程とし、はやつむじ・死小屋・舟ヶ艫を境界とする。中沢は家居より縦九〇町余・横三七町程とし、山神落合・駒寄・釜ヶ渕・舟ヶ艫を境界とする（前章図5参照）。

②山稼品目は、笹板・木履木・樌木・桶木の四品とし、一ヶ月当たりの出荷員数を定める。山稼の期間は、二月から十月までとする。

③山稼荷物には山守の極印を請け、白井関所にて極印鑑と照合し、領外（下仁田市）へ売り出す。

④浜平・中沢は、白井関所に対して改方経費として「冽銭」を支払う。「冽銭」は山守が徴収し、白井関所番頭に渡す。

⑤白箸・鳥黐稼ぎは従来通りとする（御林内も可）。

「御免許稼山」制は、このような内容で実施されることになったのである。このうち、山稼品目ごとの一ヶ月当たりの出荷員数・「冽銭」額、規格を示したのが表32である。ここで「冽銭」が支払われているわけであるが、これは④にも記したように、白井関所に渡されるもので、幕府への運上とは異なる。浜平・中沢の請書に「山銭可被仰付儀を、改方入用計軽キ儀被仰付、重々難有奉存候」と述べられているように、幕府は「山銭」＝運上金の上納を求めて

表32　山稼荷物一ヶ月当たりの出荷員数・刎銭・規格

品　名	員　数	刎　　銭	規　　格
笹　板	300束	鐚600文（1束2文宛）	1束384枚結、長1尺6寸
槫　木	200本	鐚200文（1本1文宛）	長2間
木履木	600足分	鐚100文（6足1文宛）	1挺につき6足積、厚6寸4.5分・長6尺・巾4寸程
桶　木	200分	鐚800文（1つ4文宛）	1つ分長1尺3寸、1尺3寸縄結

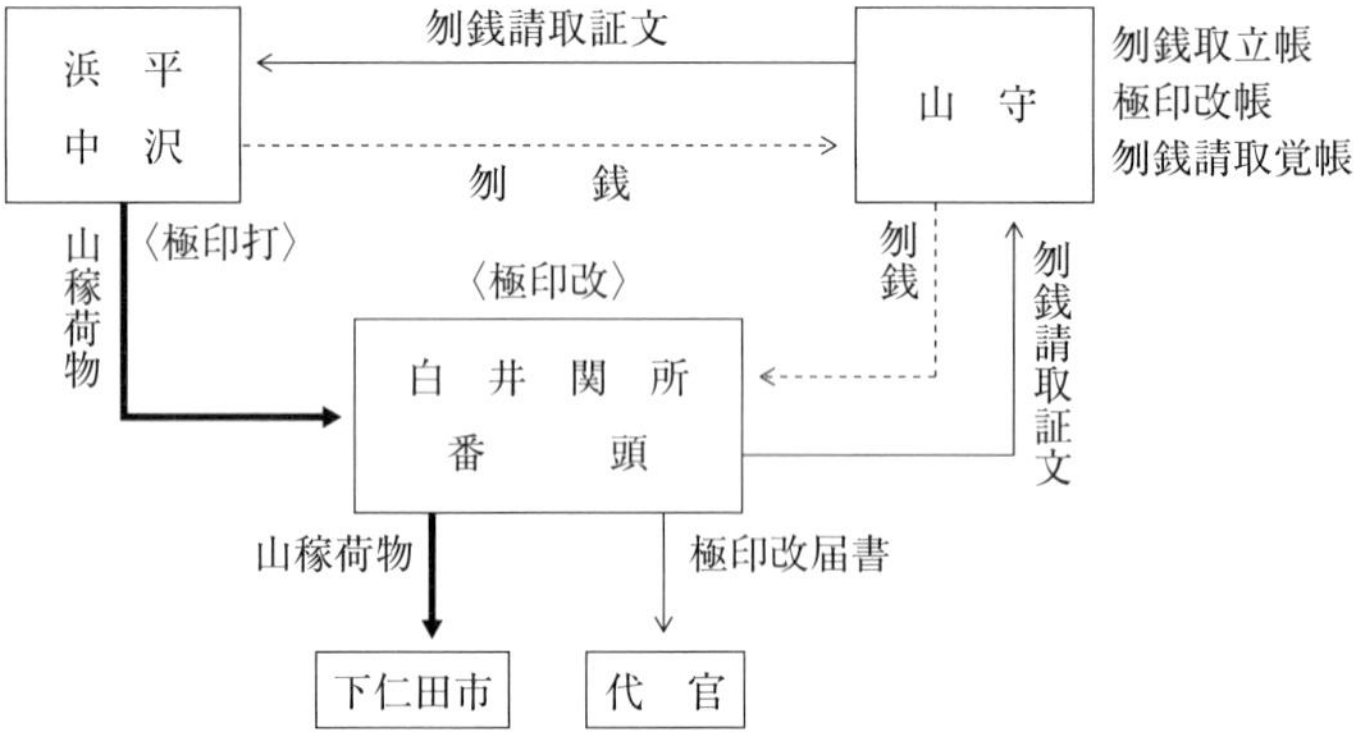

図6　「御免許稼」のしくみ

いないのである。以上の「御免許稼」のしくみを図示すれば、図6のようになる。

「御免許稼山」の成立は、山中領での山稼が浜平・中沢のみに認められ、両村が幕府から〝山稼の村〟として、いわば〝公認〟されたことを意味する。そして、これには「刎銭」の負担が義務付けられた。正徳三年以前は、具体相は不詳ながら、浜平・中沢・乙父沢・野栗沢村の四ヶ村に「百姓稼山」が認められており、この四ヶ村が〝山稼の村〟であったが、享保四年以降は浜平・中沢のみが〝山稼の村〟として、「御免許稼」すなわち領外向け山稼荷物の生産・販売＝山稼を独占する特権を持ったのである。(21)

享保五年（一七二〇）九月に、白井の者が極印を受けていない笹板を運び出すという事件が惹起した。次に掲げる史料は、その詫証文(22)である。

〔史料10〕

一札之事

一去九月中、白井源右衛門、大平薪山之内にて笹板山取致、同所茂兵衛、山越ニ黒川山江通り候而下仁田江、右之笹板拾壱束附出シ候を、浜平・中沢ゟ改出し、治部右衛門殿へ御訴申候ニ付、白井理右衛門・長百姓中ゟ致吟味、山こしニ無極印之板附出候段、早速御訴被申候ニ付、源右衛門・茂兵衛誤り入、野栗宝蔵寺江入寺仕、上山・中山御名主中・長百姓中御頼、御披露御延之御訴詔仕候、最早永々之入寺者之儀、其上被仰上候へハ御詮儀ニ及候間、達而今度御披露御延之御訴詔、上山・中山諸寺院・御名主中・長百姓中御訴詔申ニ付、御披露御延被下忝奉存候、然上者、向後無念成儀不仕、大切ニ相守疑敷儀不仕、板木幷笹板売出し申間敷候、勿論、山越なとニ何者ニよらす一切通り申間敷候、為後日仍如件

享保五子年十一月廿二日

源右衛門(印)

源右衛門五人組 茂兵衛(印)

加兵衛(印)

(三名略)

茂兵衛五人組 勘兵衛(印)

(三名略)

長百姓 勘左衛門(印)

(四名略)

宝蔵寺(印)

観音寺(印)

中正寺

黒沢八右衛門殿

黒沢覚右衛門殿

黒沢治部右衛門殿

組頭 理右衛門(印)

延命寺

東福寺(印)

○以下、楢原村・浜平・中沢長百姓、乙母村・河和村・勝山村名主、新羽村名主・長百姓、尾附村・平原村・魚尾村名主、神原村・勝山村・野栗沢村長百姓、合わせて三五名連署。

このように、白井の源右衛門が大平薪山で笹板を作り、それを同所の茂兵衛が白井関所を通さず山越に下仁田へ運び出したという一件である。そして、この「無極印之板」の搬出を摘発し訴え出たのは、「浜平・中沢ゟ改出し」とあるように、浜平・中沢である点に注意したい。同年七月にも、楢原村枝郷黒川の百姓が、浜平から「売木」の嫌疑をかけられ、「勿論、他領へ売木なと少ニ而も黒川ゟ売出し申間敷候」との証文を浜平へ差し出すという事件が起こっており(23)、これらの事件は、浜平・中沢が山稼の独占権の徹底に怠りなかったことを示していよう。さらに、享保二十年（一七三五）の御用材伐出しの際に、浜平・中沢の御林下守等が代官に差し出した願書(24)に「両谷百姓稼山之内ニ而、何木ニ不依、此度御材木請負人方ニ而、伐荒不申候様ニ奉願上候」「白箸・鳥もちに仕候二品之儀ハ、御林御境之内ニ而も御免ニ御座候、右白箸ハ川くるミと申木、箸ニ仕候、依之、川くるミ幷もちの木伐取不申候様ニ、御材木御請負（人脱カ）方へ被　仰付奉願上候」と、御材木請負人に対し、両谷百姓の稼山を伐り荒らさないように、また御林内での採取が認められている川胡桃と黐の木を伐り取らないように命じて欲しいと願っており、浜平・中沢が権益の確保に意を注いでいる様子が知られる。

3　野栗沢村・乙父沢の動向

かつて〝山稼の村〟といわれた四ヶ村のうち、浜平・中沢で「御免許稼山」制が施行されたのであるが、ここで乙父沢・野栗沢村の動向について触れておきたい。野栗沢村では、隣接する秩父領中津川村から山中領に売り込まれる笹板などの山稼物の付送りによる駄賃稼を行なっていたのであるが（後掲〔史料12〕参照）、正徳三年（一七一三）の山稼禁止に伴って、この駄賃稼も禁止された。翌年、四ヶ村の訴願によって一部の山稼が再開されたが（前述）、享保四年（一七一八）に割元による御林見分が実施された際に、野栗沢村は次のような請書(25)を差し出している。

〔史料11〕

差上申一札之事

一野栗沢村山内、正徳四午年　池田喜八郎様御見分被遊、割元中ニ絵図被仰付、御留山と百姓薪・屋道具等取可申境御立被為遊候ニ付、御留山大切ニ相守罷有候、向後弥大切ニ相守、前度御免之ほうの木・川くるみ・もちの木、此三品之外ハ下木・枯枝等ニ而も取申間敷候、右御留山之内ニ大なけし・くらかど・岩くらず三ヶ所御巣鷹山御座候御事、

一御留山之外山内中ニ而、御用ニ可立檜・樅・栂・沢栗・栃之木、伐申間敷旨被　仰付奉畏候、若右之木品風おれ・立枯等も御座候ハヽ、御窺御下知を請可申御事、

一正徳三巳年、御徒目付大平孫兵衛様・御彼（被）官前沢藤兵衛様御見分被遊候槻拾本御座候、内弐本ハ御留山之内ニ御座候、八本ハ御留山外ニ御座候、大切ニ相守可申旨被　仰付奉畏候、枝葉ニ而茂取不申、弥大切ニ相守可申御事、

右御留山幷御徒目付様・御彼（被）官様御見分之槻、此度割元中見分被成候通、御留山内少も荒候場無御座候、勿論、槻木数相違無御座候、弥大切ニ相守可申候、為後日一札仍如件、

享保三年戌九月　　野栗沢村

久保田佐次右衛門様
御役所

右一札、御役所江指上申候通、少も相背申間敷候、若御留山・御巣鷹山江野火なと入候ハヽ、早速馳登り消可申候、其外山内ニ而木抔盗伐り候歟、怪敷者罷有候ハヽ、捕候而御注進可仕候、折々御留山境・秩父境共ニ見廻、大切ニ相守可申候、且又、拾本之御槻、風折・雪折、不斗致候儀候而損候ハヽ、早速御注進可申上候、以上、

戌九月
野栗沢村
当番名主　七郎兵衛（印）
同　三之丞（印）
（長百姓八名、惣百姓代二名略）

御割元中

これと同内容の請書が、[26]乙父村からも代官宛に差し出されており、野栗沢村・乙父沢とも、山稼品を「ほうの木」「川くるみ」「もちの木」の三品と定めた正徳四年令を改めて受け入れ、浜平・中沢のように訴願を継続することはしなかったのである。そうしたなか、享保六年（一七二一）になって野栗沢村は、中津川村からの駄賃稼の再開を要求して、次のような願書を[27]割元宛に差し出した。

〔史料12〕

乍恐以書付ヲ奉願候

一去ル三月中御訴申上候通り、野栗沢山之儀、先年ゟ御巣鷹山三ヶ所御座候ニ付堅相守、其外明所ニ而山稼仕来り候所ニ、当八年以前、池田喜八郎様御支配之節御留山ニ被遊候、相残り薪山計御座候ニ付、山稼不罷成候、野栗沢村之儀者、分内狭ク殊ニ嶽下ニ御座候得者、作場茂詰り作毛ミのり茂悪敷御座候得者、惣百姓段々困窮ニ罷成候御事、

一武州中津川へ野栗沢村ゟ道法三里程有之候ニ付、前々ゟ中津川ゟ笹板其外山稼物、野栗沢村通ヲ出シ山中領へ売申、又者雑穀ヲ買通シ申候ニ付、野栗沢村ニ而駄賃ヲ取、荷物附おくり賃銭ヲ取候而、野栗沢村勝手ニ茂罷成、其上中津川山ニ而、松・ひで・とち・栗・しだミ抔ヲひろい候而、野栗沢村すきあい致候所ニ、野栗沢村御留山障ニ茂可罷成哉与思召、中津川村ゟ出シ申候笹板其外山稼之物、為通候義無用ニ可致由ニ而、御留被遊候ニ付、近年者中津川山へ参きのミひろい候儀茂罷不成候御事、

右之通り、野栗沢村ゟ中津川村へ之通路茂前々ゟ御座候間、両村勝手、殊ニ野栗沢村之ためニ罷成候間、御了簡被遊、前々通り笹板抔通り候様ニ御窺奉願候、困窮之百姓共ニ御座候得者、御江戸迄罷出御願茂不罷成候間、御慈悲奉願候、以上、

享保六年丑ノ十一月

野栗沢村
惣百姓　藤右衛門(印)
(四一名略)
長百姓　七郎兵衛(印)

両御割元衆中様

（七名略）
当番名主　弥四郎（印）
同断　甚左衛門（印）

このように野栗沢村は、第一条で、正徳四年の御留山（御林）設定に伴って山稼が出来なくなり困窮してきたこと、第二条で、野栗沢村では秩父領中津川村から山中領に売り出される山稼物の付送りによる駄賃稼をし、また中津川村の山で木の実を拾い生活の糧にしてきたが、山稼物の通行が禁止されたため中津川村へ行って木の実を拾うこともできなくなったことを述べている。そして、こうした困窮状態を打開するため、従来のように中津川村からの笹板などの通過を認めて欲しい、と願い出たのであった。この一年後の享保七年（一七二二）十一月に、次のような野栗沢村から山守宛の請書[28]が差し出されていることから、右の願いは聞き入れられたものと思われる。

〔史料13〕

一札之事

一武州中津川ゟ野栗沢村へ、前々ゟかちニ而罷通候細道御座候ニ付、中津川村ゟ笹板をせおい荷に致罷通来申候得共、野くり沢山奥、池田喜八郎様被遊御検分、境御立御林ニ被遊、境外ハ百姓山ニ被遊候ニ付、中津川ゟ笹板出候義、若野栗沢御林之内ニ而笹板取、中津川板与まきらわし笹板取候者可有之哉と被思召、中津川板通セ候義無用可仕旨被仰付置候得共、近年世柄悪敷諸作実取不申、惣百姓困窮仕候ニ付、前々之通中津川板野栗沢を通せ候得者、せおひ荷仕賃銭取候者、惣百姓勝手ニ罷成候ニ付、御願申上候得者、御窺之上野くり沢村を為御通被下置候而、忝奉存候事、

一中津川ゟ笹板為通ニ付、中津川村名主喜兵衛・同源六判鏡差出申候間差上申候、笹板束之判形ニ御引合、為御

通可被下候、若判形無之笹板者、御押へ置可被下候事、

右之通、拙者共困窮ニ付御願申得者、（候脱カ）御代官様へ御窺之上、通路前々之通致、笹板持送り賃銭取候様ニ被仰渡、難有奉存候、然上ハ、向後御林・御巣鷹山大切ニ相守申候而、笹板之義者不及申上ニ、自然中津川稼荷物ニまきらハし、何ニ而もうたかわしき板木、野栗沢山ニ而一切取り売出し申間敷候、若相背御林・御巣鷹山境目を越、板木ニ而も伐苅申候ハヽ、被仰上いヶ様之御仕置ニ茂可被仰付候、為後日一札仍如件、

享保七年寅十一月

野栗沢村当番名主　茂兵衛（印）
同　十　助（印）
長百姓　七郎兵衛（印）
（七名略）
惣百姓　源左衛門（印）
（三九名略）

黒沢八右衛門殿
黒沢覚右衛門殿
黒沢治部右衛門殿

このように、割元は野栗沢村の願いを受け、代官に伺いを立てた上で、その許可を得て駄賃稼の再開を申し渡したのであった。そして、中津川板と称して野栗沢御林から採取された笹板が売り出されるのを防ぐため、中津川村からの笹板には、同村の名主の判形を受け、無判形の笹板は差し押さえることとし、その照合は山守が行なうことになった。こうして、享保七年十一月、野栗沢村では、中津川板の駄賃稼が再開されたのであった。

なお、享保十八年（一七三三）に、中津川村と大滝村との入会争論が起こり、この紛争処理の結果、中津川村の笹

板など「山稼八色」の村外への搬出が限定され、上州・信州方面への出荷は厳禁されたという。(29) とすれば、野栗沢村の中津川板付送り駄賃稼も、この時点をもって不可能になったものと思われる。

二　「御免許稼山」制の展開

1　白井関所との軋轢

本節では、浜平・中沢で施行されていた「御免許稼山」制のもとでの「御免許稼」の実態をみてゆくが、先ずは「御免許稼山」制の施行に伴って発生した白井関所と浜平・中沢との係争について触れておこう。前述したように、浜平・中沢の山稼品は山守の極印を受け、白井関所において極印改めを受けた上で、領外（下仁田市）に売り出すように定められていたが、山稼品四品のうち木履木をめぐって、「御免許稼山」制施行直後に白井関所が通過を拒否するという事態が惹起した。それは、享保四年（一七一九）十二月に、山守から代官久保田佐次右衛門役所に差し出された伺書（後掲〔史料15〕）によれば、次のようなことである。

木履木の規格は、一挺につき六足積りであったが（前掲表32参照）、浜平・中沢では、これを二つ寄せ（つまり一二足積り）にして生産し、山守もこれに極印を二つ打った。ところが、白井関所では六足積りに挽き割らなければ通過させせないと主張した。そこで、浜平・中沢は、「両谷之内ニ木挽無御坐候ニ付、外ゟ木挽頼候而、賃銭出し挽割申候得者、下直成物ニ而徳用之障りニ罷成候間、何とぞ中墨打木履拾弐足取ニ仕度」（享保四年十二月の代官宛山守伺書）(30) と、一二束取の規格を認可するよう山守に訴え出たのであった。これに対し山守は、「右之木挽割候而者、持ち運ニも手間取候ニ付、買人も遠慮仕候、依之、木履木取候百姓迷惑仕候、右はね銭書付差上申候通、九拾六足分ニ御坐候、右之段乍恐御下知奉伺候」（同上）と、代官に指示を仰いだのであった。

このように、規格の相違を理由に木履木の通過を拒んだ白井関所[31]は、村々が以前から採取・販売してきた「岩茸」についても通過を停止した。そこで、浜平・中沢は、次のような願書を山守に提出した。

〔史料14〕

乍憚以口上書奉願候

一両谷百姓至極困窮ニ及候ニ付、山稼御願申上候得者、当殿様御救之御慈悲を以、山稼之儀御免許、追日惣百姓難有御儀ニ奉存候、依之、稼荷物被仰付候通堅相守、御極印請御関所御改受売出シ、惣百姓潤ニ罷成、難有御義ニ奉存候候御事、

一前々ゟ両谷ニ而岩茸取売出シ申候ニ付、此節も例之通白井江持出シ候所ニ、白井御関所ニ而、御張紙ニ無之者(物)通シ候義難成由被仰、御関所ニ御留置被成候ニ付迷惑仕候、右岩茸之義者岩苔ニ而御座候ニ付、①両谷計ニ而無御座候、山中領谷々之百姓も、御巣鷹山・薪山ニ而取来り、少々つゝ之勝手ニ仕候、当春迄山稼両谷御停止之節も、岩茸・ふしの皮・岩すけ・すゝ・きのこの類、又ハかぞ・朽木見付取候而、少々つゝ之塩・茶之足ニ仕候而、身命相続罷有候、②此已後も両谷百姓之内ニ山稼不達者成者ハ、右之品々取候而代かへ、又ハ稼荷物背負出シ、賃銭を取渡世仕候百姓両谷ニ御座候得者、此上岩茸さへ御関所御通し不被成候得者、ふしの皮・岩すけ・すゝ・きのこ之類・かぞ、右之五品も御通シ被成間敷と推察仕、左候へハ、山稼不調法之百姓者、必至と難儀仕候御事、

一岩茸御停止被遊候ハヽ、両谷計ニて無御座、山中領谷々ニ而、岩茸取渡世之足ニ仕候白姓数多御座候、是も両

谷百姓同意ニ難義可仕候御事、
一ふしの皮・岩菅・すゝ三品ハ、当領計江縄草ニ売出シ申候、別而上山之義者竹払底ニ御座候ニ付、両谷ゟすゝかい出シかいこ籠ニ仕、両谷もざる・いかき作り売出シ、前々ゟ用来候所ニ、是又此上御関所御通シ不被成候ハヽ、両谷同意ニ上山村々迷惑可仕候御事、
右之趣御吟味之上、御山之障りニも不罷成義ニ候ハヽ、白井御関所江被仰合、右之品々通路仕候様奉願候、御内所ニ而御免難被成筋ニ候ハヽ、御役所様迄御伺被下、何とそ御関所差支無之罷通候様ニ奉願候、岩茸之義者、身命を掛難山ニ下り、塩・ちゃ之足ニ取集置候義を、御関所ニ而御留メ被成差当り難儀仕候、委細者御吟味之上口上ニ可申上候、已上、

享保四年
亥ノ十二月

浜平
庄兵衛(印)
(一二名略)
中沢
九左衛門(印)
(一四名略)

御山守様衆中

右の願書の第二条にあるように、岩茸は「御張紙」で決められた四品のなかに含まれないことを理由に、白井関所では搬出を停止し、荷物を留め置いたのであった。このため浜平・中沢は、岩茸の通過が拒否されるのであれば、藤の皮・岩菅・鈴竹・きのこ類・椿までも売り出せなくなると危惧し、これらの品々の通過を保証するよう山守に訴え出たのであった。

さて、傍線①のように、岩茸等五品は山中領谷々の百姓が採取に携わり、しかも御巣鷹山の内でも採取が許され、

山稼停止以後も継続されてきたのであった。そして、傍線②では、これらの品々の出荷を禁止されては、浜平・中沢のみならず山中領全体の難渋となり、特にこれらの採取・販売で生計を立てている山稼の「不達者」「不調法」の百姓は、「必至と難儀」すると述べている。こうして、浜平・中沢は白井関所の措置の撤回を要求したのである。
浜平・中沢の訴えを受けた山守は、白井関所番頭理右衛門に掛け合うが、理右衛門は「御張紙束数之外ハ、何ニ而も一切出し申間敷」（〔史料15〕の第六条）と、五品の通過は飽くまで認めない態度であった。そこで、山守は代官久保田佐次右衛門に、次に掲げるような伺書(32)を差し出した。

〔史料15〕

乍憚以書付奉窺候

浜平・中沢、御免許荷稼物之外、御山之障りニ不罷成品々、前々ゟ少々宛代かへ候而、渡世之足シに仕来候所ニ、今度於白井御関所、御張紙外之物ニ有之ニ付、御関所通シ候儀難成由申候ニ付、両谷百姓如此之書付私共方迄差出候ニ付、乍恐奉入御披見、右之願之筋委細吟味仕奉伺候、

一岩茸之儀者、岩苔同意之物ニ而、草木生へ不申壱枚岩計ニ而取候へ者、御山之障りニ曾而罷成不申、殊ニ両谷計ニ無御座、当領小百姓・水のミ等者、岩たけ取代かへ渡世之足シニ仕候もの多ク御坐候、岩茸取候儀相止候ハヽ、両谷百姓計ニ無御座、難儀ニ及候もの多ク可有御座奉存候、

一すゞ之儀、是者深山ニ薄なと之ことく茂ク立込（りカ）候ニ付、刈取申候跡へ苗木等茂能生立、結句御山之為ニハ、すゞを不残絶シ申度程之物ニ御座候、殊ニ両谷山ニ計御座候へハ、上山村々之儀ハ、両谷百姓申候通り、竹不自由ニ御坐候ニ付、両谷ゟすゞ出不申候ハヽ、かいこ篭・ざる・いかきニも事かき候村多ク可有御座奉存候、

一藤之儀ハ、苗木等枝木程ニも罷成候へハ、からミ枯シ申ニ付、ふじ之儀も苗木等そたち候為ニ者、態と茂伐らセ

申度程之物ニ御坐候、

一岩すけ之儀ハ、草之類ニ而、深山沢辺ニ壱弐丁程つゝ続キ、柴之ことくニ生茂り有之候へハ、是又木苗茂はへ不申、結句御山之為ニ者絶シ申度物ニ御座候、右之岩萱、当領村々ニ而両谷ゟ下直ニも買取、縄又者馬之道具等ニ仕、日々之足シニ罷成候得者、余村之百姓之為ニも罷成可申奉存候、

一きのこ之儀者、倒木・朽木ニ出申候ニ付、取不申候へハくさり強ク申候、御山之障りニハ曾而不罷成候、

一右五品之儀者、曾而以御山之障りニ茂不罷成、結句御山之為ニ茂罷成、両谷百姓之介ニ茂罷成候へ者、御免許稼山之儀茂、外之銭少々も両谷へ入申候ハゝ、御定之束数ゟ年々少々宛も減取候ハゝ、被下置候稼山茂しげり、末世伐尽シ申間敷奉存候ニ付、御下知茂請不申候得とも、右五品之儀ハ、御山之障りニも不罷成物ニ有之候間、前々之通ニ為致候而も、双方へ御呵も御座有間敷哉と、理右衛門ニ申合候へとも、御張紙束数之外ハ、何ニ而も

一切出し申間敷段里(理)右衛門申ニ付、両谷百姓へ申渡候へハ難儀ニ奉存候、

一かぞ之儀者、壱年ニ両谷百姓之内壱両人も、希ニ到(倒)木を見付、かぞを取前々ゟ代かへ来り申候、両谷御山ニ払底之木ニ御坐候、皮計用木ハ薪ニも悪キ木ニ而御座候、

右之品々、委細吟味仕奉窺候、岩たけおさへ置候ニ付、当年者雪積り候故、御定之束数も内ニ取候へ者、小分之儀ニ而茂塩・茶之たしニも仕度段申ニ付、不便(憫)ニ奉存、来春罷出可奉伺儀ニ奉存候得とも、右之願ニ付乍恐御下知奉窺候、以上、

享保四亥年十二月

山中領
御林守　黒沢治部右衛門(印)

同　黒沢覚右衛門

同　黒沢八右衛門

久保田佐次右衛門様
　御役所

このように、山守は代官に対して、岩茸・鈴竹・藤の皮・岩菅・きのこ・楮のそれぞれについて、箇条書にして採取・販売の在り方などを述べ、これらの採取は「御山」の障害にはならず、かえって「御山」にとって有益な点もあることを主張して、吟味を要請したのである。この伺書で山守の述べているところは、〔史料14〕の浜平・中沢の主張と照らし合わせれば、両村の意を体した内容といえる。

これに対し代官は、翌年四月に、次のような指示を白井関所番頭理右衛門に与えた(33)。

〔史料16〕

覚

一すゝ竹
一藤の皮
一岩すけ
一かそ
一きのこ類
一木履木　壱挺　厚六寸四五分 長六尺 巾四寸程

是ハ、去亥年、右寸尺積りニ而致山出シ、御関所ニ而改請候様ニ申付候處、右木履木弐挺かけニいたし、長六尺・厚三寸（六カ）四五分・巾八寸程ニ山取致シ、差出度由願候ニ付、願之通申付候、尤、去年中申付候寸尺之木履

木相交可差出候間、於御関所相改通シ可被申候、勿論、稼木数之儀、去年申付候員数之通、増減無之候、

右者、浜平・中沢稼荷物之内、書面之品々茂指免候間、被致吟味御関所無相違相通シ可被申候、為其書付遣之候、以上、

享保五年　久佐次右衛門
子四月　役　所御印

上州甘楽郡
白井御関所番
理右衛門殿

右之通、御書付壱通請取申候、以上、

子四月廿日　黒沢理右衛門（印）

黒沢八右衛門殿
黒沢覚右衛門殿

このように代官は、鈴竹・藤の皮・岩菅・楮・きのこ類は、吟味の上相違なく通過させるようにと、関所番頭の理右衛門に命じたのである。また、前述した木履木の規格についても、右の覚書のなかで併せて、「弐挺かけ」＝一二足積りの通過も認めるようにとされている。ともに浜平・中沢の主張が容れられたのであった。なお、〔史料16〕には争論の発端になった岩茸がみられないが、これは鈴竹・藤の皮・岩菅・楮・きのこ類が認められたのであるから、当然認められたと思われ、改めて記すに及ばないと判断されたためであろう。

「御免許稼山」制施行直後に、山稼品の出荷をめぐって、浜平・中沢と白井関所との間に、以上みてきたような軋

轢が生じたのであった。木履木の規格の問題も、岩茸等五品の問題も、白井関所が「御張紙」の内容を忠実に履行しようとしたために起こったといえるが、代官もそれはさすがに杓子定規と判断したのであろう。〔史料16〕に示されているように、浜平・中沢の主張を容れ、「御山」の支障にならない範囲での林産物の採取を認める決定をしたのであった。この点は、浜平・中沢に限らず、山中領の人々が従来から携わってきた林産物の採取・販売を、「御免許稼山」制のもとでも改めて認めたものといえる。

2 「御免許稼」の推移と変容

次に、「御免許稼」の動向を追ってゆくことにしたい。前掲図6に示したように、「御免許稼」をめぐっては、浜平・中沢と山守と白井関所との間で、極印改帳・刎銭取立帳・刎銭請取証文などが作成・授受されたのであるが、これらの史料によって山稼品の出荷員数を表示したのが表33である。表33から、山稼品四種のうち笹板の出荷が最も多い点が、まず指摘できる。すなわち、「御免許稼山」制施行以前の正徳年間も同様であったが（前節表31参照）、山稼品の主力が笹板であったことが、ここでも明らかである。これは、「山稼ニ笹板・槫木・木履木・桶木伐候木之分、捨り無之様ニ仕、笹板ニ成不申候分ハ、槫木・木履木ニ残り木取可申候」（享保四年の浜平山稼許可請書）(34)とあることから窺えるように、まず笹板を生産し、笹板に適さない分を槫木や木履木にするという方法を取っていたためであろう。また、表示の限りでは槫木の出荷がみられないが、この点は笹板等の加工材の生産・出荷が中心で、材木の生産・出荷を行なわなかったか、ごく少なかったためではないだろうか。

それでは、村内において出荷員数はどうなっていたのであろうか。表34は、笹板について、浜平のなかでの個人別出荷員数を、享保期の六ヶ年に限って示したものである。これによれば、享保六年（一七二一）の場合、合せて二五

表33　浜平・中沢の「御免許稼」品出荷員数

年代	笹板			桶木			木履木			典拠
	浜平	中沢	計	浜平	中沢	計	浜平	中沢	計	
享保4			263束			17			0	万場339
〃 6	1435束	1340束	2775束	43	116	159	70挺	4挺	74挺	楢原155、同162-3
〃 7	1313	1350	2633	39	121	160	0	0	0	万場501・506・338
〃 8			2685			113			8	神原337
〃 9	627	947	1574	26	29	55	0	0	0	万場544、楢原175
〃 10	1289	840	2129	120	54	174	4	0	4	万場496
〃 14	518	1166	1684	12	5	17	0	0	0	楢原164-2・4、同1261-1、浜平140
〃 16	1034	1220	2254	13	0	13	1	6	7	楢原162-4・5、浜平148
〃 17	897	812	1709	31	0	31	0	0	0	楢原172、同1261-2、浜平28
〃 18	526	557	1083	24	0	24	28足	0足	28足	楢原156、浜平174
〃 19		98			0			0		楢原176-2
〃 20	785	693	1478	20	0	20	0	0	0	楢原167-1
〃 21	452	39	491	12	6	18	0	0	0	楢原167-2
元文2	(529)	507	1036	7	0	7	0	0	0	楢原1284-1・2
〃 5	441	212	653	19	2	21	0挺	17挺	17挺	楢原145
寛保元	576	289	865	14	2	16	0	0	0	楢原1050
〃 2	297	255	552	5	0	5	0	2	2	楢原1098
〃 3	170	70	240	19	0	19	0	10	10	楢原778
〃 4	142	91	233	2	0	2	0	0	0	楢原177
延享2	207	128	335	3	0	3	0	0	0	楢原170
〃 3	113	33	146	10	0	10	0	0	0	楢原277
〃 4	215	82	297	0	0	0	34	100	134	楢原169
〃 5	159	21	180	0	0	0	28	4	32	楢原160
寛延2	155	0	155							楢原152
〃 3	0			0			4			楢原174
〃 4	186			0			117			楢原171

註　典拠のうち「万場」は「万場・黒澤家文書」、「神原」は「神原・黒澤家文書」、「楢原」は「楢原・黒澤家文書」、「浜平」は浜平「高橋真一家文書」をいう。

表34　浜平の笹板個人別出荷員数

名　前	享保6年	享保7年	享保9年
彦兵衛	○213束	189束	＊52束
庄兵衛	＊○153	＊52	＊27
助之丞	＊○148	＊86	12
三右衛門	○146	28	
長兵衛	○101	＊86	＊64
権　平	○100	96	74
茂兵衛	＊○84	＊84	＊42
源右衛門	＊○83	＊58	＊37
与右衛門	＊○67	97	
杢兵衛	＊○66	52	36
源十郎	＊○62	＊14	24
又　市	○60	91	＊52
孫右衛門	○43	61	41
浅右衛門	＊○32	81	50
清次郎	○26	＊36	
太郎兵衛	○21	76	50
伊兵衛	○13	＊17	12
又兵衛	○12		
吉右衛門	○4		
亀之助	○1	4	
藤左衛門	○0	4	4
市左衛門	○0		
平四郎	○0		
弥兵衛	○0		
□右衛門	○0		
甚兵衛		24	
平　蔵		25	
清三郎		＊26	50
仁兵衛		26	

名　前	享保17年	享保18年	享保20年
彦兵衛	70束	72束	18束
庄兵衛		75	
助之丞			25
(三右衛門)			
長兵衛	＊174	83	72
茂兵衛	43		57
杢兵衛		32	26
源十郎	＊10		
孫右衛門	80	36	94
清次郎	＊28	30	18
太郎兵衛	＊12		
伊兵衛	＊15		
助左衛門	162	78	12
五郎左衛門	78	47	6
惣三郎	＊107		
万右衛門	77	32	
吉三郎	21		
平　蔵	10		
善　六		41	＊96
長右衛門			72
善兵衛			＊44
八三郎			86

註　「刎銭取立帳」「極印改帳」（「楢原・黒澤家文書」155・156・167-1・172・175、「万場・黒澤家文書」501・506）により作成。

笹板の他に、○は木履木、＊は桶木を出荷していることを示す。

［実線枠］は長百姓、［点線枠］は惣百姓代。享保6・9・17年には、他に長百姓安左衛門がいる。

名が笹板の生産に携わっているが、正徳三年（一七一三）の浜平の軒数が二五軒であるから、ほぼ全員が笹板を中心に、三品の生産・出荷に携わっていたといえる。しかし、個人別の出荷員数にはかなりの差がみられる。これがどのような基準によるものか、詳細は不明であるが、持高に応じた生産割当などはなかったであろうことは、同一人でも年によりかなり増減の幅があることから推測できよう。原則として、各自が自由に生産・出荷していたのではないか(35)。とはいえ、長百姓や惣百姓代を務める上層農民が、比較的大量に出荷している傾向は指摘できる。

さて、表33に戻って、笹板について出荷量の推移をみると「御免許稼山」制施行から間もない享保六～八年（一七二一～二三）頃は、出荷制限の年間二七〇〇束前後の出荷量が記録されているが、それ以降は若干の上下はあるものの、出荷量は全体的に減少傾向にあることが明らかである。特に、元文期以降の低下が著しく、浜平では寛延三年（一七五〇）には出荷がなかった。また、桶木についてみると、年による増減が激しいが、それでも享保年間後半以降は、減少傾向が著しいといえる。

こうした出荷量の減少に関連して、元文二年（一七三七）の極印改帳(36)に、

〆笹板百三十五束　中沢　弥左衛門

内百六束出ス

（中略）

〆六百五十壱束　中沢

内五百七束出ス

とあるように、生産した笹板のすべてが出荷されていないことが知られる。右の引用部分によれば、中沢では全体で

表35　笹板の生産・出荷・出荷残数

単位：束

	元文2年(1737)	元文5年(1740)	寛保元年(1741)	寛保2年(1742)	寛保3年(1743)	寛保4年(1744)	延享2年(1745)
前年残り	—	153	270	453	133	406	289
当年生産	1726	770	1048	282	514	162	188
合　計	1726	923	1318	735	647	568	477
当年出荷	1036	653	865	552	240	233	335
当年残り	690	270	453	123	406	335	142
	延享3年(1746)	延享4年(1747)	延享5年(1748)	寛延2年(1749)	寛延3年(1750)	寛延4年(1751)	
前年残り	142	138	83	243	(47)	(223)	
当年生産	142	242	340	0	(176)	(194)	
合　計	284	380	423	243	(223)	(417)	
当年出荷	146	297	180	155	(0)	(186)	
当年残り	138	83	243	88	(223)	(231)	

註　各年次の「刎銭取立帳」「極印改帳」(「楢原・黒澤家文書」1284-1・145・1050・1098・778・177・170・277・169・160・152・174・171)による。
寛延3・4年については、浜平のみの数値。

六五一束を生産したが、出荷したのは五〇七束で、差引一四四束（二三％）が出荷されなかった分となる。浜平についての集計の記載はないのであるが、生産員数を集計すると一〇七五束となる。同年分の刎銭請取証文(37)によれば、笹板の出荷員数は浜平・中沢合せて一〇三六束となっているので、中沢の五〇七束を差し引けば、浜平では五二九束となる。とすれば、浜平では約半数の五四六束（五一％）が出荷されなかったことになる。ちなみに、この年は、浜平で小桶木一三を生産しているが、出荷したのは七となっている。こうした状況のなかで、浜平について生産・出荷に携わった人数の推移をみると、享保期を通じて減少しており、元文期以降では一〇人を切る年が多くなり、延享三年（一七四六）は五人になっており、出荷数の減少と連動した動きとなっている。

元文二年分以降、こうした出荷しなかった員数の記載がみられるようになるが、これを笹板について表示したのが表35である。年々出荷残数が出ていることが分かるとともに、寛保年間以降は残数の多い年の翌年には生産を抑え、少ない年の翌年は増加させている傾向が窺える。寛保元年（一七四一）の場合、両村合せて約半数の四五三束が売れ残ったが、その内訳は浜平四二四束、中沢二九束で浜平が圧倒的に多かった。そのためか浜平は、翌年には全く生産しなかった。それでも売れたのは二九七束（中沢は二五五束）で、さらに翌年に持ち越されたのである。延享五年（＝寛延元、一七四八）は、前年の残数が八三束と少なかったためであろう、三四〇束を生産した。しかし、出荷できたのは半数以下の一八〇束で、二四三束が残ってしまった。また、浜平では、寛延三年（一七五〇）の前年残数は少なかったが、生産は比較的抑えている。それにも拘らず、この年の出荷量は零となっている。このように、出荷数に年々かなりの変動がみられるとともに、生産しても売れない状況が慢性化していた様子が指摘できる。その原因を明らかにすることはできないが、元文年間以降、出荷残数の発生は恒常的になっていたといえる。

なお、寛保二年の「合計」数と「当年出荷」数の差が、「当年残り」数と一致しないが、これは同年に合計六〇束の「流失」が生じたとあり、この年の関東大洪水の影響と思われ、「当年残り」数はこの「流失」分を差し引いているためである。また、この年の「当年残り」数より翌三年の「前年残り」数が一〇束多いのは、一人の同二年分「当年残り」数で九束であったのが、翌三年分「前年残り」数で一九束と記されているためである。さらに、寛保三年の「当年残り」が、「合計」から「当年出荷」を差し引いた数より一束少ないのは、一人について「当年残り」を一束少なく記載しているためである。延享二年の前年残数は、理由は不明ながら、浜平のみの数値となっている。

宝暦期以降の趨勢については、極印改帳等の史料が残存しないため詳細は不明であるが、宝暦九年（一七五九）の上山郷村差出明細帳(38)に、

〔史料17〕

一　浜平中沢両村ニ而山稼仕、商売致候、笹板　木履木　槫木　小桶木

右四品、壱ヶ月限員数究候、刎銭白井番頭嘉介方江、御林守取立相渡シ申候、

一鈴竹・藤ノ皮・岩管（菅）・椛茸・鳥もち・白箸

右品々、御免許ニ御座候、白井御関所ニ而相改通シ申候、

と記されているように、「御免許稼山」制は廃止されたわけではなかった。しかし、安永二年（一七七三）に中沢が「先年、久保田佐次右衛門様御支配之砌、私共稼山ニ御免被為　仰付、前々ゟ中沢百性之儀ハ、山稼第一ニ而百性渡世仕来り候所、近年山稼薄ク商売ニ茂相成兼」（後掲〔史料23〕）と述べているように、「御免許稼」は衰退していったものと思われる。

その一方で、明和二年（一七六五）、中沢の左之右衛門から「御免許之内木履木（中略）木履ニ挽、差出申度」との出願があったため、山守黒沢治部右衛門は「木履挽出之儀者、此度初而之儀ニ御座候ニ付、御伺奉申上候」と、代官に伺いを立てた[39]。すなわち、従来のように木履木として出荷するのではなく、木履（下駄）に加工して出荷したいとの初めての出願である。この願いは許可されるが、翌年十二月の請書[40]によれば、「中沢組稼山内ニ、先年御用木伐出し請負人達美屋兵左衛門江敷木ニ売渡伐株候跡、不用之枝木・元木其儘ニ而数多□り有之候之分、当戌ゟ来子年中迄之内、山内ニ而木履ニ挽立、右為冥加永百五拾文、当戌年壱ヶ年ニ上納可仕」とあり、左之右衛門は一ヶ年一五〇文の冥加永上納を条件に、今年より三ヶ年季の「稼山」での木履挽稼を願い出たのであった。これに対し代官は、「木履木ニ而差出候処、木履ニ挽立差出候迄之儀ニ候之間、其旨相心得、是迄之足数当りを以、口留番所ニ而改を請、紛敷荷拵等不致様可仕」と、従来の「御免許稼山」制のもとでの規定に則って稼ぐことで願いを認めた。

その後、中沢では「当郷惣百姓持山木品之内、川胡桃ニ而白箸、外木履木年々六百足ツヽ、先前ゟ願済之上相稼罷在候處、安永九子年中、遠藤兵衛門様御支配之節、木履木六百足之内三百足者木履之形ニ拵、相稼置御願申上候處、

其段御聞済之上、是迄追々農間相稼罷在候」と、それまで木履木稼を「百姓持山」でも行なってきたが、安永九年(一七八〇)に三〇〇足分の下駄挽稼を願い出た。これも「御免許稼」六〇〇足の枠内での稼ぎを条件に許可され、以後年々下駄挽稼が行なわれたという。また、次の史料にみられるように、浜平でも下駄挽稼が行なわれていたことが知られる。(41)(42)

〔史料18〕

覚

一下駄荷合九拾駄（去子年出荷高）

此拮銭壱〆（貫）五百九拾文

但シ、壱駄ニ付極印拾七也、

右者、去子年下駄出荷高委細相改、依之、此度書面之拮銭取立、白井御関所番頭方江相渡し候処実正也、若シ勘定違も有之候ハヽ、何時成共互ニ仕直シ可申候、以上、

黒沢治部右衛門(印)

安永十年丑四月

浜平

年寄中

このように、安永九年(一七八〇)出荷の下駄荷拮銭(刎銭)請取証文がみられることから、「御免許稼山」制の継続を知ることができる。「御免許稼山」制では、木履木の出荷は年間六〇〇足分までとされ、その刎銭は一挺(六足積り)一文、すなわち年間最大一〇〇文と定められていた。ところが、〔史料18〕では拮銭が一貫五九〇文にも上り、一挺一文とすれば一五九〇挺分＝九五四〇足分にも当たる。一駄につき極印一七とあるので、一挺につき極印一つと

すると、一駄は一七挺＝一〇二足分となり、九〇駄は九一八〇足分となる。駄数と拮銭額とで割り切れないため計算が合わず、また「御免許稼山」制施行当初と刎銭等の基準が変わっていることも考えられるが、いずれにせよ規程を大幅に越えた大量の出荷と思われる。このように、元文年間以降笹板・桶木の出荷が急速に減少するなかで、山稼の中心が下駄木の生産に移行していった様子が窺える。

さらに、黒川村が百姓山を中沢の佐野右衛門（前出の左之右衛門と同一人であろう）に「下駄山」として売ったことを御鷹見に届け出た寛政三年（一七九一）の届書(43)や、同じく黒川村が「下駄売山」の許可を受けた際に、御鷹見に無断で山入りしたことに対する寛政六年の詫証文(44)などが存在することから、寛政年間には浜平・中沢以外の村の百姓山を対象とした下駄稼も行なわれていたことが知られる。なお、黒川では弘化三年（一八四六）に、「百姓持山」のうちの「下駄木」になる木品（山桐・川くるみ・しなの木）を、当年より五年季にて、山代金二両二分で、乙父村の才重郎に売り渡している(45)。このように、木履木の「御免許稼」に、百姓山での稼ぎ、冥加永を上納しての年季下駄挽稼、他村での「下駄山」売買といった変化がみられるが、こうした点は「御免許稼山」制の形骸化を示していよう。

嘉永元年（一八四八）に至って、中沢は「来ル酉年ゟ戌年迄三ヶ年之間、為冥加壱ヶ年永三百文ツヽ、新規御上納仕、下駄挽稼仕度(46)」と、同二年より三年季の下駄挽稼を願い出た。次掲〔史料19〕から、浜平も同様に願い出たと思われ、おそらく両村で同一歩調を取ったのであろう。そして、安政二年（一八五五）には、浜平と白井との間で、下駄挽稼をめぐって争論が起こっている。その際の内済取替証文(47)をみてみよう。

〔史料19〕

乍恐以書付奉願上候候

上州甘楽郡楢原村一件之もの共一同奉申上候、同村枝郷浜平小前・役人惣代年寄彦左衛門ゟ、同白井分役人江相

掛、下駄稼之儀ニ付御利害願上、相手方被　召出御吟味中御座候処、願人彦左衛門申立候ハ、浜平之義山中皆畑雰深ニ付、諸作不熟ニ有之、山稼而已いたし取続罷在、依之、去寅年中迄下駄挽稼いたし、冥加永等上納いたし、既当年御切替も願上候義之処、右稼場手遠ニ相成、①是迄之通白井分江口銭・剣銭等差出兼候ニ付、以来者剣銭之義壱箇ニ付鐚四文つゝ差出、右稼永続仕度、於村方種々懸合候得共、白井分ニ而者、壱足ニ付鐚壱文つゝ不受取候而者、同所口留御番所不相通旨申之、一村自愛之心底無之、稼方差支難渋至極之旨、其外品々申立、且、相手方ニ而者、当八ヶ年前嘉永元申ゟ、壱足壱文之剣銭ニ而、同三戌御運上年季稼ニ願済、引続同五子迄、壱足壱文之剣銭ニ取極有之、同六丑・去寅両年者、浜平方難渋申ニ付、三足壱文ニいたし候得共、右取極ニ而者、口留御番所入用引足不申候に付、年季明跡受願之節者、以前之通壱足壱文ニ立戻取極候筈、聢与対談ニ有之、然ルを此節ニ至、壱箇ニ付鐚四文位ならてハ難差出抔案外申聞、依而者、白井方ニ而引受、山代并壱足壱文之剣銭差出稼方いたし度旨、其外答上御吟味中、扱人立入得与懸合候処、前書下駄稼剣銭之義、是迄之仕来り聢与取極り候義無之ニ付、今般示談之上、②以来他所ゟ稼人并職人等立入候節者、下駄三足ニ付鐚壱文つゝ差出、所限りニ而相稼候節者、剣銭者不差出、口銭而已白井分江受取候筈取極、右ニ而双方無申分熟談和融相整、此上御吟味奉受候而ハ一同奉恐入候間、何以　御慈悲、右一件是迄ニ而御下ヶ被成下置度奉願上候、以上、

安政二卯年三月

上州甘楽郡楢原村
浜平
小前・村役人惣代
年寄
願人　彦左衛門
差添人　同　縫右衛門

同白井分村

相手　村役人惣代同　源兵衛

同　小前惣代百姓　吉太郎

林部善太左衛門様
御役所

前書之通、御下ヶ相願御聞届相成候に付、為後証為取替置申候、以上、

卯三月十七日

右
彦左衛門(印)

縫右衛門(印)

原兵衛(印)

吉太郎(印)

扱人　神原村
黒沢覚太夫(印)

同　矢川村
次部左衛門(印)

このように、下駄稼の刎銭・口銭の負担をめぐって争論となり、浜平が白井を相手取り訴え出たのである。この史料から、出訴に至るまでの経緯をまとめれば、嘉永元年（一八四八）より一足一文の刎銭と取り決めたが、同六・安政元両年（一八五三・五四）は浜平が「難渋」のため三足一文に引き下げた。そして、今年の年季更新を機に、浜平

は稼場が遠くなることを理由に、一箇につき四文にするよう主張した。これに対し白井は、以前どおりの一足一文に復することを要求して、訴訟となったのであった。嘉永元年の刎銭取決めとは、前述した同二年より三ヶ年季稼出願の際に定められたものであろう。その後一度年季の更新があり、三ヶ年季で継続され、この年の年季切替に際し争論となったのである。

〔史料19〕によると、当時の刎銭は「御免許稼山」制施行当初の六足一文から、一足一文へと上昇している。示談の内容は、傍線②にあるように、他所より稼人・職人等が立ち入った場合は三足につき一文の刎銭とし、「所限り」の稼ぎの場合には刎銭は負担せず、口銭のみ白井へ支払うというものである。すなわち、刎銭に関しては浜平の主張が通ったのである。また、当時は刎銭と同時に口銭も負担するようになっていた点が、傍線①②から窺える。両者の違いは判然としないが、「御免許稼山」制施行当初からの刎銭に、新たに口銭の負担が加わったといえよう。

ともあれ、宝暦期以降は、「御免許稼山」制に関する史料がほとんどみられなくなるため、具体的な姿を掴むのが困難であるが、この点はまさに「御免許稼山」制の衰退・形骸化の反映といえよう。幕末期にかけて「御免許稼山」制が、稼ぎ品・稼ぎのしくみなどの点において、変容していった様子が窺われる。

三　「売木」の展開

1　御林からの材木伐出し

前節では、浜平・中沢で施行されていた「御免許稼山」制の発足の経緯、しくみと変遷をみてきたが、その一方で新たに展開した「売木」について、以下にみておくことにしたい。

山中領の村々においては、古くから「材木」や「板」「笹板」等の生産・販売が生計維持の主要な手段であったことは、第一部第三章第三節において言及した。一方で幕府は、正徳四年（一七一四）の御林設定以前に、御巣鷹山を用材供給源として把握しようとしたことを、第二部第一章第三節2において明らかにした。そうしたなかで、元禄十六年（一七〇三）には、村方救済のため御林からの御用木の伐出し願いが出され、幕府による買上げ（御用木）を求めるとともに、その必要がなければ「売木」にすることを認めて欲しいと述べていた。このことから窺えるように、「売木」は、材木の民間への販売をいい、そのための生産のことをいう。右の事例は御林（御巣鷹山）からの伐出しであるが、「売木」が御林以外の山での材木の生産・販売を指すことはいうまでもない。むしろ、これが本来の「売木」といえよう。

ともあれ、正徳四年の御林四ヶ所の設定は、御巣鷹山に代わる用材供給源の確保を企図したものであり、以後しばしば木品・木数改め、すなわち資源調査が行なわれ、材木の伐出しが実施される。四ヶ所の御林設定以前については、第二部第一章第三節2で述べたので、享保期以降の御林からの材木伐出しについて簡単にみておこう。

享保二十年（一七三五）三月の「山中領御林守并下守・名主・組頭御請証文」（次掲〔史料20〕）によれば、四ヶ所の御林から「当卯ゟ来ル戌迄八ヶ年之間、御運上金相納売木ニ伐出候積り、書面之者共奉願候所、御奉行所ニ而御吟味之上、此度願之通、右之木高売木ニ伐出候様ニ被　仰付候」と、当年より寛保二年（一七四二）までの八ヶ年季で、運上金を上納して、「売木」として伐り出すことを出願し、認められている。請負人は、中橋上槇町二丁目野村屋半七・南新堀一丁目松井屋新兵衛であり、この両名は江戸の材木商であろう。材木（檜・栂・樅・槻・松）一二万本（尺〆）を「疵木・悪木抜々ニ、当卯ゟ来ル戌迄八ヶ年伐出、売木ニ仕候積り」、また「疵木・悪木伐出候積り願人申上候ニ付、木品宜分ハ随分相除」ともあるように、疵木・悪木を伐り出す計画という。この伐出しは、御用材の伐出しではなく、最初から「売木」を目的に請負人が願い出たもので、運上金を上納することが条件になっていた。

ところで、こうした材木伐出しの際には、例えば「請負年季之内ハ、杣・日用大勢入込候ニ付」「御手代衆・御下役衆・小者中村方御逗留ニ付」（次掲〔史料20〕）、「於御林内御請負人之手先・下代・杣・日雇等、喧嘩口論、其外博奕・諸勝負、幷ニ出会酒等給合候儀者勿論、都而猥ヶ間敷儀無之様」(48)などとあるように、多くの杣や日雇が山入し、また代官手代や下役たち、請負人を始め関係者等々が逗留した。このため、伐出しに当たっては山元村々から「山入請証文」を徴していた。次に掲げるのは、右に述べた享保二十年の伐出しの際の山入請証文(49)である。

〔史料20〕

（表紙）
「享保二十年卯三月
山中領御林守幷下守名主組頭御請証文
□□右衛門様
□□役所江指上ヶ候扣」

指上ヶ申一札之事

山中領四ヶ所之内
一檜栂樅槻材木拾弐万本　但弐間壱尺角廻シ

中橋上槙町弐丁目
庄兵衛店
野村屋半七
願人
南新堀壱丁目
大屋伊勢屋治吉店
松井屋新兵衛

松　但シ、疵木・悪木抜々ニ、当卯ゟ来ル戌迄八ヶ年伐出、売木ニ仕候積り、

右御支配所上州甘楽郡山中領四ヶ所御林之内ニ而、檜・栂・樅・槻・松之材木、弐間壱尺角廻シ木高拾弐万本、疵木・悪木ヲ以、当卯ゟ来ル戌迄八ヶ年之間、御運上金相納売木ニ伐出候積り、書面之者共奉願候所、御奉行所ニ而御吟味之上、此度願之通、右之木高売木ニ伐出候様ニ被　仰付候間、御林守并下守之者共ハ不及申ニ、御林附村々名主・組頭右之趣相心得、願人伐出候年季之内ハ別而心を附ヶ、随分麁木之儀無之様ニ可仕旨、被　仰渡奉承知候、此段小百性等迄とくと為申聞、相守候様ニ可仕候、

一疵木・悪木伐出候積り願人申上候ニ付、木品宜分ハ随分相除候様ニ可被　仰付候得共、山出之障りニ罷成候場所又ハ元伐仕候修羅木等之ため伐取可申候、左候得者、自然と宜木品も伐取可申候、御手代衆御見分御吟味之上御指図可被成候得共、山御不案内ニ而、御指図之場所御林守存寄も可有之候ハヽ、無遠慮申達御評議之上相極候様ニ可仕旨、被　仰渡奉承知候、

一正徳三巳年、御徒目付様・御披（被）官衆御見分之節書上候槻百七拾六本、伐出不申筈ニ願人共江被　仰付候間、弥大切ニ相心得、願人共へもとくと為見届ヶ、麁末之儀無之様ニ入念可申候、乍然、年久敷儀ニ而当時朽入疵木等ニ成候も有之候ハヽ、願人ニ為伐候様ニ御手代衆指図可有御座候間、其趣相心得可申旨、被　仰渡奉承知候、自然心得違麁末之儀有之、余之木と引替伐出候儀有之候ハヽ、御詮義之上急度可被仰付旨奉畏候、

一願人共、年季之内ハ毎年三月山入いたし、十月迄材木伐出シ、十一月ゟ翌二月迄ハ山相止候積りニ御座候ニ付、三月ゟ十月迄御手代衆山元ニ被御附置、元伐木数・渡場改等被　仰付候、依之、御林守両人之義ハ、毎日御手代衆ニ指添、山内御案内仕御用相勤可申候、尤、心付事御座候ハヽ、無遠慮可申上旨、被　仰渡奉承知候、

一請負年季之内ハ、杣・日用大勢入込候ニ付、信州筋他村ゟ紛入、麁末之儀も可有之哉ニ御座候間、下守百姓之内四人宛申合、毎日無油断見廻り相守可申旨、被　仰渡奉畏候、

一御林守并下守之百姓共、毎日山内へ罷出候ニ付、只今迄被下来候御扶持方被下米之外ニ、野扶持方被下候様ニ御伺被遊可被下旨、難有奉存候、否之儀追而可被　仰渡旨、奉承知候、

一御林之内有之候御巣鷹山近辺障りニ可罷成場所ハ、材木伐出シ不申筈ニ、願人共へ被　仰付候、只今迄御巣鷹山と御林之境有之候所ハ格別、境不分明之場所ハ、此度御林守并御巣鷹見之者共とくと見届ヶ、相除可然場所御手代衆江申上、願人へも為申聞、麁末之儀無之様ニ可仕旨、被　仰渡奉承知候、

一御林麓ニ有之百姓稼山ハ勿論、田畑・秣場并村内之小橋等ニ至迄、相障り不申候様ニ願人共江被　仰付候、然共、材木山出シ之節無拠相障り可申所有之候ハヽ、願人共ゟ改可有之候間、致相対山出之指支ニ不相成様ニ可仕旨、被　仰渡承知仕候、

一山内ニ伐置候材木并渡場致着候而も御手代衆御改無之以前、自然紛失・流失等有之候而者、御公儀様御損失ニ罷成候間、大雨急水等有之材木流失も可有御座節ハ、御林附之村方罷出流失無之様ニ相働可申旨、被　仰渡奉承知候、

一御手代衆・御下役衆御旅宿ニ成候百姓家二三軒心当置可申候、御逗留之間御飯米・塩噌・野菜等御買上、御手前賄ニ被成候様ニ被　仰付候間、御入用之品々所直段を以売上、其時々代銭可被下候、勝手道具有合之品々指出御用イ罷成候分ハ、是又相応之代銭可被下候、然上ハ、何ニ而茂村方ゟ差構候儀無御座旨、被　仰渡奉承知候、且又、御宿ニ成候百姓家修復・繕等無用ニ仕、村入用失脚相懸り不申候様ニ可仕旨、被　仰渡奉承知候、

一請負年季之内ハ、願人を始大勢入込旅宿可仕候得者、宿賃等之儀過分ニ不申懸、相応之賃銭取之貸可申候、其

外朝夕入用之品々相調候ハヽ、直段高直ニ不仕所直段を以売渡、惣而非道之儀無之様ニ相慎可申旨、被　仰渡奉承知候、

一兼々被　仰渡候通、御手代衆・御下役衆・小者中村方御逗留ニ付、金銀米銭ハ不及申ニ、其外軽キ品ニ而茂音物ヶ間敷儀一切不仕、御馳走ヶ間敷儀堅仕間鋪旨、尚又被　仰渡奉承知候、自然音物等仕、後日ニ被及御聞候共、急度御咎ニ被　仰付旨、奉畏候、

一兼々被　仰渡候通、三笠博奕、都而懸ヶ諸勝負堅不仕、并遊女等之族一切指置申間敷候、名主・組頭無油断見廻り急度可申付候、喧咙口論等不仕物毎致穏便ニ、常々火之用心入念候様ニ小百姓迄可申付候、自然不埒之儀有之及御詮義候ハヽ、其品々ニ而名主・組頭・五人組迄急度可被　仰付旨、被　仰渡奉承知候、

右被　仰渡候趣一々承知仕奉畏候、自然内々ニ而願人と申合荷担仕、不埒之儀御座候ハヽ、御詮義之上何分ニ茂可被　仰付候、為後日御請証文指上ヶ申所、仍而如件、

享保二十年卯三月

楢原村之内枝郷浜平
長百姓
御林下守
御巣鷹見　彦兵衛
右同断　孫右衛門
右同断　甚兵衛
右同断　杢兵衛
惣百姓代　三右衛門
右同断　介之丞

石原半右衛門様
御役所

楢原村之内枝郷中沢
長百姓

御林下守　弥左衛門
右同断　伝兵衛
惣百姓代　作右衛門
乙父村名主　卯之介
乙父村枝乙父沢
長百姓　伊兵衛
乙父村惣百姓代　清右衛門
野栗沢村
長百姓
御巣鷹見　弥四郎
右同断　七郎兵衛
右同断　三郎右衛門
右同断　伊左衛門
右同断　甚左衛門
右同断　長左衛門
右同断　市郎兵衛

右之通為御読聞、小百姓ニ至迄委細承知仕、御書付之趣奉畏候、以上、

右同断 又兵衛
惣百姓代 政右衛門
当年番名主 忠左衛門
右同断 覚兵衛
楢原村名主 御林守 黒沢治部右衛門
乙父村名主 御林守 黒沢勝右衛門
山中領割元 覚右衛門
右同断 八右衛門

卯三月

楢原村 善左衛門(印)
条右衛門(印)
角左衛門(印)
(二四〇名略)

次に、元文三年（一七三八）より同五年まで、乙父村の御林・御巣鷹山から御用檜二〇〇〇本の伐出しが行なわれた。この時には、「御山内」に槻・雑木の切株を発見した野栗沢村が、御鷹見を務める立場で看過できないとして、山守両人の吟味を代官に訴え出るという事態になり、代官交替や寛保二年の「武州・上州共ニ大水」の影響で吟味が

長引き、延享元年（一七四四）に至ってようやく内済となった[50]。元文四年には、浜平御林から槻九本の伐出し計画があり、武州秩父郡上田村伝七・同郡日野村弥市右衛門に請負が命じられている[51]。

寛延元年（一七四八）には、野栗沢御林からの伐出しがあり、翌年までに、同御林の木数三九六三本のうち檜三一二本を伐り出す計画で、請負人は保土谷宿庄太夫・達巳屋兵左衛門の両名である[52]。その後、宝暦五年（一七五五）に、上野仁王門御普請のための浜平・中沢御林からの用材伐出しがあった[53]。また、宝暦十二～十四年（一七六二～六四）には、浜平・中沢御林および乙父沢御林からの伐出しが行なわれたが、達美屋安右衛門・中村屋伝蔵の両名が請負人であった[54]。

さらに、残存史料から確認できるところでは、安永六年（一七七七）十月に請負人が決まり、翌年より翌々年までの二年間、「公儀入用」をもって楢原村・乙父村御林・御巣鷹山から「立木御材木」の伐出し、「江戸廻」が実施されたが、請負人は万場村の兵馬・八右衛門両名であった[55]。次は、天明七年（一七八七）十二月に「御材木伐出」「江戸廻」の実施が決定され、翌年より寛政二年（一七九〇）までの三年間、楢原村・乙父村御林より檜・槻・栂・樅の伐出しが実施され、請負人は今回も万場村兵馬・八右衛門の両名であった[56]。

以上のような御林からの材木伐出しが実施されたが、これらの伐出しは、宝暦五年（一七五五）の上野仁王門御普請用材の伐出しのように、実際に御用材として伐り出された場合もあるが、享保二十年（一七三五）の伐出しが運上金を上納しての「売木」目的であったように、後述する御林以外の山からの伐出しと同様、民間への販売を目的とする場合が多かったと思われる。

2　浜平・中沢における「売木」

「御免許稼山」制のもとでは、浜平・中沢に笹板・木履木・槫木・桶木の生産・販売の独占が認められていたが、逆に言えば、この四品以外の生産・販売はできなかったことになる。しかし、宝暦期以降に浜平・中沢でも「売木」が行なわれるようになる。次に示す史料(57)は、その早い事例である。

〔史料21〕

一札之事

一当村附之百性山之内大かくら谷、材木ニ可相成立木之分、樅・栂・栗・塩地・桂、具外雑木御伐出シ之積、御　公儀様江貴殿方ゟ御願被成度之由致承知候、御願相済御伐出被成候ハヽ、右山場所立木之分長短・大小出来次第、長弐間・壱尺角廻千本ニ付木代金弐拾両宛ノ積、幷柴草・杭木代金拾両ニ売渡申所、相違無御座候、此度山代金之内江(ゟカ)金弐拾五両御渡被成請取申候、御願相済山入伐出、残金之分当村出払之節皆済御渡可被成候、江戸表之儀ハ、貴殿方ニ而御願可被成候、村方印形入申儀ニ御座候ハヽ、何時成共持参可仕候、道中往来・江戸表逗留中諸雑用之分、貴殿方ゟ御出シ、若又、山内御見分御役人様御出被成候儀茂御座候ハヽ、其節之賄入用等迄御差出可被成候、右御願方一件ニ付諸入用之分、村方ゟ者一切指構不申候、其御心得ヲ以御願請被成候上、前書通り無(違脱カ)相売渡シ可申候、書面之山内ニ付何方ゟも指障り申儀無御座候、為後日連判之一札、仍而如件、

宝暦七年丑十一月廿一日

上州甘楽郡楢原村之内
浜平
年寄
平左衛門(印)

同　彦右衛門(印)
同　杢　兵　衛(印)
同　利右衛門(印)
（一八名略）

達美屋兵左衛門殿
幸田屋嘉兵衛殿

右書面之通、相違無御座候、以上、

宝暦七年丑十一月廿一日　御林守名主　黒澤治部右衛門(印)

達美屋兵左衛門殿
幸田屋嘉兵衛殿

この史料にみられるように、浜平では宝暦七年（一七五七）に、「百性山」の材木を長二間・一尺角廻一〇〇〇本につき金二〇両の木代金で、達美屋兵左衛門・幸田屋嘉兵衛に売り渡すことになった。木数や木代金の総額は記されていないが、達美屋・幸田屋で幕府に願い出ることとし、出願に係る経費は村では一切出さないことで契約している。浜平では、翌宝暦八年（一七五八）にも、幸田屋庄太夫・遠州屋伊助に立木を売却しているが[58]、「上州山中領栖原村枝郷浜平百姓稼山之内、御林ゟ下モ本谷通り長岩谷辺迄、東西山内立木栂・樅・赤松・栗・姫子・塩地・桂・雑木等、先達而相対仕売渡申候処、今年山入被成御伐出被成候」とあるように、今度は「百姓稼山」のうちの立木を売り渡したのであった。そして、浜平から彼らに売り渡した材木は諸木六二一〇本、雑木丸太二一八本にも上り、代金は一二八両余であった。また、明和五年（一七六八）には、惣百姓困窮を理由に、「稼山」のうちで「角物」になる木品を金七五両で売り渡しているが、その際の売渡証文が次に掲げる史料[59]である。

〔史料22〕

売渡シ申山証文之事

一去戌年（明和三年）不作ニ付、惣百性致困窮御年貢難成、惣百性相談之上、私共稼山栃平山角物ニ可成木品不残、山代金七拾五両ニ、貴殿方江売渡シ申所相違無御座候、右之山代金三拾七両、当座ニ請取申候、残り三拾八両ハ、材木村方江出候節請取可申候、右山ニ付村方ハ不及申ニ、外ゟ相障り申者無御座候、万一相障り申者御座候ハヽ、貴殿方江少も御苦労懸ヶ申間敷候、

（中略）

上州山中領浜平
年寄　平左衛門
同　彦左衛門

（年寄二名・惣百姓代二名略）

明和五年
子十一月

信州木曾藪原宿
源　助　殿

この売渡証文の宛所である源助は木曾藪原宿の者であり、「売木」には〔史料21〕のように江戸などの材木商に売る場合とともに、〔史料22〕のように木曾の者に売る場合がみられる[60]。さらに、寛政七年（一七九五）には、浜平の「百姓山」を買い取った江戸の舛屋庄三郎代庄八が、「平吉」なる人物から「入山金」三、〇〇〇両を借用した証文の写[61]が残されている。

中沢については、安永二年（一七七三）に次のような史料[62]がみられる。

〔史料23〕

乍恐以書付を奉願上候

一上州甘楽郡楢原村枝郷中沢年寄・惣百姓奉願上候、先年、久保田佐次右衛門様御支配之砌、私共稼山ニ御免被為　仰付、前々ゟ中沢百性之儀ハ、山稼第一ニ而百性渡世仕来り候所、近年山稼薄ク商売ニ茂相成兼、百性渡世困窮仕候、別而猪・鹿発向仕諸作荒、其上近年打続旱損悪作困窮仕候ニ付、御年貢御上納方ニ難儀仕候、依之、私共稼山立木、江戸深川米津久右衛門方江売木ニ売払申度、惣百性一同ニ奉願上候、且、御林幷御巣鷹山峯谷ヲ分ヶ百性稼山と相訳り申候得者、少茂紛敷儀無御座候、何卒以御　慈悲、願之通被為　仰付被下置候様、奉願上候御事、

一同村枝郷白井惣百性奉願上候、当所之儀ハ至而山奥ニ有之候へ者、猪・鹿発向仕、殊ニ近年打続旱損ニ而悪作故、惣百性困窮仕、御年貢御上納方ニ難儀仕候、右ニ付、無拠惣百性相談之上、私共持山立木、江戸深川米津久右衛門方江売渡し申度、惣百性一同ニ奉願上候、且、御林幷御巣鷹山へ峯谷ヲ分ヶ百性持山ト相訳り申候得者、少茂紛敷儀無御座候、何卒以御　慈悲、願之通被為　仰付被下置候様、奉願上候、以上、

安永弐年
巳二月

上州甘楽郡楢原村枝郷
中沢年寄　佐野右衛門（印）
（年寄三名略）
百性代　源左衛門（印）
同　源五郎（印）

同村之内枝郷
白井組頭　六郎右衛門(印)
年寄　勘左衛門(印)
（年寄六名略）
百性代　甚左衛門(印)

前書之通、当村枝郷中沢惣百性稼山之内北沢山、幷白井惣百性持山之内北沢山、右両組持山売木ニ御願奉申上候、尤、御林幷御巣鷹山江聊差障無御座候、御吟味之上、書面之通被為　仰付被下置候ハヽ、難有奉存候、以上、

巳二月

楢原村名主　次部右衛門

飯塚伊兵衛様
御役所

これは、中沢・白井の両村が代官役所に、江戸深川米津（屋）久右衛門に立木を売り払うことの許可を願い出たものであるが、楢原村名主の奥書に記されているように、対象となる山は中沢・白井双方に跨る北沢山である。近年の旱損により百姓が困窮し、年貢の上納に難儀していることを理由に「売木」を願っているが、特に中沢では「稼山」（御免許稼山）での山稼が不振であることも理由に上げている。翌月には、両村が黒沢治部右衛門に対し、川下げ願いへの奥印を依頼し[63]、米津屋からは黒沢治部右衛門に対し、御林・御巣鷹山境目で粗末なことをしないことなどを誓約した証文が差し出されている[64]。

このように、浜平・中沢では、「御免許稼」では認められていない「売木」を願い出て、幕府もこれを許可してい

るのである。明和六年（一七六九）十一月に浜平が、村方困窮を理由に「百姓稼山」にて、槻・栃二五〇〇本の江戸売りを願い出て許可を得ているが、その請書の最後には「右之通、逸々承知奉畏候、被仰渡候趣村内者不及申、杣・日雇之者共迄も巨細ニ為申聞、冥加木差上候趣申立、権威ヶ間敷候義不仕、喧嘩口論、惣百性仲間出入ヶ間敷義無之様ニ可仕候」とあって、この伐採は「冥加木」を上納すること条件に認められたのであった（冥加木数四八四本）。[65]「御免許稼」には運上・冥加の類は課せられなかったが、ここでは冥加木を負担して伐採の許可を得ているのである。

なお、もう一度〔史料23〕をみると、材木を伐り出す対象の山を中沢では「稼山」「百姓稼山」、白井では「持山」「百性持山」と、表記が異なっている点に気付く。これは、「御免許稼山」制の施行されていた中沢と、そうでない白井との相違を反映している。「稼山」「百姓稼山」というのは、「御免許稼」の対象となった浜平・中沢の山地に対して使われた呼称なのである。[66]

もう一点、「百姓稼山」の立木売渡しの事例を上げておこう。それは、浜平が天保六年（一八三五）四月に、「百姓稼山」のうちの栃立木を、一本につき金一両二分の代金にて、木地師四名に売り渡した事例である。[67]この場合は、材木として売り払う「売木」とは異なるが、こういう形態の立木売りも行なわれていたことが知られる。また、この時の売渡証文に「木地当板之儀者、当村百姓稼山売木伐出し候迄ハ、かやニ而致候筈ニ相極申候」との文言があり、この「百姓稼山」からは「売木」も伐り出されていたと思われるが、とすれば当然、「売木」の対象から栃は除かれたのであろう。

3　上山郷における「売木」の展開

ここまでみてきたような「売木」は、「御免許稼山」制の施行されていた浜平・中沢のみではなく、それ以外の村々においても広く行なわれていた。以下では、そうした事例をみてゆくことにしよう。浜平・中沢と同様、ここでも宝暦期から「売木」に関する史料がみえてくる。まず掲げる史料は、宝暦六年（一七五六）に、椚原村の枝郷黒川が「百性持山」の諸木を売り渡した際に、伐出し請負人が黒川に差し出した証文である。[68]

〔史料24〕

取引申証文之事

一椚原村枝郷黒川百性持山白水谷、北ハ日向之沢わろうのそりゟふじ畑ヶ之そり迄引上ヶ、日影ハとうの木沢そりゟ白水谷、日向・日影御巣鷹山相除、百性持山諸木不残木代金百両ニ、此度我等方江買取申積りニ内相対仕候、勿論山代金之儀者、山入之節金五拾両相渡シ、残金五拾両之儀、先川下ヶ之節黒川村下江材木出候節、相渡申筈ニ相極メ申候、尤、年季之儀者、来丑年ゟ卯迄三ヶ年之間、御　上江我等御願申、右御代官伊奈半左衛門様御役所ゟ、内相対之通り右山売買可仕旨、御役所ゟ被仰付候ハヽ、拙者勝手次第山入可致候、万一願茂相叶不申候ハヽ、我等手はなれ可申候、何方江成共御勝手次第相対可被成候、扨又、芝草代之儀者、壱川下ヶニ付金拾両つヽ相渡シ申筈ニ相定申候、栃木之義ハ相立申筈ニ引合申候、槻之義者伐出シ被仰付無御座候ハヽ、是又不残立置申筈ニ相定申候、谷下ヶ・川下ヶ之時分、畑等損シ不申耕作等迄大切ニ致候様ニ、諸人足江可申渡候、尤、火之元用心堅ク可申渡候、為後日取引証文、仍如件、

宝暦六年子十二月廿二日

榛沢郡荒川村
新　七(印)
悴
孫　八(印)
下代
重左衛門(印)

黒川
年寄中
惣百姓中

このように、黒川では武州榛沢郡荒川村の新七と、「百性持山」の「諸木不残」、金一〇〇両にて、来年より三年季で売り渡すことで同意し、川下げ一回につき芝草代一〇両を支払うこと、栃と槻は伐り出さないことも取り決めている。そして、この伐出しは、新七から代官役所へ願い出て、その許可を得たうえで実施するというものである。同月新七は、「売山願」が叶い公儀役人が出向してきたら、その際の諸費用は同人方で負担することを約した証文(69)を、「御林守・名主」黒沢治部右衛門に差し出している。そして、年季明けの宝暦十年（一七六〇）に、二〇両の増金を条件に、同年から三ヶ年延長することを取り決めている(70)。黒川は、天明三年（一七八三）にも、塩野沢と共同で江戸本所の信濃屋らに材木を売り渡していることが、次の証文(71)から知られる。

〔史料25〕

一札之事

一甘楽郡山中領楢原村枝郷黒川幷塩野沢惣百姓中、近年殊之外損毛多ク困窮ニ付、御年貢御上納幷渡世取続兼候故、従前々紙漉船・紙・板等取来り候百姓稼山字本谷通り白井入会之日顯《ママ》共ニ立置候木品之内、槻之儀者冥加木之外、随分木恠宜御用ニ茂相成候木品急度立置相慎、外栃相除、槻・栂・樅・桂・栗幷沢栗、其外入用之雑木、拙者共方江内相談仕、尤、直段之儀者、尺〆千本ニ付金子三拾三両ニ相極メ申候処、聊相違無御座候、然ル上者、右願諸入用等之儀者、拙者共指出シ可申候、勿論御巣鷹山境目等之儀者、浜平御巣鷹見立会之上御改メ、前々之通り境引被成下弥以御大切ニ仕、且、御巣鷹山境目内手綺無之様万事念入可申候、将又、右売木ニ付自然御呼出シ御座候ハヽ、御差支無之様、御名主并村役人衆路雑用・諸入目等之儀、拙者共方ニ而御賄可申候、曾而右材木一件ニ付、於当村方向後違乱無之様、御執計イ可被下候、

（中略）

前書之通り内相対者仕候得共、且以、此度御支配御役所様江右一件奉願上、弥願之通り被　仰付被下置候ハヽ、書面規靛通り相違無之為売渡可被下候、其節者此内相対証文を以入山為仕可被下候、万一願等之儀不出来ニ御座候ハヽ、違背無之破談仕候筈双方至極得心之上、如斯内相対証文相極メ申候処、聊相違無御座候、為後証内相対証文、仍而如件、

江戸本所壱つ目
信濃屋平次郎（印）

秩父郡小鹿野町
出浦幸之助（印）

天明三年卯四月

御名主
黒沢治部右衛門殿

これによれば、黒川と塩野沢は、白井との入会山の槻・栂・樅・桂・栗・沢栗を「売木」として、尺〆一〇〇〇本につき金三三両で売り渡すことにしたのである。中略部分に、年季は当年より三ヶ年と記されている。そして、この「売木」も伐出し請負人が代官役所に願い出て、その許可を得て実施するということである。さらに中略部分では、「柴草」代として、黒川分は金一〇両、塩野沢分は金五両とすること、この件で公儀役人が出向いてきたら、その入用は請負人方で負担することなどを確認している。宝暦六年の場合（史料24）と同じ方式であるが、この場合には

「槻之儀者冥加木之外」とあり、許可にあたって「冥加木」の負担が課されたことを窺わせる。

黒川・塩野沢において、このような「売木」がみられるのであるが、次に乙父村の場合を追ってみよう。次に掲げるのは、「木代金」の分配に関する宝暦二年（一七五二）の証文[72]である。

〔史料26〕

一札之事

一柿平組百姓山木代金百両慥ニ請取、年寄・百姓代幷ニ遠西組年番名主立会、右□両之内ニ而諸入用引、残金之義者両組越石なし之高ニ而高割ニ相談仕、勝右衛門高共ニ両組江引分申候而、高割・窓懸ヶ惣百姓相談ヲ以得心之上割合、水呑迄慥ニ受取申候、此木代金ニ付、仲間相談ヲ以割会請取候上ハ、相互滞り候義少も申間敷候、重而山入用□義有之候節者、無滞り差出シ可申候、右相定之通り互ニ相違申間敷候、為後証連判、仍而如件、

寶暦二年申ノ十月朔日

年寄　勝之助
同　孫左衛□
同　与四郎（印）

（以下、年寄五名、百姓代二名、惣百姓五五名略）

詳しい事情は不明ながら、柿平組「百姓山」の「木代金」一〇〇両を、遠西組とであろうか「両組」で分配するに当たり確認した証文であるが、柿平で百姓山の木を売り渡していることが知られる。宝暦四年には、乙父沢の「惣百姓山」の売渡しをめぐって、柿平が中止を求めて訴訟となったらしく、柿平の年寄・百姓代が訴訟に備えて取り決めた連判証文[73]が残存するが、その文面には「此度乙父沢惣百姓山、木曾源五郎と申者ニ売渡シ申候処ニ」とあって、

〔史料22〕で浜平が木曾藪原宿の源助に売り渡したのと同じように、ここでは乙父沢が「惣百姓山」を木曾の源五郎に売り渡しているのである。

宝暦六年（一七五六）三月、乙父村の名主・年寄・百姓代が、秩父郡古大滝村大輪組の勘右衛門の吟味を願い出ているが、(74) それによると、乙父村では宝暦三年七月に、「村方百姓持分稼山壱ヶ所」の雑木をすべて金四〇両で、右の勘右衛門に売り払ったという。手付金として二〇両を受け取り、翌四年九月までに残らず伐り取る約束であった。ところが、年季のうちに伐り取らなかったので、度々催促したところ、仲介者を通じて今年（六年）三月まで待って呉れとのことであった。しかし、今もって何の沙汰もないので、勘右衛門を召し出し吟味し、手付金を損金とし契約を破棄するか、代金増して伐り取るかどちらかを命じて欲しい、と願い出たのであった。

なお、この願書で「戌年九月迄ニ伐取申候得者、跡木植込置候得者百姓勝手も相成候所ニ、伐取不申候故其義も難仕、難義至極ニ奉存候」とあり、伐木の跡に植樹をする予定であったことが記されている。(75)

次いで乙父村は、明和五年（一七六八）九月、「村方百姓稼山売木」として栂・赤松・槻・栗木（このうち赤松・槻は今回の「御願売木」外という）を江戸廻しのうえで売り渡すことを代官役所に申し出ている。(76) 翌六年には、次のような証文を山守黒沢治部右衛門に提出している。(77)

〔史料27〕

一札之事

上納冥加木
一栂　四拾七本
一槻
此尺〆五拾六本

売木
一 栂・樅・桂 塩地・栗　弐千百本

此管木四千六百拾本

右之通、其村枝郷乙父沢御林続キ之百姓山売木、川下ヶ被為仰付候、右ニ付御林・御巣鷹山境目等不埒成義無之様、尤、御林〆方能、右一件ニ付猥りヶ間敷儀無御座様、御書付以貴殿方へ被仰付候、依之、貴殿被仰渡候様ハ、御林・御巣鷹山と百姓山境目絵図面へ引合、少茂相違無之、前々之通御林・御巣鷹山ニ毛頭麁末成義無之様ニ可仕旨、拙者共方へ御申渡被成、委細承知仕候、御絵図面扣へ入念引合候而、御境目通少茂相違無之様可仕候、絵図面扣委無之候ハヽ、貴殿御かし可被下由、被仰聞承知仕候、為後日仍而如件、

明和六年丑五月

乙父村名主　卯之助
名主　才重郎
（年寄三名、百姓代二名略）
請負人　源　助

御林守
黒沢治部右衛門殿

ここでの伐出しの対象になった「百姓山」が、乙父沢御林に隣接していたため、御林・御巣鷹山の境界を侵犯しないことを誓約させられたのであろうが、この証文の冒頭に「上納冥加木」とあって、この「売木」が「冥加木」を上納しての「売木」、すなわち「御願売木」であることが分かる。浜平の場合にも、明和六年の伐出しで「冥加木」を上納しており（前述）、明和年間には「冥加木」を上納しての「御願売木」という方式になっていたものと思われる。なお、右の史料にみえる請負人の源助とは、前掲〔史料22〕にみえる木曾藪原宿の源助であろう。

以後、乙父村では次のような「売木」の記録が残る。
＊文化元年（一八〇四）に、乙父村の「百姓稼山」を、万場村兵馬に売り渡す(78)。
＊文化十年に、字乙父沢西・同所東・住居付沢の「材木ニ相成候立木之分不残」、代金二二〇両（柴代共）で、江戸深川木場町萬屋和助（代半左衛門・伝兵衛）に、当年四月より文化十二年までの三ヶ年季で売り渡す(79)。
＊安政七年（一八六〇）三月に、乙父沢山の「惣百姓稼山」の木品を、山代金二一〇両、他に芝草土砂代として金一二両二分にて、江戸深川平野町秋田屋仁左衛門（代嘉兵衛）に、当年より元治元年まで五ヶ年季で、檜・樅・栂・槻・塩地・栗、「其外、材木ニ可相成分、丸太迄不残」を売り渡す(80)。
＊万延元年（一八六〇）閏三月に、「当村百姓稼山字東谷・西谷・長沢三ヶ所」の立木を、佐竹右京大夫領分（秋田藩）羽州雄勝郡川井村の運吉に売り渡すことになり、代官役所に届け出る。この届書のなかで乙父村は「御運上御上納いたし候様可仕候間」と述べている(81)。
＊字乙父沢入会稼山の「諸木不残」、江戸深川西永町日高屋勇蔵へ売り渡し、「檜板挽立稼中」に、「仲間合彼是ニ付休山」していたが、文久二年（一八六二）に、残金五七両二分で、江戸深川木場太田屋徳九郎（代要七・喜作）に売り渡す(82)。

このように「売木」が行なわれたのであるが、右のうち文化十年の山代金に関して、乙父沢村と野栗沢村で争論となり、文政四年（一八二一）に済口取替証文(83)が代官に提出されている。それによれば、「当九ヶ年已前（文化十年）、乙父村方ニ而百姓稼山売木ニ相成、其砌山代金之内金五拾両、野栗沢村江分遣シ候儀有之、猶又、右野栗沢村ニ而も、百姓稼山此度売木致し候付、双方事混雑甚縺合相成」と、双方で山代金の一部を遣り取りする慣行があったことが窺われる。これに関連して、文化元年に「百姓稼山」を万場村兵馬に売り渡した際に、野栗沢村は「其村百姓稼山、万場村兵馬殿方江売渡シ被成候ニ付、当村役人共立会候手間代として、我等方へ金三拾両慥ニ受取申所、相違無御座候」という証文(84)を乙父村に差し出している。すなわち、野栗沢村は乙父村の「売木」に立会って手間代を得ているのであり、文政四年に内済となった一件も、こうした立会手間代をめぐる差縺れだったのではないか。とすれば、前述した宝暦年間の柿平と遠西、乙父沢と柿平の争いにも、同様な背景を考えることもできようか。ちなみに、文政四年の済口取替証文では「右両村百姓稼山之儀、以来共ニ売木致候共、其村限りニ仕、決而金銀取遣り之儀ハ、相互ニ不致筈相定申候」と、立会手間代の「取遣り」は止めることで内済になっている。

なお、「売木」ではないが、文化十年（一八一三）に乙父村は、「乙父沢山百姓稼山分䕺之木不残」を金五両（七貫二〇〇目入一〇〇樽）で、白井の「䕺買人」紋右衛門に売り渡し(85)、また文政十一年（一八二八）には、「乙父沢山百姓稼山之内䕺木之分」を金六両二分（一〇〇樽）で、浜平の「稼人」利兵衛に売り渡している(86)、といった䕺の売渡しの事例もみられる(87)。

おわりに

山中領の村々が、元禄検地から遡った時代より、「板」「笹板」や「材木」等を生産・販売して生計を維持していたことは、第一部第三章第三節で若干触れたが、そうしたなかで浜平・中沢・乙父沢・野栗沢村の四ヶ村には、元禄検地を機に「百姓稼山」が設定され、そこでの「山稼」が認められ〝山稼の村〟といわれた。詳細は不明であるが、何らかの特権を認められていたと思われる。

享保四年（一七一九）に発足した「御免許稼山」制は、笹板・木履木・榑木・桶木の四品について浜平・中沢に生産・販売の独占を認めるというものであった。山稼は、「御免許稼山」制の成立によって、浜平・中沢の経済的な支えとしての意味のみならず、山中領内における位置、幕府との関係における位置を示すところの指標として、いわば社会的な意味を付与されたといえるのであり、両村では独占権の徹底に怠りなかった。

しかしながら、「御免許稼山」制のもとでの生産・販売の主力であった笹板についてみると、施行から間もない時期には出荷制限に近い出荷量がみられたが、享保期後半以降は全体的に減少に向かい、元文期以降は出荷残数が恒常的になり、出荷のない年もみられるようになった。「御免許稼山」制が廃止されることはなかったが、冥加永を上納しての年季下駄挽稼が行なわれるようになり、また百姓山での稼ぎ、他村での「下駄山」売買といった変化を伴って形骸化したものと思われる。

その一方で、宝暦期から御林・御巣鷹山と百姓山を問わず「売木」＝材木の売出しが盛んになる。秩父領でも、明和・安永期以降、商人資本による材木の伐出しが行なわれるようになるといわれており[88]、山中領の動向とほぼ軌を一にしている。山中領では、運上金上納を条件とした御林からの「売木」伐出し計画は元禄期にもみられ（第二部第一章第三節2）、享保二十年（一七三五）には御林からの「売木」伐出しが許可されたが、その後、御林のみならず百姓山での「売木」も活発化し、明和期までには「冥加木」を上納しての「御願売木」が行なわれるようになった。こうしたなかで、浜平・中沢でも百姓山を対象に、さらには「御免許稼山」においても「売木」が行なわれるようになり、「御免許稼」から「売木」へと山稼の比重を移していったといえる。

以上の「売木」は、御林・百姓山ともに、江戸の材木商が幕府に願い出て実施する場合が多く、地元の有力者が請負人になる場合もみられたが、江戸の商人資本による伐出しが、少なくとも上山郷では、対象を御林から百姓山に拡大して展開していったのである。

なお、「百姓山」「百姓薪山」あるいは「百姓持山」などと称する山地は、「（御林の）御境目之外ハ百姓山ニ而、乙父惣村入会之薪山ニ御座候」[89]などといわれるように、村中の共同利用地であり（「百姓稼山」「御免許稼山」も同じ）、個人持の山地ではない。本章で扱ったのは、そうした村の共同利用の山地であり、この場合の村とは、行政村の場合もあると思われるが、例えば楢原村でいえば、行政村としての楢原村ではなく、浜平・中沢・黒川・白井といった村々である。

註

(1)「万場・黒澤家文書」三三一　省略した一ヶ条は、第一部第二章〔史料1〕参照。

(2)「万場・黒澤家文書」三三四

(3)「万場・黒澤家文書」三三三

(4)「神原・黒澤家文書」四七　この一件の関連史料として、第一部第一章の〔史料7〕を参照。

(5)貝塚和実「秩父山地における幕府の山林支配と生業—近世村落共同体の再検討(1)—」（『徳川林政史研究所 研究紀要』二三、一九八九年）、富岡政治「近世中津川における生業と林野利用—土地利用からみた生活領域—」（『史苑』五一—二、一九九一年）

(6)群馬県多野郡上野村楢原字浜平「高橋真一家文書」三七

(7)「神原・黒澤家文書」五三

(8)「神原・黒澤家文書」五一

(9)「神原・黒澤家文書」二八七

(10)「神原・黒澤家文書」七七（乙父村）、「万場・黒澤家文書」三九三（野栗沢村、史料11）

(11)「神原・黒澤家文書」一〇九　中沢も同様に差し出したであろう。

(12)「万場・黒澤家文書」三一五

(13)「万場・黒澤家文書」三一六

(14)「万場・黒澤家文書」三四二

(15)「神原・黒澤家文書」一〇六

(16)「神原・黒澤家文書」三〇四

(17)「万場・黒澤家文書」三〇九所収

(18)「万場・黒澤家文書」三六四（山守宛）、「神原・黒澤家文書」二九九（関所宛）

(19)「御免許稼山」制は、秩父大滝村・中津川村の御林でも施行されていた。大滝村では、八品目の牛産が許可され、それに対し「山役永」を上納している（『大滝村誌』資料編、『新編埼玉県史』通史編3—四五四頁）。

(20)註(17)に同じ。

(21)拙稿「山稼の村と「御免許稼山」制—上州山中領を事例として—」（『徳川林政史研究所 研究紀要』昭和六二年度、一九八八年）では、「山稼」を「御免許稼山」制のもとで浜平・中沢のみに限定された特権と述べた。この点は、「御免許稼山」制施行後においては間違いではないが、それ以前から四ヶ村に対する特権として「山稼」があり、〝山稼の村〟という位置づけがなされていたことは、本文中に述べたとおりである。

(22)「神原・黒澤家文書」三一四

(23)浜平「高橋真一家文書」七九

(24)浜平「高橋真一家文書」一二五

(25)「万場・黒澤家文書」三九三

(26)「神原・黒澤家文書」七七

(27)「神原・黒澤家文書」六五

(28)「神原・黒澤家文書」九六

(29)註(5)富岡論文

(30)「万場・黒澤家文書」三三三

(31)「万場・黒澤家文書」三四一

(32)「万場・黒澤家文書」三四〇

(33)「万場・黒澤家文書」三五三

(34)「神原・黒澤家文書」三〇四
(35) 秩父領における山稼を分析された貝塚和実氏によれば、同領大滝村で「山稼八色」と呼ばれた百姓稼山での山稼は、冥加を軒割で負担しており、利用も平等な権利として与えられていたと推測されている（註(5)貝塚論文）。なお、秩父領中津川村を対象とした註(5)富岡論文でも、同様な指摘がなされている。
(36)「栖原・黒澤家文書」一二八四-一
(37)「栖原・黒澤家文書」一二八四-二
(38)「栖原・黒澤家文書」六二一
(39)『大滝村誌』資料編五、一五六頁
(40) 同右、一五六〜一五七頁
(41) 同右、一五七頁
(42) 浜平「高橋真一家文書」一一八
(43) 浜平「高橋真一家文書」七三
(44) 浜平「高橋真一家文書」番外
(45) 群馬県多野郡上野村乙父「黒澤丈夫家文書」（群馬県立文書館寄託）四一七一
(46) 註(42)に同じ。
(47) 浜平「高橋真一家文書」一一七
(48)「栖原・黒澤家文書」四〇二（寛政二年三月の山入請書）
(49)「栖原・黒澤家文書」四〇一
(50) 乙父「黒澤丈夫家文書」七九二
(51)「栖原・黒澤家文書」九五三・九五四
(52)「栖原・黒澤家文書」一四六・二七四
(53)「栖原・黒澤家文書」一三六
(54)「栖原・黒澤家文書」四一一　なお、年未詳「萬覚手鑑帳」（「栖原・黒澤家文書」八一九）によれば、宝暦八・九年にも浜平・

中沢御林からの「御材木御伐出シ」があったという。

(55)「栖原・黒澤家文書」一五九

(56)「栖原・黒澤家文書」一六三・四〇二

(57)群馬県多野郡上野村白井「高橋瀧嶋家文書」（群馬県立文書館蔵「群馬県史収集複製資料」による）一七

(58)浜平「高橋真一家文書」番外

(59)浜平「高橋真一家文書」一六三

(60)翌明和六年六月八日付で、乙父村が「源助」宛に、山代金二五両の請取証文を差し出しているが（乙父「黒澤丈夫家文書」七〇八）、この「源助」は〔史料22〕の源助と同一人であろう。さらに、木曾の者については、宝暦四年（一七五四）閏二月に乙父沢惣百姓山の売渡しをめぐって争論となった際の乙父村柿平組の連判証文（同六七七）に「木曾源五郎」の名がみえる。また、安永五年（一七七六）十月の「信州木曾篠原源五郎」宛に浜平が差し出した山代金一五両の請取証文、酉年二月の「篠原源五郎」宛に浜平が差し出した山代金一五両の請取証文もみられ（ともに浜平「高橋真一家文書」番外）、文化三年（一八〇六）には、「木曾杤ぞり嘉助」が浜平に「杣・木挽いたし職人稼ニ参り」、疱瘡を煩い死去している（同二二〇）。

(61)白井「高橋瀧嶋家文書」（群馬県立文書館蔵「群馬県史収集複製資料」による）三八

(62)「栖原・黒澤家文書」三一八

(63)「栖原・黒澤家文書」七九〇

(64)「栖原・黒澤家文書」八一五

(65)浜平「高橋真一家文書」五五

(66)註(21)拙稿では、百姓稼山を百姓山と同じものとしたが、「百姓稼山」「稼山」は「御免許稼山」のことをいい、正徳三年の山稼禁止以前は、四ヶ村に認められていたのが「百姓稼山」であったので、この点は訂正しておきたい。

(67)浜平「高橋真一家文書」八九　文化十四年三月に、黒川が白井の甚兵衛・紋右衛門と、百姓山の「杤之木」を「木地」として一〇ヶ年季（一ヶ年金一両二分宛）で売り渡す証文を取り交わしているが（白井「高橋瀧嶋家文書」〈群馬県立文書館所蔵「群馬県史収集複製資料」による〉六八）、その文面に「木地屋之儀者、貴殿方勝手次第、何軒なり共入山可被成候」とあり、白井の両名が木地屋との仲介に当たっていたと思われる事例がある。

(68)「栖原・黒澤家文書」九五六
(69)「栖原・黒澤家文書」二六九
(70)「栖原・黒澤家文書」一一四・三二四
(71)「栖原・黒澤家文書」一〇五
(72)乙父「黒澤丈夫家文書」六二一
(73)乙父「黒澤丈夫家文書」六七七
(74)乙父「黒澤丈夫家文書」五五五
(75)植林については、文化十四年（一八一七）三月に、栖原村（白井）年寄甚兵衛家の奇特を書き上げた書面（白井「高橋瀧嶋家文書」〈群馬県立文書館蔵「群馬県史収集複製資料」による〉二三六）に、同人の祖父・親の凶作時における無利息貸付金の用意、手当金や手当米の提供、小児養育金の上納といった奇特を書き上げるとともに、同人に関しては次のように記されている。

一植付之儀、御尋ニ付奉申上候、

赤松壱万五千本

檜木・栂ニ而五千本

木数合弐万本植付差上度由、

右場所ハ、栖原村高ニ而楮・桑・切替藪之前《ニ而》、弐反七町（畝）歩計之空地共ニ場広之所《私方へ流地ニ相成、》、西南北ト三方向キニ而沢ひら有之、神流川へり凡《子ノ》五六町余、川岸ゟ尾根迄弐丁《壱半》余も可有之奉存候、植付場所上ミノ境者ミさこの尾根御鷹レ巣山と沢境有之候、

一去春、檜木・赤松一万余植候処、日かれに相成、漸々四五千位根付相見へ不申候、右之山内ニ栗ノ木も少々相見へ候得共、御用ニ者相成申間敷奉存候、

一右之場所《植付》ハ、私共居村ゟ拾四五町川上、浜平・中沢順路之道近所故、火番又者植木伐取為不申ニ番人も差置候様仕度奉存候《ら者而者相成間敷》間、御扶持等不被下候ハヽ、差上兼候、

右木品植付盛木仕り、目通りニ而七八寸角ニも相成候ハヽ、千本ニ而弐百両、弐万本ニ而者四千両ニも相成可申与奉存候間、得ト御勘弁被成下御取計奉願上候、以上、

文化拾四年丑三月

と、空地に二万本を植林し、去年は一万本余の植林を行ったことを述べ、その場所を幕府に「差上」、すなわち寄付したいとの意思が示されている。そうすれば、一〇〇〇本で二〇〇両、二万本で四〇〇〇両になるとの〝経済効果〟も主張している。さらに、文政四年（一八二一）三月、楢原村名主次部右衛門から代官役所宛に、甚兵衛および祖父・親の奇特を書き上げた書面（白井「高橋瀧嶋家文書」〈群馬県立文書館蔵「群馬県史収集複製資料」による〉一八）に「同人持山江檜・栂・唐松、其外苗木植付有来立木之分并地所共、今般御林ニ奉差上度旨、別帋を以奉願候」とあり、これが文化十年に認められなかったための再出願なのか、新たな出願なのか不明ながら（おそらく前者か）、甚兵衛による持山への苗木の植林が知られる。

(76) 乙父「黒澤丈夫家文書」六七五
(77) 乙父「黒澤丈夫家文書」六八九
(78) 乙父「黒澤丈夫家文書」七三二
(79) 乙父「黒澤丈夫家文書」六七二・六九〇・七九〇
(80) 乙父「黒澤丈夫家文書」七七一―一―三・七九一・七八七
(81) 乙父「黒澤丈夫家文書」一〇〇五
(82) 乙父「黒澤丈夫家文書」七八六・八〇三
(83) 乙父「黒澤丈夫家文書」六六一
(84) 乙父「黒澤丈夫家文書」七三二
(85) 乙父「黒澤丈夫家文書」八〇五
(86) 乙父「黒澤丈夫家文書」六五一
(87) 以上は「百姓山」「百姓持山」などと称される村持山、および「百姓稼山」を対象とした「売木」の事例であるが、個人持山の場合として、

＊文化十年、中村（乙父村枝郷）の冨八が「乙父沢山　萬屋半左衛門」に、「我等持山之内」檜三〇本を、金二両で売り渡す（乙父「黒澤丈夫家文書」九九九―二）。

という事例がみられる。この年、乙父村では乙父沢の「百姓稼山」の材木を萬屋に売り渡しており（本文前述）、これに併行して実施された伐出しであろうか。また、

＊天保七年、楢原村枝郷塩野沢の惣兵衛が乙父村周琢・庄兵衛に、「我等所持之杉林」の木数五〇〇本を、金二両二分で、小木につき三〇ヶ年季に売り渡す（乙父「黒澤丈夫家文書」五九六）。

＊嘉永三年、楢原村枝郷須郷の源助が乙父村才重郎に、杉・檜凡二〇〇本を、代金三両三分で、小木につき一五ヶ年季に売り渡す（乙父「黒澤丈夫家文書」六〇九）。

と、小木のうちに長年季で売り渡す年季売りが行なわれていた事例が知られる。

(88)　註(5)貝塚論文

(89)　「楢原・黒澤家文書」一二七

結び　山村史研究の可能性

本書では、上州山中領を舞台に、第一部で支配上の特質を明らかにし、第二部において林野利用に伴う幕府と村方の関係、地域内での村々の相互関係などの諸関係を解明してきた。すなわち、割元と山守、山守と御鷹見、御巣鷹山・御林と百姓山、山稼と売木といった相互関係のなかで、村々の対立や葛藤を含みながら展開した、「山中領」という近世山村地域の歴史過程を跡付けた。

本書はこれまでに発表した次の拙稿をもとにしている（発表順）。

①「上州近世史研究に関する二、三の問題―初期の「領」及び永高制に関連して―」（『地方史研究』一九〇、一九八四年）

②「近世前期の「領」支配と割本制―上州山中領を事例として―」（『地方史研究』二一〇、一九八七年）

③「山稼の村と「御免許稼山」―上州山中領を事例として―」（『徳川林政史研究所 研究紀要』昭和六二年度、一九八八年）

④「村と村―村の統合をめぐって―」（日本村落史講座編集委員会編『日本村落史講座』5〈政治Ⅱ〉、雄山閣出版、一九九〇年）

⑤「上州山中領における割元制と組合村」（『群馬歴史民俗』一二、一九九〇年）

⑥「「御免許稼山」制の変遷と山稼ぎ—上州山中領を事例として—」(『群馬歴史民俗』一三、一九九二年)
⑦「山中領の「領」域をめぐって(1)・(2)」(『武尊通信』六〇・七九、一九九四・九九年)
⑧「西上州幕領における永高検地と年貢収取」(『群馬歴史民俗』一九、一九九八年)
⑨「上州山中領における「山守」制の成立と再編」(『徳川林政史研究所 研究紀要』三四、二〇〇〇年)
⑩「上州山中領における御巣鷹山と山林政策の変遷(上)・(下)」(『徳川林政史研究所 研究紀要』四二・四三、二〇〇八・〇九年)

これらのうち、第一部の第一章は①の一部と④、第二章第一節は②⑦、第二節は⑤、第三章は⑧、第二部の第一章は⑩、第二章は⑨、第三章第一節1・2は③、第一節3および第二・三節は⑥が、概ね下敷きとなっている。但し、発表時以降における史料の補充調査等を踏まえ、それぞれ大幅に増補加筆し、再構成を施している。また、一書としての統一を図るために部分的な削除・縮小も行なっているので、個々の論文において述べた結論や位置付けについて必要ならば、それぞれの論文に当たっていただければ幸いである。

＊

筆者はかつて、「山地という生態系に対応した生業によって成り立っている山間地域の村落を「山村」と考えるが、焼畑はそこでの主要な生業のひとつである。ほかに、材木の生産や種々の山稼、狩猟などが山村の生業してあげられる。山村には多様な生業が展開していたのである。従来、林業村落などを除き、こうした山村の生業は、大方農間余業と理解されてきた。しかし、それは農業村落からの見方であろう(「村明細帳」等もこうした見方で書かれている)。一般的に畑作に比べて、水田稲作の生産力の高さは否定すべくもないが、そうした稲作農村との生産力的対比によるのではなく、山地そのものに生産・生活の基盤を置く村落としての山村の、それ自体の歴史的展開を明らかにする作業が、今後必要であろう。」と述べたことがあり[1]、こうした問題関心に基づき山村史の研究に当たってきた。それは本書においても同様であり、多彩な側面を持った近世山村地域像を提示できたものと考える。

いうまでもなく、山地という自然環境のもとでの山村の生業は多様であり、焼畑に代表される畑作のみならず、林業や林産物を始めとする種々の山稼は当然のこと、狩猟も山村の生業として重要な要素である。山村における狩猟や畑作は鉄炮の在り方とも関わり、山地に棲息する野生動物との関係にも及ぶ[2]。さらには、山の精神世界の在りようも重要な究明課題となるであろう。序章でも指摘したが、近年では「里山」への関心の高まりも含め、環境史といった観点からのアプローチも試みられている。

このような新たな観点から近世山村像が形成されつつあり、今後の山村史研究の展開＝可能性に期待が持たれるが[3]、こうした面が本書にどれだけ反映されているかと問われれば、残された課題も多いと自覚している。山村における生産・生活に密着した多様な生業、そして地域意識や地域認識などを含む生活文化の在り方が、さらに問われなくてはならないであろう[4]。

最後に、「過剰に牧歌的で平和なイメージを、アプリオリに付与していくことは、その実像を歪めてしまう[5]」、「環境問題が議論されるとき、しばしば近世の環境や生活を理想化しようとする意見が出現している[6]」といった指摘を待つまでもなく、山村史研究においても、そこに求められるのは牧歌的で理想化された山村像ではない点を確認しておこう。自然環境の問題としても、豊かな自然は一方で厳しい生活環境ともなることを認識することが肝要である。さらに、山村史に限られるわけではないが、地域の一体性とともに、村々の間ではさまざまな利害の対立もあったのであり、また、支配の側面も踏まえなければならないと考える。こうした点を考慮しつつ、山村史研究のさらなる可能性を探ってゆくことを今後の課題としておきたい。

註

（1）拙稿「近世山村史を考える」（『静岡県地域史研究会報』四二、一九八八年）

（2）武井弘一著『鉄砲を手放さなかった百姓たち―刀狩りから幕末まで―』（朝日新聞出版、二〇一〇年）、佐竹昭著『近世瀬戸内の環境史』（吉川弘文館、二〇一二年）Ⅱ第一章・第二章、白水智編『新・秋山紀行』（高志書院、二〇一二年）Ⅱなど。

（3）白水智「序章　山村像の虚実を超えて」「終章　山村の実像を見直す」（註（2）『新・秋山紀行』）が、信州秋山郷を事例に山村研究の課題・展望を述べて示唆に富む。

（4）山中領に関して付言すれば、文化二年（一八〇五）に著わされた瓢亭百成（黒沢覚太夫）の随筆「山中竅過多」は、当時の地元人士による郷土意識・地域論として注目される（時枝務「『山中竅過多』論―地域「山中」の発見―」『武尊通信』一八、一九八四年、拙稿「上州近世史研究に関する二、三の問題―初期の「領」及び永高制に関連して―」『地方史研究』一九〇、一九八四年、参照）。

（5）菅豊「川が結ぶ人々の暮らし」（湯川洋司他著『日本の民俗2　山と川』、吉川弘文館、二〇〇八年）

（6）根岸茂夫「近世環境史研究と景観・開発」（根岸茂夫他編『近世の環境と開発』、思文閣出版、二〇一〇年）

あとがき

初めて、山中領上山郷―現在の上野村を訪れたのは一九八四年の夏、群馬歴史民俗研究会が主体となって組織した奥多野歴史民俗調査団の共同調査の一環として、三年計画で上野村および中里村・万場町（現神流町）所在の古文書を調査させていただいた際である。二年目の調査の最終日であった一九八五年八月十二日、上野村の山中に日航ジャンボ機が墜落するという大事故が起こった。そのため翌年は上野村での調査を控えたが、とても史料調査に入れるような雰囲気ではなかったことを覚えている。共同調査の成果は、『群馬歴史民俗』一三（一九九二年）に特集「奥多野歴史民俗調査報告」として纏められるとともに、参加者が個別に論文等として発表してきた。筆者も折々に、山中領をフィールドにした拙稿を発表してきたが、山中領へ出向くことは途絶えていた。

二〇〇八年八月、二十数年ぶりに訪れた上野村は、過疎地域であることは変わりないものの、トンネルと橋梁で直線化された広い道路が走り、観光開発も進められ、また神流川の最奥部には揚水発電所用ダム（上野ダム）が建設されダム湖が出現するなど、大きく様変わりしていた。久しぶりに上野村を訪れたのは、これまでの山中領を対象とした山村史研究を纏めようと思い立ち、同村楢原の「黒澤尭雄家文書」を補充調査するのが目的であった。ところが、その際に同家文書に、かつて群馬県史編さん室で調査した以外に、大量の未整理史料の存在することが判明した。そこで、兼任講師として出講している中央大学大学院・國學院大學大学院の院生等に呼びかけ、翌年夏に合宿調査によって目録作成に着手し、その後毎年夏に合宿を実施している。そのため、著書の取纏めが大幅に遅れることになったが、反面、調査の成果によって既発表拙稿の補足や修正ができ、本書に反映されることになった。

さて、本書では山中領、すなわち現在の上野村・神流町に所在する史料、現在群馬県立文書館・高崎市立図書館に寄託・所蔵されている上野村・神流町や周囲の地域の史料など、多くの史料を利用させていただき、それら史料の所蔵者、受託・所蔵機関には大変お世話になった。改めて感謝申し上げたい。なかでも、本書で頻繁に利用させていただいた上野村楢原「黒澤尭雄家文書」の所蔵者黒澤みさ氏、神流町万場「黒澤建広家文書」の所蔵者黒澤建広氏には、しばしば訪れ大変ご迷惑をおかけしており、感謝の言葉もない。合宿調査に際しては、元上野村教育長西澤晃氏には何かとご配慮いただき、上野村教育委員会の今井嘉之氏にも種々便宜をはかっていただいており、ともにお礼申し上げたい。合宿で宿泊している民宿不二野家（上野村川和）には、史料整理にも部屋を提供していただいている。いつも〝朝から晩までよく机の前でじっとしていられるね〟といいながら、一升瓶を抱えて夕食に加わり、熊や猪の肉の焼き方を〝指導〟してくれる不二野家の主人〝昭ちゃん〟こと黒澤昭司氏にも感謝の言葉を捧げたい。これまで合宿に参加し、山中領をテーマにした授業に付き合ってくれた院生たちにも感謝しなければならない。

最後になったが、出版事情の厳しいなか、本書の刊行をお引き受けいただいた吉川弘文館には、厚くお礼申し上げる次第である。

二〇一二年十一月

佐藤孝之

著者略歴

一九五四年　群馬県生まれ
一九七六年　國學院大學文学部史学科卒業
一九八一年　國學院大學大学院文学研究科博士課程満期退学
現在　東京大学史料編纂所教授

主要編著書

『近世前期の幕領支配と村落』（巖南堂書店、一九九三年）
『駆込寺と村社会』（吉川弘文館、二〇〇六年）
『近世の環境と開発』（共編、思文閣出版、二〇一〇年）
『古文書の語る地方史』（編著、天野出版工房、二〇一〇年）
『新版 古文書用語辞典』（共編、新人物往来社、二〇一二年）

近世山村地域史の研究

二〇一三年（平成二十五）二月一日　第一刷発行

著　者　佐《さ》藤《とう》孝《たか》之《ゆき》

発行者　前田求恭

発行所　株式会社 吉川弘文館
郵便番号一一三―〇〇三三
東京都文京区本郷七丁目二番八号
電話〇三―三八一三―九一五一〈代〉
振替口座〇〇一〇〇―五―二四四番
http://www.yoshikawa-k.co.jp/

印刷＝藤原印刷株式会社
製本＝株式会社ブックアート
装幀＝山崎　登

ISBN978-4-642-03454-8